Brumberg

Zeitliche Flexibilisierung im Industriebetrieb

28   (3 4 93 k)

1. 3   besp.

— Information, Partizipation, Qualifizierung

(→) wie immer wichtig

GABLER EDITION WISSENSCHAFT

Claudia Brumberg

Zeitliche Flexibilisierung im Industriebetrieb

Analyse und Ansätze
zum Abbau organisatorischer und
verhaltensbedingter Restriktionen

DeutscherUniversitätsVerlag

Die Deutsche Bibliothek – CIP-Einheitsaufnahme

Brumberg, Claudia:
Zeitliche Flexibilisierung im Industriebetrieb : Analyse und Ansätze
zum Abbau organisatorischer und verhaltensbedingter Restriktionen
/ Claudia Brumberg. - Wiesbaden : Dt. Univ.-Vlg. ; Wiesbaden : Gabler, 1994
  (Gabler Edition Wissenschaft)
  Zugl.: Passau, Univ., Diss., 1993
  ISBN 3-8244-6006-8
NE: GT

Der Deutsche Universitäts-Verlag und der Gabler Verlag sind Unternehmen der
Verlagsgruppe Bertelsmann International.

Gabler Verlag, Deutscher Universitäts-Verlag, Wiesbaden
© Betriebswirtschaftlicher Verlag Dr. Th. Gabler GmbH, Wiesbaden 1994
Lektorat: Claudia Splittgerber

Höchste inhaltliche und technische Qualität unserer Produkte ist unser Ziel. Bei der
Produktion und Auslieferung unserer Bücher wollen wir die Umwelt schonen:
Dieses Buch ist auf säurefreiem und chlorfrei gebleichtem Papier gedruckt.

Die Wiedergabe von Gebrauchsnamen, Handelsnamen, Warenbezeichnungen
usw. in diesem Werk berechtigt auch ohne besondere Kennzeichnung nicht zu der
Annahme, daß solche Namen im Sinne der Warenzeichen- und Markenschutz-
Gesetzgebung als frei zu betrachten wären und daher von jedermann be-
nutzt werden dürften.

Druck und Buchbinder: Rosch-Buch, Hallstadt
Printed in Germany

ISBN 3-8244-6006-8

Geleitwort

Flexible Arbeits- und Betriebszeiten können über eine Veränderung betrieblicher Kostenstrukturen und über die Verbesserung der betrieblichen Leistungsmerkmale zu Wettbewerbsvorteilen führen. Eine Steigerung der Betriebsmittelnutzung gestattet eine Senkung der Kapitalkosten, durch eine Anpassung der Personalkapazität an die Nachfrage lassen sich Überkapazitäten an Personal vermeiden und Personalkosten senken. Daneben bietet ein flexibles Arbeitszeitmanagement den Unternehmen die Möglichkeit, sich durch eine positive Beeinflussung der Erfolgsfaktoren Flexibilität, Termintreue und Servicegrad von den Wettbewerbern zu differenzieren. Flexible Arbeitszeiten ermöglichen es, durch mehr Dispositionsfreiheit über die Verteilung und Dauer der Arbeitszeit dem Streben der Mitarbeiter nach mehr Zeitautonomie Rechnung zu tragen. Darüber hinaus eröffnen flexible Arbeitszeitmodelle bei Beschäftigungsrückgang die Möglichkeit zur Sicherung von Arbeitsplätzen durch Vermeidung von Entlassungen.

Die Umsetzung flexibler Arbeits- und Betriebszeiten im Produktionsbereich von Industriebetrieben scheitert häufig an organisatorischen und verhaltensbedingten Restriktionen. Vor diesem Hintergrund befaßt sich die vorliegende Arbeit mit der zeitlichen Flexibilisierung im Industriebetrieb unter besonderer Berücksichtigung der Abhängigkeiten arbeitsteiliger Organisationseinheiten und dem Verhalten von Organisationsmitgliedern in Bezug auf die Arbeits- und Betriebszeitgestaltung.

Die Leistung der Dissertation von Frau Dr. Brumberg liegt in der theoretischen und empirischen Analyse der Einflußgrößen des zeitlichen Flexibilisierungspotentials, insbesondere aber in der Ableitung von Handlungsempfehlungen zu dessen Optimierung. Als Basis der empirischen Analyse werden Meßgrößen für das zeitliche Flexibilisierungspotential erarbeitet. Die Autorin zeigt basierend auf einer systemtheoretischen Betrachtung und der empirischen Analyse auf, daß Aufbau- und Ablauforganisation, Instandhaltungs-, Qualitätssicherungs- und Beschaffungsstrategie sowie das Verhalten von Führungskräften, Mitarbeitern und Betriebsräten die Haupteinflußgrößen des zeitlichen Flexibilisierungspotentials darstellen. Eine ausgeprägte zeitliche Flexibilisierung beinhaltet die Gefahr der Instabilität. Damit trotz Flexibilisierung die Stabilität in Industriebetrieben erhalten bleibt, sind zusätzlich Stabilisatoren, wie personenbezogene Koordination durch Vorgesetzte und Mitarbeiter und strukturelle Koordination durch organisatorische Regelungen erforderlich.

Die Ableitung von Optimierungsansätzen zur zeitlichen Flexibilisierung auf Basis der theoretischen und empirischen Analyse der Einflußfaktoren des zeitlichen Flexibilisierungspotentials von Frau Dr. Brumberg stellt einen wertvollen wissenschaftlichen Beitrag zur Umsetzung flexibler Arbeits- und Betriebszeiten in Industriebetrieben dar.

Dem vorliegenden Buch liegt eine Dissertation an der Universität Passau zugrunde. Es richtet sich an Leser aus Wissenschaft und Praxis, die an Fragen der Planung und Realisierung flexibler Arbeits- und Betriebszeiten interessiert sind.

Prof. Dr. Horst Wildemann

Vorwort

Eine steigende Wettbewerbsintensität und gewandelte Werthaltungen
verändern die Arbeitswelt und geben der Arbeits- und Betriebszeitgestaltung einen neuen Stellenwert.

Die rechtlichen und tariflichen Möglichkeiten sowie Bestrebungen
zur Ausdehnung der Betriebszeit und der Wunsch nach individuellen
Arbeitszeiten haben zur Entwicklung einer Vielzahl von flexiblen
Arbeitszeitmodellen geführt. Diese können über eine Veränderung
betrieblicher Kostenstrukturen und über die Verbesserung der betrieblichen Leistungsmerkmale zur Lösung von Effizienz- und Flexi-
bilitätsproblemen und damit zur Steigerung der Wettbewerbsfähigkeit von Unternehmen beitragen. Darüber hinaus eröffnen flexible
Arbeits- und Betriebszeiten Möglichkeiten zur stärkeren Berücksichtigung von Mitarbeiterinteressen, von dem Wunsch nach mehr Zeit-
automonie bis hin zur Arbeitsplatzsicherung.

Die Nutzung dieser Potentiale flexibler Arbeitszeitmodelle in Industriebetrieben wird häufig durch organisatorische und verhaltensbe-
dingte Restriktionen eingeschränkt. Im Rahmen der vorliegenden
Arbeit wird diese Fragestellung aufgegriffen und untersucht, welche
Determinanten die Möglichkeiten der zeitlichen Flexibilisierung beschränken und welche Rolle dabei die Abhängigkeiten der arbeitsteiligen Systeme spielen. Aufbau- und Ablauforganisation, Produktionssteuerung, Instandhaltungsstrategie, Qualitätssicherungsstrategie
und Beschaffungsstrategie werden hinsichtlich ihrer Auswirkungen
auf die Spielräume der zeitlichen Flexibilisierung im Industriebetrieb theoretisch und empirisch analysiert. Neben diesen organisatorischen Einflußgrößen sind die Auswirkungen des Verhaltens von
Mitarbeitern, Betriebsräten und Vorgesetzten im Hinblick auf die
zeitliche Flexibilisierung Gegenstand der theoretischen und empirischen Analyse. Die Ergebnisse der Analyse werden in Handlungsempfehlungen zur Optimierung des zeitlichen Flexibilisierungspotentials in Industriebetrieben umgesetzt.

Meinem verehrten akademischen Lehrer, Herrn Prof. Dr. Horst
Wildemann, danke ich sehr herzlich für die Betreuung und die wis-
senschaftliche Förderung dieser Arbeit. Herrn Prof. Dr. Gerhard
Kleinhenz danke ich für die Übernahme des Koreferats. Den Kollegen am Lehrstuhl für Betriebswirtschaftslehre mit Schwerpunkt Lo-

gistik an der Technischen Universität München, insbesondere Herrn
Dipl.-Kfm. Michael Claus Hadamitzky, Herrn Dr. Wilhelm Achim
Hosenfeld und Herrn Dr. Wolfgang Kersten verdanke ich zahlreiche
Anregungen. Herrn Dipl.-Kfm. Florian Klug danke ich für die sta-
tistischen Auswertungen der empirischen Analyse.

Dieses Buch widme ich zum Dank für die liebevolle Förderung
meinen Großeltern und meinem Mann Wilhelm, der mir in allen
Phasen dieser Arbeit motivierend und unterstützend zur Seite stand.

Claudia Brumberg

Inhaltsverzeichnis

Abbildungsverzeichnis

Abkürzungsverzeichnis

Abb. .... Abbildung
Abs. .... Absatz
AFG .... Arbeitsförderungsgesetz
AG .... Aktiengesellschaft
ArbG .... Arbeitsgericht
Art. .... Artikel
AT .... Außer Tarif
Aufl. .... Auflage
AV .... Arbeitsvorbereitung
AWF .... Ausschuß für Wirtschaftliche Fertigung e.V.
AZO .... Arbeitszeitordnung
B.d.d.W. .... Blick durch die Wirtschaft
BAG .... Bundesarbeitsgericht
BB .... Der Betriebsberater
Bd., Bde. .... Band, Bände
BdA .... Bundesvereinigung der Deutschen
Arbeitgeberverbände
BDE .... Betriebsdatenerfassung
BDI .... Bundesverband der Deutschen Industrie
BetrVG .... Betriebsverfassungsgesetz
BfA .... Bundesanstalt für Arbeit
BFG .... Beschäftigungsförderungsgesetz
BFuP .... Betriebswirtschaftliche Forschung und
Praxis
BGB .... Bürgerliches Gesetzbuch
BM .... Betriebsmittel
BOA .... Belastungsorientierte Auftragsfreigabe
BVerfG .... Bundesverfassungsgericht
BW .... Der Betriebswirt
bzw. .... beziehungsweise
ca. .... circa
d. .... der, die, das
d.h. .... das heißt
DB .... Der Betrieb

DBW ....Die Betriebswirtschaft
Def. ....Definition
ders. ....derselbe
DGB ....Deutscher Gewerkschaftsbund
dgl..........................dergleiche
DIN ....Deutsche Industrie-Norm
Diss. ....Dissertation
DLZ ....Durchlaufzeit(en)
e.V. ....eingetragener Verein
EDV ....Elektronische Datenverarbeitung
EG..........................Europäische Gemeinschaft
Einf. ....Einführung
erg..........................ergänzt
et al. ....et alii
etc. ....et cetera
F&E ....Forschung und Entwicklung
f(ff.)........................"folgende" Seite(n)
FB/IE.......................Fortschrittliche Betriebsführung und
                         Industrial Engineering
Feb. ....Februar
Ffm. ....Frankfurt am Main
fir...........................Forschungsinstitut für Rationalisierung
FMEA.......................Failure Mode and Effect Analysis
FZ...........................Fortschrittszahlen
ggf..........................gegebenenfalls
GLAZ.......................Gleitende Arbeitszeit
GmbH ....Gesellschaft mit beschränkter Haftung
H. ....Heft
Hrsg.........................Herausgeber
hrsg.v. ....herausgegeben von
HWB.......................Handwörterbuch der Betriebswirtschaft
HWFü ....Handwörterbuch der Führung
HWO ....Handwörterbuch der Organisation
HWP.......................Handwörterbuch des Personalwesens
HWProd.......................Handwörterbuch der Produktionswirtschaft
i.a...........................im allgemeinen
i.d.R. ....in der Regel

i.e.S. ....im eigentlichen Sinn, im engeren Sinn
i.S. ....im Sinne
i.w.S. ....im weiteren Sinn
IFA ....Institut für Fabrikanlagen der Universität
                             Hannover
IfaA ....Institut für angewandte Arbeitswissenschaft
ifo ....Institut für Wirtschaftsforschung
Inc. ....Incorporate
IO ....Industrielle Organisation
Jan. ....Januar
Jg. ....Jahrgang
JIT ....Just In Time
Jun. ....Juni
KAPOVAZ. ....Kapazitätsorientierte Variable Arbeitszeit
Mio. ....Millionen
Mitarb. ....Mitarbeit
MittAB ....Mitteilungen aus der Arbeitsmarkt- und
                             Berufsforschung
Mitverf. ....Mitverfasser
Mitw. ....Mitwirkung
MRP ....Material Requirements Planning,
                             Manufacturing Ressource Planning
MTV ....Manteltarifvertrag
MuA ....Mensch und Arbeit
Nachdr. ....Nachdruck
NC ....Numerical Control
Nov. ....November
Nr. ....Nummer, number
NRW ....Nordrhein Westfalen
o.ä. ....oder ähnliches
o.J. ....ohne Angabe des Erscheinungsjahres
o.S. ....ohne Seite
o.V. ....ohne Angabe des Verfassers
PJ ....Personnel Journal
PPS ....Produktionsplanung und -steuerung
QFD ....Quality Function Deployment
REFA ....Verband für Arbeitsstudien-REFA-e.V.

RKW .... Rationalisierungskuratorium der Deutschen
                           Wirtschaft
RWTH .... Rheinisch-Westfälisch Technische
                           Hochschule
S .... Seite
s. .... siehe
s.a .... siehe auch
s.o. .... siehe oben
SchwbG .... Schwerbeschädigtengesetz
SMR .... Sloan Management Review
Sp .... Spalte(n)
SPSS .... Statistical Package for the Social Sciences
Tab .... Tabelle
u .... und, unter
u.a. .... und andere, unter anderem
u.ä. .... und ähnliches
überarb. .... überarbeitet
USW .... Universitäts Seminar der Wirtschaft
usw .... und so weiter
v. .... von
VDI .... Verein deutscher Ingenieure
VDI-Z .... Verein deutscher Ingenieure-Zeitschrift
vgl .... vergleiche
WiSt .... Wirtschaftswissenschaftliches Studium
Wisu .... Das Wirtschaftsstudium
z.B .... zum Beispiel
z.T .... zum Teil
ZArbWiss .... Zeitschrift für Arbeitswissenschaft
ZfA&O .... Zeitschrift für Arbeit und Organisation
ZfB .... Zeitschrift für Betriebswirtschaft
ZfbF .... Zeitschrift für betriebswirtschaftliche
                           Forschung
ZfO .... Zeitschrift für Organisation
Ziff .... Ziffer

1 Einführung und Problemstellung

1.1 Problemstellung

Aufgrund der wachsenden Dynamik der Umwelteinflüsse und der Markterwartungen an die betriebliche Leistungsbereitschaft stellt eine zeitlich variable Reaktionsfähigkeit einen wichtigen Parameter des unternehmenspolitischen Handelns dar. Kürzere tarifliche Arbeitszeiten, steigende Kapitalkosten pro Arbeitsplatz, zunehmende Schwankungen der Nachfrage sowie Anforderungen des Personals in Richtung einer zeitautonomen Zeitgestaltung erfordern ein Umdenken in der Arbeits- und Betriebszeitgestaltung, um diese aktiv zur Unterstützung der betrieblichen Wettbewerbsfähigkeit einzusetzen. Die Betriebs- und Arbeitszeitgestaltung kann als strategischer Gestaltungsparameter begriffen werden, der einen wesentlichen Beitrag zur Verbesserung der Wettbewerbsfähigkeit leisten könnte. Die Arbeitszeit umfaßt die Zeit, in der der Arbeitnehmer pro Tag, Monat, Woche, Jahr dem Unternehmer seine Arbeitskraft vertraglich gegen Entgelt zur Verfügung stellt[1]. Gestaltungsobjekt der Arbeitszeitgestaltung bilden Arbeitszeitregelungen, die sich an gesetzlichen, tariflichen und betrieblichen Rahmenbedingungen zu orientieren haben. Über die Betriebszeit wird die Höhe und Struktur sowie die zeitliche Verfügbarkeit der betrieblichen Kapazitäten festgelegt[2]. Unter Betriebszeit wird die Zeit verstanden, in der ein Betrieb oder einzelne Abteilungen oder Arbeitsplätze einer Nutzung zur Verfügung stehen[3].

Aufgabe der Arbeits- und Betriebszeitgestaltung ist es, mit Hilfe von Arbeitszeitregelungen den Rahmen für einen zielgerichteten Einsatz der Arbeitszeit und damit der menschlichen Arbeitskraft zu ermöglichen, wobei ein Interessenausgleich zwischen betrieblichen Belangen und Arbeitnehmerbedürfnissen anzustreben ist[4]. Flexible Arbeits- und Betriebszeiten beinhalten eine zeitbezogene Veränderung der Arbeitszeitstruktur und heben somit die traditionellen Prinzipien starrer Zeitgestaltung, Uniformität, Gleichzeitigkeit, Pünktlichkeit, Fremdbestimmtheit und Tabuisierung auf[5]. Hierdurch wird eine Anpassung an verschiedene inner- und außerbetriebliche Bedingungen

---

1 vgl. Marr/Stitzel 1979, S.379; Reichwald 1979, Sp.176
2 vgl. Deelen 1987, S.70ff.; Deelen 1988, S.51
3 vgl. Deelen 1987, S.54f.
4 vgl. Endell 1987, S.25
5 vgl. Teriet 1978, S.112f.

ermöglicht. Technische und organisatorische Sachzwänge führten in der Vergangenheit zu einer Identität von Arbeits- und Betriebszeit. Flexible Arbeits- und Betriebszeiten heben diese Deckungsgleichheit auf, es erfolgt eine Entkopplung der Arbeitszeit der Arbeitskräfte von der Betriebszeit der Arbeitsplätze. Hierdurch bietet sich die Möglichkeit, die ökonomisch notwendige Betriebszeit mit individuellen Arbeitszeiten, die den Mitarbeiterbedürfnissen entsprechen, aufzufüllen[1].

Eine flexible Arbeits- und Betriebszeitgestaltung könnte gezielt zur Verbesserung der als kritisch eingestuften Erfolgsfaktoren im Wettbewerb eingesetzt werden, da vielfältige Wechselbeziehungen zwischen Kosten, Qualität und Flexibilität und dem Arbeitszeitmanagement bestehen[2]. Eine Steigerung der Betriebsmittelnutzung gestattet eine längere Nutzung der Anlagen, hierdurch ist eine Senkung der Kapitalkosten erzielbar. Durch Arbeits- und Betriebszeitgestaltung ist eine Qualitätssteigerung über die Motivation der Mitarbeiter sowie durch Anpassung der Arbeitszeit an den individuellen Tagesrhythmus der Mitarbeiter realisierbar. Flexible Arbeits- und Betriebszeiten ermöglichen durch eine verbesserte Anpassungsfähigkeit an Schwankungen eine Verbesserung der quantitativen Flexibilität und eine Reduktion von Beständen.

Flexible Arbeitszeiten könnten darüber hinaus genutzt werden, um dem Mitarbeiter bei der Gestaltung der Arbeitszeit größere Dispositionsspielräume zu gewähren und ihm eine bessere Abstimmung von Arbeitszeit und privaten Interessen zu ermöglichen. Einer flexiblen Arbeits- und Betriebszeitgestaltung kommt somit sowohl aus betrieblicher Sicht als auch aus Sicht der Mitarbeiter steigende Bedeutung zu.

Basis für die Realisierung flexibler Arbeits- und Betriebszeiten ist die Schaffung eines zeitlichen Flexibilisierungspotentials. Das zeitliche Flexibilisierungspotential läßt sich aufbauend auf dem Flexibilitätsbegriff charakterisieren. Flexibilität bezeichnet die Fähigkeit von Systemen, sich ändernden Umweltbedingungen präventiv und reaktiv anzupassen[3]. Solange mit Veränderungen der Umwelt zu rechnen ist,

---

1 vgl. Schusser 1983a, S.47
2 vgl. Bühner 1992b, S.65f.; Wildemann 1991, S.19ff.
3 vgl. Hamel 1985, S.296

stellt die Flexibilität eine Basiseigenschaft von Systemen dar[1]. Unter Flexibilität wird nicht nur die sich im materiellen und immateriellen Vorbereitungsgrad dokumentierende Fähigkeit von Systemen und Systemelementen zur reaktiven oder präventiven Anpassung an veränderte inner- und außerbetriebliche Bedingungen im Sinne einer Sicherung gegebener Zielvorstellungen[2], sondern auch die Aktionsfähigkeit zur Wahrnehmung von Chancen über die ursprüngliche Zielsetzung hinaus verstanden. Flexibilität kann daher als Systemeigenschaft bezeichnet werden, deren Wesensmerkmal die Existenz von Freiheitsgraden im Sinne von Handlungsspielräumen bei der zielgeleiteten Entscheidungsfindung und Realisation ausmacht[3]. Ein produktionswirtschaftliches System ist flexibel, wenn es über Handlungsspielräume verfügt, um zielabträgliche Wirkungen eines möglichen Flexibilitätsbedarfs zu kompensieren und zielfördernde Wirkungen zu nutzen[4].

Die Flexibilität eines Systems oder auch nur eines Systemelementes kann nicht erst bei eintretendem Bedarf, also bei einer Veränderung der für die jeweils betrachtete Unternehmung relevanten Bedingungskonstellationen, erstmalig geschaffen werden, sondern erfordert den vorausgehenden Aufbau eines entsprechenden Flexibilitätspotentials, das auch als Wechselpotential[5] bezeichnet werden kann und das das System in die Lage versetzt, sich auf neue Situationen einzustellen. Unter dem zeitlichen Flexibilisierungspotential wird die Summe aller Freiheitsgrade verstanden, die benötigt werden, um zielabträgliche Wirkungen eines zeitlichen Flexibilitätsbedarfs zu kompensieren, zielfördernde Wirkungen zu nutzen und somit die Flexibilität neuer Arbeits- und Betriebszeitmodelle zieladäquat einzusetzen.

Das zeitliche Flexibilisierungspotential und damit auch die erzielbaren Wettbewerbswirkungen flexibler Arbeits- und Betriebszeiten werden in Industriebetrieben durch verschiedene Faktoren eingeschränkt. Der Industriebetrieb ist ein komplexes System, das sich wiederum in Subsysteme[6] unterteilt. In komplexen, arbeitsteiligen

---

1 vgl. Behrbohm 1985, S.156f. u. S.159
2 vgl. Maier 1982, S.101; Volberg 1981, S.37
3 vgl. Horváth/Mayer 1986, S.70
4 vgl. Behrbohm 1985, S.162
5 vgl. hierzu Ellinger 1974, S.24
6 Produktion und produktionsnahe indirekte Bereiche sowie
   administrative Bereiche

Systemen treten neben dem Problem der Kommunikation folgende
organisatorische Kernprobleme auf:

1. Koordination der Entscheidungen/Handlungen verschiedener Individuen unter Berücksichtigung wechselseitiger Abhängigkeiten
   (Problem der Interdependenz),

2. Koordination von Entscheidungen/Handlungen verschiedener Individuen unter Berücksichtigung ihrer divergierenden Ziele[1]
   (Problem der Zieldivergenz).

Diese Probleme betreffen auch die Arbeitszeitgestaltung; das zeitliche Flexibilisierungspotential im Industriebetrieb wird daher durch
Abhängigkeiten arbeitsteiliger Systeme beschränkt. Daneben spielt
das Verhalten der Systemmitglieder, also der Vorgesetzten, der Mitarbeiter und des Betriebsrates eine wichtige Rolle. Auch dieses kann
das Arbeitszeitflexibilisierungspotential einschränken.

Zielsetzung der Arbeit ist die Analyse und Systematisierung der Determinanten des Arbeitszeitflexibilisierungspotentials unter Berücksichtigung der Abhängigkeiten im Industriebetrieb. Darüber hinaus
soll untersucht werden, wie sich das Verhalten der Systemmitglieder
auf das zeitliche Flexibilisierungspotential auswirkt. Aufbauend auf
der Analyse der Determinanten des zeitlichen Flexibilisierungspotentials werden Ansatzpunkte zur Optimierung des zeitlichen Flexibilisierungspotentials aufgezeigt.

1.2 Behandlung der Problemstellung in der Literatur

Eine Reihe von Beiträgen beschäftigt sich mit den Mitarbeiterinteressen bezogen auf die Arbeits- und Betriebszeitgestaltung, hierbei
sind insbesondere die empirischen Untersuchungen über Arbeitszeitpräferenzen von Bedeutung. Empirische Untersuchungen zu den Arbeitszeitwünschen der Arbeitnehmer wurden vom EMNID-Institut[2],
von Mertens[3], Brinkmann[4], Engfer/Hinrichs/Offe/Wiesenthal[5],

---

1 vgl. Frese 1991b, S.24f.
2 vgl. Bundesministerium für Arbeit und Sozialordnung 1981; Kleinhenz 1990b,
  S.454; Landenberger 1983, S.11ff.
3 vgl. Mertens 1983, S.207ff.
4 vgl. Brinkmann 1983, S.54ff.
5 vgl. Engfer/Hinrichs/Offe/Wiesenthal 1983, S.91ff.

Nerb[1], Groß/Thoben/Bauer[2], Groß/Pekruhl/Thoben[3] und von Beyer/Henningsen[4] durchgeführt. Sie zeigen die Wünsche der Arbeitnehmer nach Teilzeitarbeit, größerem Dispositionsspielraum hinsichtlich der Lage und Verteilung der täglichen Arbeitszeit, nach Arbeitszeitverkürzung, bezüglich der Wahl des Urlaubszeitpunkts und der Urlaubsdauer, nach Sabbaticals, nach Verkürzung der Lebensarbeitszeit und Gleitendem Übergang in den Ruhestand (vgl. Abb. 1.1). In der Literatur werden auch Widerstände der Vorgesetzten und der Mitarbeiter als Hindernisse bei der Einführung flexibler Arbeits- und Betriebszeiten behandelt[5], darüber hinaus gehen verschiedene Autoren auf die Personalführung bei flexibler Arbeitszeitgestaltung ein[6].

Die Einsatzbedingungen flexibler Arbeitszeitregelungen in der Produktion sind Gegenstand der Untersuchungen von Endell[7] und Utsch[8]. Endell behandelt im Rahmen ihrer Arbeit als personelle Einsatzbedingungen flexibler Arbeits- und Betriebszeiten die Motivation, das Verantwortungsbewußtsein, die Kooperationsbereitschaft und Kooperationsfähigkeit sowie die Qualifikation aller beteiligten Personen[9]. Eine zu geringe Motivation der Mitarbeiter zur zieladäquaten Nutzung des durch die Arbeitszeitregelungen möglichen Dispositionsspielraumes kann nach Endell dazu führen, daß die betrieblichen Zielsetzungen der flexiblen Arbeitszeitregelungen unterlaufen werden. Die Akzeptanz der Arbeitszeitmodelle durch die Mitarbeiter ist daher eine wichtige Einsatzvoraussetzung. Flexible Arbeitszeitregelungen setzen voraus, daß die Mitarbeiter in der Lage sind, verantwortlich zu handeln, d.h. die Arbeitszeit so zu organisieren, daß neben den individuellen auch die betrieblichen Bedürfnisse sowie die Bedürfnisse anderer Arbeitnehmer berücksichtigt werden. Durch die Einführung flexibler Arbeitszeitregelungen ergeben sich neue Anforderungen an die Kooperationsfähigkeit und Kooperationsbereitschaft sowie an die Qualifikation der Mitarbeiter. Die Frage nach

---

1 vgl. Nerb 1986, S.6ff.
2 vgl. Groß/Thoben/Bauer 1989, S.170ff.
3 vgl. Groß/Pekruhl/Thoben 1987, S.92ff.
4 vgl. Beyer/Henningsen 1990, S.135ff.
5 vgl. Graf 1990, S.169; Hörning u. a. 1991, S.82ff.; Marr 1987a, S.242f.; Wildemann 1990b, S.33ff.
6 vgl. Deelen 1988, S.99f.; Endell 1987; S.162; Risse 1984, S.3 u. 5; Roth 1975, S.93f.; Wildemann 1990b, S.51
7 vgl. Endell 1987, S.133ff.
8 vgl. Utsch 1981, S.65ff.
9 vgl. Endell 1987, S.134ff.

PRÄFERENZEN \ UNTERSUCHUNG	Mertens 1979	EMNID 1981/82	Engfer u.a. 1983	Brinkmann 1983	Nerb 1985	Bretschneider u.a. 1985	Groß / Pekrul / Thoben 1987	Groß / Thoben / Bauer 1989	Beyer / Henningsen 1990
Teilzeitarbeit	X	X		X	X	X		X	
Dispositionsspielraum bei der täglichen Lage und Verteilung der Arbeitszeit	X		X			X		X	X
Arbeitszeitverkürzung		X					X	X	
freie Wahl des Urlaubszeitpunktes	X		X						
mehr Urlaub		X	X				X	X	X
Sabbaticals									
Verkürzung der Lebensarbeitszeit		X					X	X	
Gleitender Übergang in den Ruhestand	X								X

Abb. 1.1 : Empirische Untersuchungen zu Arbeitszeitwünschen

veränderten Qualifikationsanforderungen durch flexible Arbeitszeiten wird von Bühner[1], Marr[2], Wagner[3] und Wildemann[4] aufgegriffen. In der Untersuchung von Wildemann erfolgte eine Analyse der Qualifikationsanforderungen und weiterer personeller und organisatorischer Einsatzvoraussetzungen der verschiedenen Arbeitszeitmodelle auf empirischer Basis; darauf aufbauend wurden die Potentiale, die sich bei einem Einsatz von flexibler Arbeitszeitgestaltung bei neuen Formen der Fertigungsorganisation ergeben, am Beispiel von Fertigungssegmenten[5] aufgezeigt[6]. Utsch behandelt neben den schon aufgeführten personellen Einsatzvoraussetzungen als weitere personenbezogene Bedingungen das Problemlösungspotential des Arbeitnehmers, das Dispositionsrecht für den Arbeitnehmer und die Delegation von Aufgabe, Kompetenz und Verantwortung[7]. Bei der Bestimmung der Arbeitszeit muß der Arbeitnehmer betriebliche Interessen erkennen, berücksichtigen und einschätzen können, wie sich seine Wahl der Arbeitszeit auf andere Arbeitnehmer auswirkt. Die Delegation des Dispositionsrechts über die zeitliche Gestaltung an den Mitarbeiter soll eine Abstimmung verschiedener Interessen ermöglichen. Die Unternehmensleitung hat daher den Rahmen für die flexible Arbeitszeitgestaltung vorzugeben, innerhalb dessen sich der Mitarbeiter bewegen soll. Die Delegation von Aufgabe, Kompetenz und Verantwortung im Betrieb erleichtert die Durchführung von weiterführenden flexiblen Arbeitszeitregelungen.

Neben den personellen Rahmenbedingungen finden auch organisatorische und produktionstechnische Rahmenbedingungen Berücksichtigung. Als organisatorische Rahmenbedingungen führt Endell verwaltungstechnische Einsatzbedingungen, die Einführung eines Arbeitszeitmanagements sowie Personalführung und Führungsstil an[8]. In der Personalverwaltung ergeben sich beim Einsatz flexibler Arbeitszeitregelungen neue Anforderungen an Abrechnungstechniken

1 vgl. Bühner 1992c, S.233ff.
2 vgl. Marr 1987b, S.256ff.
3 vgl. Wagner 1985, S.258f.
4 vgl. Wildemann 1992a, S.172ff.; Wildemann 1990b, S. 44ff.
5 "Unter Fertigungssegmenten werden produktorientierte Organisationseinheiten
    der Produktion verstanden, die mehrere Stufen der logistischen Kette eines
    Produktes umfassen und mit denen eine spezifische Wettbewerbsstrategie
    verfolgt wird. Darüber hinaus zeichnen sich Fertigungssegmente auch
    durch die Integration planender und indirekter Funktionen aus und sind in
    der Regel als Cost-Center organisiert" Wildemann 1988a, S. 54
6 vgl. Wildemann 1992a, S.180ff.
7 vgl. Utsch 1981, S.87ff.
8 vgl. Endell 1987, S.152ff.

und Zeiterfassung, insbesondere bei der Entgeltabrechnung ist eine
Berücksichtigung schwankender Arbeitszeiten erforderlich. Darüber
hinaus steigt der Betreuungsaufwand für die Mitarbeiter durch die
Personalverwaltung bei flexiblen Arbeits- und Betriebszeiten. Bei
zunehmendem Einsatz flexibler Arbeitszeitregelungen ist ein Arbeitszeitmanagement erforderlich. Dem Arbeitszeitmanagement
kommt die Aufgabe zu, die Personalabteilung in arbeitszeitspezifischen Fragen zu unterstützen, um die optimale Gestaltung bzw. Nutzung der Arbeitszeit zu ermöglichen. Die Organisation eines Arbeitszeitmanagements kann in Anlehnung an ein Projektmanagement
erfolgen. Auch Linnenkohl geht auf die Notwendigkeit eines Arbeitszeitmanagements bei flexiblen Arbeits- und Betriebszeiten ein[1].

Hentsch, Göbel/Neifer-Dichmann und Wildemann behandeln die Entgeltabrechnung bei flexiblen Arbeitszeiten und schlagen zur Vermeidung von Lohnschwankungen eine Bezahlung nach dem Referenz-
prinzip vor[2].

Produktionstechnische Einsatzbedingungen sind zu berücksichtigen,
um bei flexibler Arbeits- und Betriebszeitgestaltung die Planbarkeit
des Produktionsablaufs zu gewährleisten und Störungen zu vermeiden. Als produktionstechnische Einsatzbedingungen werden die
Unterbrechbarkeit, Selbständigkeit und Veränderbarkeit des Produktionsprozesses, die Verschiebbarkeit der einzelnen Aufträge bzw.
Aufgaben und die Unabhängigkeit der Mitarbeiter angeführt[3].

Utsch geht auf diese Voraussetzungen in Zusammenhang mit der
gleitenden Arbeitszeit ein, er differenziert dabei zwischen generellen
und sachbezogenen Bedingungen[4]. Utsch analysiert anhand der Voraussetzungen die Eignung verschiedener Formen der Ablauforganisation der Fertigung für die Anwendung der Gleitzeit und kommt zu
dem Ergebnis, daß bei Werkbank- und Werkstattfertigung ein hoher
Freiheitsgrad zum Gleiten besteht. Bei der Fließfertigung ohne Zeitzwang reduzieren sich nach Utsch die Anwendungsmöglichkeiten
flexibler Arbeitszeiten; bei Fließfertigung mit Zeitzwang ist ohne
Hilfsmaßnahmen keine Arbeitszeitflexibilisierung mehr möglich.

---

1 vgl. Linnenkohl 1985, S.1924
2 vgl. Göbel /Neifer-Dichmann 1989, S.54ff.; Hentsch 1990, S.243ff;
   Wildemann 1990b, S.53
3 vgl. Endell 1987, S.165ff.; Held/Karg 1984, S.176f.
4 vgl. Utsch 1981, S.65ff.

Auch Böckle[1] beschäftigt sich mit der Untersuchung bestimmter Fertigungsstrukturen im Hinblick auf ihre Eignung zur Einführung flexibler Arbeitszeiten. Anhand des Kriteriums zeitliche Bindungen werden Fertigungsstrukturen arbeitsplatzbezogen auf ihre Eignung zur Einführung flexibler Arbeitszeiten untersucht. Flexible Arbeitszeiten im Produktionsprozeß sind nur dann möglich, wenn die durch die Arbeitnehmer an den einzelnen Arbeitsplätzen durchzuführenden Verrichtungen voneinander und vom Material- und Informationsfluß für eine bestimmte Zeitspanne unabhängig sind. Voraussetzung hierfür ist das Fehlen einer technologisch- wirtschaftlich bedingten zeitlichen Bindung und einer organisatorisch-wirtschaftlich bedingten zeitlichen Bindung. Als Einflußfaktoren der zeitlichen Bindungen des Fertigungsablaufs werden Fertigungsaufgabe, Fertigungsobjekt, -verfahren, -organisation und -mittel untersucht.

Die Beiträge von Allenspach, Cubasch, Hillert und Josten beschäftigen sich mit der Frage der Möglichkeit der Implementierung einer Gleitenden Arbeitszeit in der industriellen Fertigung[2]. Josten behandelt in seinem Beitrag die Probleme der Einführung der Gleitenden Arbeitszeit im industriellen Produktionsbereich[3]. Er führt an, daß die zeitliche Gebundenheit der ausführenden Arbeiten im Betrieb durch die Anordnung der Arbeitsplätze determiniert wird und untersucht die verschiedenen Formen der Ablauforganisation, Werkbankfertigung, Werkstättenfertigung, Baustellenfertigung, Reihenfertigung und Fließfertigung auf ihre Vereinbarkeit mit der Gleitenden Arbeitszeit. Weitere Einflußfaktoren finden keine Berücksichtigung. Allenspach[4] behandelt besondere Probleme im Zusammenhang mit der Gleitenden Arbeitszeit. Er führt an, daß verkettete Arbeitsplätze eine Einführung der Gleitenden Arbeitszeit erschweren, geht aber nicht näher auf die Ursachen dieser Probleme ein.

Rademacher analysiert Einsatzvoraussetzungen für die Gleitende Arbeitszeit und Teilzeitarbeit[5]. Er zieht als Anwendungsvoraussetzungen der Gleitenden Arbeitszeit zeitliche Verbundwirkungen heran. Es wird aufgezeigt, daß zeitliche Verkettungen innerhalb eines oder zwischen mehreren Arbeitssystemen der Gleitenden Arbeitszeit ent-

---

1 vgl. Böckle 1979, S.69ff.
2 vgl. Allenspach 1975, S.43ff.; Cubasch 1971, S.14f.; Hillert 1971, S.85ff.;
  Josten 1973b, S.96ff.
3 vgl. Josten 1973b, S.96ff.
4 vgl. Allenspach 1975, S.43ff.
5 vgl. Rademacher 1990, S.124ff. u.S.157ff.

gegenstehen und damit die unternehmerische Anpassung einschränken können. Rademacher untersucht ausgehend von den aufgezeigten
Einsatzvoraussetzungen die Eignung von Fließ- und Linienfertigung
für die Gleitende Arbeitszeit und kommt dabei zu dem Ergebnis, daß
bei Fließfertigung aufgrund der restriktiven zeitlichen Bindung eine
individuelle Inanspruchnahme von Gleitzeitmöglichkeiten erschwert
wird und es zusätzlicher organisatorischer Maßnahmen bedarf; kol-
lektives Gleiten einer gesamten Bandbelegschaft[1] dagegen möglich
ist[2].

Bullinger/Weber gehen in ihrem Beitrag auf flexible Arbeitszeit-
strukturen im Produktionsbereich ein. Sie führen an, daß flexible
Arbeitszeitstrukturen einen möglichst hohen Entkopplungsgrad des
Menschen von ablauftechnischen Zwängen voraussetzen[3].

Die Auswertung der Literatur zeigt, daß Analysen zur Erfassung der
Arbeitszeitpräferenzen der Mitarbeiter vorliegen und die personellen
Einsatzvoraussetzungen flexibler Arbeitszeitmodelle und Widerstände bei der Einführung flexibler Arbeitszeiten in unterschiedlichem
Umfang Berücksichtigung finden. Bezüglich einer Analyse der Auswirkungen des Verhaltens der Organisationsmitglieder, die im Rahmen der ihnen eingeräumten Rechte, Weisungsbefugnisse und Dispositionsspielräume flexible Arbeitszeiten gestalten und umsetzen, auf
das zeitliche Flexibilisierungspotential, also die Möglichkeiten zur
flexiblen Arbeits- und Betriebszeitgestaltung, und der Einflußfaktoren dieses Verhaltens, bestehen dagegen noch Defizite. Die Behandlung organisatorischer und produktionstechnischer Einsatzvoraussetzungen und der Eignungsanalyse einzelner Fertigungsstrukturen für
eine flexible Arbeits- und Betriebszeitgestaltung nimmt in der Literatur einen breiten Raum ein. Eine ganzheitliche Analyse der Abhängigkeiten arbeitsteiliger Systeme als Determinante des zeitlichen Flexibilisierungspotentials von Industriebetrieben und ihren Einflußfaktoren wurde dagegen nicht durchgeführt.

1 z.B. zur Anpassung an erhöhten Arbeitsanfall
2 vgl. Rademacher 1990, S.213ff.
3 vgl. Bullinger/Weber 1982, S.140ff.

1.3 Methodisches Vorgehen und Aufbau der Arbeit

Zur Analyse der Determinanten des zeitlichen Flexibilisierungspotentials bieten sich verschiedene Vorgehensweisen an:

1. Ableitung von Einflußfaktoren des zeitlichen Flexibilisierungspotentials auf Basis vorliegender Fallstudien zur Arbeitszeitgestaltung,

2. Theoretische Analyse typbildender Merkmale des Organisations-, Technologie- und Arbeitssystems im Produktionsbereich von Industriebetrieben im Hinblick auf deren Einfluß auf das Arbeitszeitflexibilisierungspotential,

3. Analyse der Einflußfaktoren des zeitlichen Flexibilisierungspotentials in Industriebetrieben, in denen flexible Arbeitszeiten praktiziert werden.

Der erste Weg erscheint aufgrund der Struktur der veröffentlichten Fallstudien zu flexiblen Arbeitszeiten in Produktionsbetrieben wenig erfolgversprechend, da sich diese überwiegend auf die eingesetzten Arbeitszeitmodelle und die Einführung derselben beziehen. Restriktionen durch zeitliche Abhängigkeiten und Verhalten von Organisationsmitgliedern werden nur am Rande behandelt.

Im Rahmen der vorliegenden Arbeit wird als Vorgehensweise eine Kombination der zweiten und dritten Möglichkeit gewählt. Abbildung 1.2 zeigt den Aufbau der Arbeit. Basierend auf einer Abgrenzung der begrifflichen Grundlagen flexibler Arbeits- und Betriebszeitgestaltung und einer systemtheoretischen Betrachtung des Industriebetriebs erfolgt eine Analyse der Determinanten des zeitlichen Flexibilisierungspotentials. Der Industriebetrieb wird hierbei als System mit einzelnen Elementen gesehen, zwischen denen wiederum Beziehungen bestehen.

Basierend auf einer Charakterisierung des Systems Industriebetrieb und der Abhängigkeiten zwischen Elementen, Subsystemen und Umwelt in Kapitel 2 wird untersucht, wie sich diese auf das zeitliche Flexibilisierungspotential und damit auf die Fähigkeit des Systems Industriebetrieb zur Wiederherstellung eines Gleichgewichtszustands zwischen dem Kapazitätsangebot des Industriebetriebs und der Kapazitätsnachfrage mittels flexibler Arbeitszeitgestaltung auswirken. Aufbauend auf einer empirischen Analyse wird in Kapitel 3 unter-

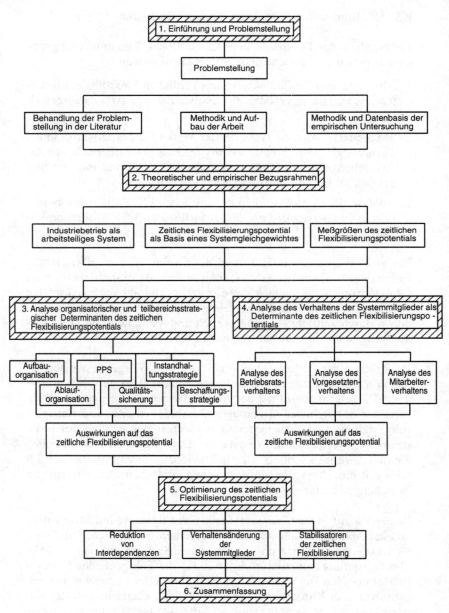

Abb. 1.2 : Aufbau der Arbeit

sucht, welche organisatorischen und teilbereichsstrategischen Determinanten das zeitliche Flexibilisierungspotential beschränken und welchen Einfluß dabei die Abhängigkeiten der arbeitsteiligen Systeme haben.

Als Determinanten werden Spezialisierungsart und -umfang, Ablauforganisation, Produktionssteuerung, Materialbereitstellung, Instandhaltungsstrategie, Qualitätssicherungsstrategie und Beschaffungsstrategie analysiert (vgl. Abb. 1.3). Basierend auf den theoretischen Überlegungen erfolgt eine empirische Überprüfung, indem die Zusammenhänge zwischen den Determinanten und den Meßgrößen des zeitlichen Flexiblisierungspotentials analysiert werden.

Als weitere Determinante des zeitlichen Flexibilisierungspotentials wird das Verhalten der Systemmitglieder - der Mitarbeiter, der Vorgesetzten und des Betriebsrats - und seine Einflußfaktoren in Kapitel 4 behandelt (vgl. Abb. 1.3). Zur Analyse der Systemmitglieder und ihres Verhaltens sowie der Auswirkungen ihres Verhaltens auf das zeitliche Flexibilisierungspotential werden ergänzend die motivationstheoretischen Ansätze von Alderfer und Maslow herangezogen.

Zur Abstützung der theoretisch abgeleiteten Hypothesen werden Ergebnisse aus zwei Befragungen, die in Unternehmen der Metallindustrie durchgeführt wurden, verwendet. Ausgehend von der Analyse und Systematisierung der Determinanten des zeitlichen Flexibilisierungspotentials werden Ansätze zur Optimierung desselben aufgezeigt. Ein zu sehr eingeschränktes, also zu kleines zeitliches Flexibilisierungspotential führt zu einem starren System, das seine Anpassungsfähigkeit an die sich wandelnden Umweltbedingungen verliert. Dagegen kann eine zu große Flexibilisierung durch eine sehr starke Erhöhung der Varietät zu einer Zunahme interner Störungen führen[1]. Die Optimierung des zeitlichen Flexibilisierungspotentials muß deshalb im Spannungsfeld einer totalen Flexibilisierung auf der einen und einer Stabilität auf der anderen Seite erfolgen. Es wird daher in Kapitel 5 untersucht, wie die Verhaltensgrößen sowie die Abhängigkeiten arbeitsteiliger Prozesse beeinflußt werden können, um das zeitliche Flexibilisierungspotential zu erhöhen. Andererseits wird aufgezeigt, welche Stabilisatoren eingefügt werden können, um die Zunahme interner Störungen zu verhindern.

---

1 vgl. Seidenberg 1989, S.19

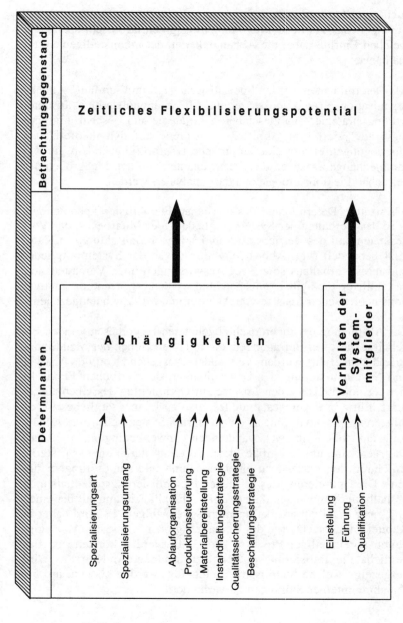

Abb. 1.3 : Determinanten des zeitlichen Flexibilisierungspotentials

1.4 Empirische Datenbasis der Untersuchung

Die Daten wurden in zwei Befragungen im Rahmen des Arbeitskreises "Arbeitszeitmanagement zur wettbewerbs- und mitarbeiterorientierten Betriebszeitgestaltung"[1] erhoben.

Ziel der empirischen Analyse ist es, Erfahrungswerte aus der Praxis über Einflußfaktoren und Restriktionen bei der Umsetzung flexibler Arbeitszeitmodelle zu gewinnen und das Verhalten von Organisationsmitgliedern bei flexibler Arbeitszeitgestaltung zu erfassen. Hierdurch sollten die theoretisch aufgestellten Zusammenhänge und Hypothesen über die Determinanten des zeitlichen Flexibilisierungspotentials empirisch überprüft werden. Die Befragungen wurden als empirische Feldstudien in 23 Werken der 22 am Arbeitskreis beteiligten Unternehmen durchgeführt.

Die Datenerhebung erfolgte bei der ersten Befragung im Rahmen von persönlichen Interviews anhand eines vorstrukturierten Fragebogens. Als Gesprächspartner wurden je Werk ein oder mehrere Experten aus dem Personal- und Produktionsbereich ausgewählt, die für die Einführung oder Umsetzung flexibler Arbeits- und Betriebszeiten in Produktion und indirekten Bereichen zuständig waren. Die zweite Befragung erfolgte schriftlich, ebenfalls anhand eines vorstrukturierten Fragebogens, Adressaten der schriftlichen Befragung waren die Gesprächspartner der ersten Befragung. Die Fragebögen enthielten Fragestellungen über:

- Daten zu Unternehmen und Werkscharakterisierung,
- die strategische Orientierung der Unternehmen,
- den Einsatz flexibler Arbeitszeitmodelle,
- personelle, organisatorische und soziale Aspekte des Einsatzes flexibler Arbeitszeitmodelle,
- Rahmenbedingungen flexibler Arbeits- und Betriebszeitgestaltung,
- Einführung flexibler Arbeitszeitmodelle,
- Restriktionen der Arbeits- und Betriebszeitgestaltung,
- Auswahl und Beurteilung flexibler Arbeitszeitmodelle.

---

[1] Das Forschungsprojekt wurde von Prof. Dr. Horst Wildemann, Lehrstuhl für Betriebswirtschaftslehre mit Schwerpunkt Logistik der Technischen Universität München, in Kooperation mit 22 Unternehmen der Metallindustrie durchgeführt und vom Bayerischen Staatsministerium für Arbeit und Sozialordnung sowie vom Verein der Bayerischen Metallindustrie gefördert, vgl. hierzu Wildemann 1992a, S.14

Im Rahmen der vorliegenden Arbeit erfolgte eine selektive Auswertung der Daten zur Analyse der Determinanten des zeitlichen Flexibilisierungspotentials[1]. Die zur Auswertung herangezogenen Daten sind überwiegend metrisch skaliert, sie liegen in Form von Ratingskalen mit einem Wertebereich zwischen 1 und 7 auf intervallskaliertem Niveau vor oder wurden auf einer Ratioskala erfaßt. Qualitative Eigenschaften wie die Form der Ablauforganisation liegen nominalskaliert vor.

Die statistische Datenauswertung wurde mit Hilfe des Programmpakets SPSS-X 2.2[2] vorgenommen. Zur Datenanalyse wurden uni- und bivariate statistische Auswertungsmethoden, Häufigkeiten, Mittelwerte und Korrelationen verwendet. Auf die Anwendung multivariater Analyseverfahren wurde aufgrund des geringen Stichprobenumfanges von n = 23[3] verzichtet.

Die in die Auswertung eingegangenen Werke lassen sich anhand der Merkmale

- Branche,
- Unternehmens- /Werksgröße,
- Produktionstyp,
- Absatzstruktur und
- Nachfrageverlauf

charakterisieren. Die größten Branchengruppen entfallen auf die Elektroindustrie, auf den Maschinenbau sowie auf die Metallverarbeitung, weitere Unternehmen gehörten den Branchen Feinmechanik, Fahrzeugbau sowie NE-Metallerzeugung und -verarbeitung an (vgl. Abb. 1.4).

Die Umsätze der betrachteten Werke liegen zwischen 42 und 8039 Mio DM, die Mitarbeiterzahl schwankt zwischen 300 und 26 Tsd. Mitarbeitern.

Bei den befragten Werken überwiegt die kundenauftragsorientierte Fertigung, der Nachfrageverlauf ist überwiegend von Nachfrage-

---

1 Eine Gesamtdarstellung der in der Befragung gewonnenen Erkenntnisse findet sich bei Wildemann 1992a, u. bei Wildemann 1990a
2 vgl. hierzu SPSS Inc.(Hrsg.) 1986; Schubö/Uelinger 1986; Bauer 1986
3 bezogen auf einige Fragestellungen liegt aufgrund von zwei unvollständig ausgefüllten Fragebögen nur ein Stichprobenumfang von n = 21 zugrunde

schwankungen gekennzeichnet, bei 82,6% der befragten Werke treten auftragsbedingte Schwankungen, bei 17,4% saisonale Schwankungen auf, 34,8% der Unternehmen gaben eine konstante Nachfrage an (Mehrfachnennung möglich, vgl. Abb. 1.4).

In bezug auf die untersuchte Fragestellung ist der Einsatz flexibler
Arbeitszeitmodelle in den befragten Unternehmen von Bedeutung, in
61% der Unternehmen kamen mindestens drei verschiedene Grundformen flexibler Arbeits- und Betriebszeitmodelle zur Anwendung,
flexible Arbeits- und Betriebszeiten wurden in allen Werken ange-
wendet. Abbildung 1.5 zeigt die Verbreitung flexibler Arbeitszeitmodelle in den befragten Unternehmen. In den analysierten Unternehmen liegen somit umfangreiche Erfahrungen in bezug auf die
flexible Arbeits- und Betriebszeitgestaltung vor.

Aufgrund des geringen Stichprobenumfanges wird darauf verzichtet,
allgemeingültige Aussagen im Sinne statistisch abgesicherter Ergebnisse zu treffen. Statt dessen dient die empirische Analyse dazu,
Plausibilitäten aufzuzeigen und Ursache - Wirkungs - Zusammenhänge zu ermitteln, um eine Fundierung der theoretisch erarbeiteten
Hypothesen zu ermöglichen.

Merkmal	Merkmalsausprägungen (n = 23 = 100 %)					
Branche	Maschinen-bau 30,4 %	Elektro-industrie 21,7 %	Metallver-arbeitung 21,7 %	Fein-mechanik 13,0 %	Auto-mobil 8,7 %	NE - Metall Erzeugung + Verarbeitung 4,3 %
Umsatz (in Mio. DM)	< 200 34,8 %		200 - 500 30,4 %	500 - 1000 26,1 %		> 1000 8,7 %
Mitarbeiter	< 1000 26,1 %		1000 - 2000 30,4 %	2001 - 5000 30,4 %		> 5000 13 %
Produktionstyp *)	Einzelfertigung 34,8 %		Serienfertigung 82,6 %		Massenfertigung 8,7 %	
Absatzstruktur	kundenauftragsorientierte Fertigung 73,9 %			marktorientierte Vorratsproduktion 26,1 %		
Nachfrageverlauf *)	auftragsbedingte Schwankungen 82,6 %		saisonale Schwankungen 17,4 %		konstante Nachfrage 34,8 %	

*) Mehrfachnennung möglich

Abb. 1.4 : Charakterisierung der untersuchten Werke

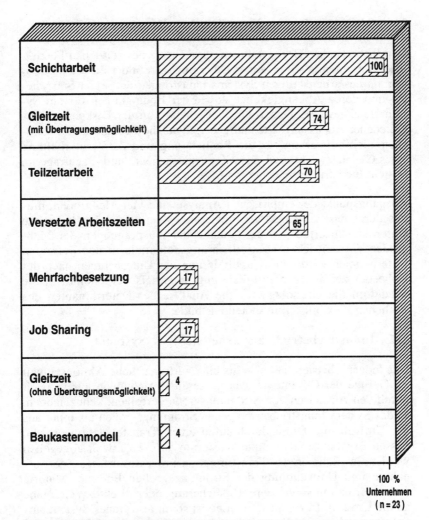

Abb. 1.5 : Verbreitung flexibler Arbeits- und Betriebszeiten in den befragten Unternehmen

2   Theoretischer und empirischer Bezugsrahmen

Den theoretischen Bezugsrahmen der Analyse des zeitlichen Flexibilisierungspotentials und seiner Determinanten bildet die Charakterisierung des arbeitsteiligen Systems Industriebetrieb, seiner Subsysteme und deren Abhängigkeiten sowie der Bedingungen für ein Systemgleichgewicht. Dabei wird ausgehend von der Diskussion verschiedener Anpassungsarten aufgezeigt, welche Bedeutung der zeitlichen Flexibilisierung für die Realisierung und Aufrechterhaltung
eines Gleichgewichts zwischen Kapazitätsangebot und -nachfrage im
System Industriebetrieb zukommt.

Ausgangspunkt der empirischen Analyse sind vier Meßgrößen, mittels derer das zeitliche Flexibilisierungspotential in den befragten
Unternehmen erfaßt wurde. Anhand der Ausprägungen der Meßgrößen des zeitlichen Flexibilisierungspotentials in den befragten
Unternehmen wird eine Klassifizierung der Unternehmen nach der
Höhe des zeitlichen Flexibilisierungspotentials vorgenommen, die
wiederum die Grundlage für die Analyse der Determinanten des
zeitlichen Flexibilisierungspotentials bildet.

2.1   Industriebetrieb als arbeitsteiliges System

Der Industriebetrieb läßt sich als eine wirtschaftliche Aktionseinheit
im Gefüge der Gesamtwirtschaft, dessen Beziehungen zur Umwelt
durch den Austausch von Strömungsgrößen erfolgen, kennzeichnen.
In das System Industriebetrieb gehen Strömungsgrößen als Input aus
der Umwelt ein. Diese durchlaufen einen Transformationsprozeß,
dessen Ergebnisse als Output wiederum an die Umwelt abgegeben
werden. Im Rahmen des Transformationsprozesses erfolgt eine Auf-
nahme und Umwandlung der Strömungsgrößen Energie, Materie
und Information sowie deren Speicherung oder direkte Weitergabe
an die Umwelt. Der Industriebetrieb ist somit als offenes System aufzufassen[1], da offene Systeme durch einen Ein- und Ausfluß und damit Wechsel der zusammensetzenden Elemente gekennzeichnet sind[2].
Der Industriebetrieb muß bestimmte Funktionen[3] erfüllen und zur

---

1 vgl. Lehmann/Fuchs 1971, S.253
2 vgl. Bertalanffy 1976, S.548
3 Transformation von Stoffen, Energie und Vorprodukten in Zwischenprodukte
   und verkaufsfähige Güter

Erfüllung definierter Ziele beitragen[1]. Er zählt damit zu den zweck-
und zielorientierten Systemen.

2.1.1 Subsysteme des Industriebetriebs

Industriebetriebe sollen hier in die Subsysteme Produktion, Qualitätssicherung, Instandhaltung, Arbeitsvorbereitung/Fertigungssteue-
rung, Materialwirtschaft sowie Entwicklung und Konstruktion und
administrative Bereiche gegliedert werden[2]. Aufgrund der großen
Anzahl von Elementen/Subsystemen[3] und der vielfältigen Beziehungen zwischen diesen läßt sich der Industriebetrieb als komplexes
System kennzeichnen. Die Subsysteme lassen sich nach der Art ihrer
Beteiligung am Produktionsprozeß in direkte und indirekte Systeme
unterteilen.

Im direkten System, der Produktion, werden ausführende Tätigkeiten, die unmittelbar der betrieblichen Leistungserstellung dienen,
durchgeführt[4]. Die Produktion läßt sich in die Teilbereiche Teilefertigung und Montage gliedern[5]. Teilefertigung und Montage werden
als Vollzugsbereiche im Leistungserstellungsprozeß angesehen, da sie
die Informationen aus den vorgelagerten Bereichen Konstruktion
und Arbeitsvorbereitung in Tätigkeiten umsetzen[6]. Innerhalb des
Produktionssystems sind die einzelnen Arbeitsplätze/Stellen durch
Liefer- und Informationsbeziehungen miteinander verknüpft.

Die indirekten Systeme sind am Produktionsprozeß nur mittelbar beteiligt. In indirekten Bereichen werden Tätigkeiten durchgeführt, die
nicht unmittelbar zur betrieblichen Leistungserstellung gehören,
aber notwendige Voraussetzungen der Tätigkeiten in den direkten
Bereichen darstellen[7].

---

1 vgl. Kern 1990, S.11f.
2 Im Rahmen der vorliegenden Arbeit werden die produktionsnahen Subsysteme
   betrachtet, die den Produktion vorgelagerten Bereiche Entwicklung und
   Konstruktion sowie die administrativen Bereiche finden keine Berücksichtigung, da die zuletzt genannten Bereiche in den untersuchten Fällen nur
   sehr geringe oder keine zeitlichen Verknüpfungen mit der Produktion
   aufweisen.
3 Menschen und Maschinen
4 vgl. Buscholl/Hemmers o.J., S.1
5 vgl. Warnecke 1984, S.437f.
6 vgl. Eversheim 1989, S.1
7 vgl. Buscholl/Hemmers o.J., S.1; Frese 1990, S.84

Aufgabe des Qualitätssicherungssystems ist es, Abweichungen von zuvor festgelegten Qualitätsspezifikationen aufzudecken, zu eliminieren oder ihren Einfluß auf eine Erzeugnisqualität zu kompensieren[1], das Aufgabenspektrum der Qualitätssicherung erstreckt sich auf die Qualitätsplanung, -prüfung, -lenkung und -kostenkontrolle[2]. Im Rahmen der Qualitätsprüfung wird erfaßt, inwiefern die Produkte die an sie gestellten Qualitätsanforderungen erfüllen[3], hierfür erfolgen neben den Zwischenprüfungen an Erzeugnissen Erstteilprüfungen, mit denen nach Neueinstellung von Maschinen und Werkzeugen der Folgefertigungsprozeß überwacht wird, sowie Endprüfungen am Ende der Fertigungs- und Montagephase[4]. Die Qualitätsprüfung ist aufgrund der direkten Eingriffe in die Leistungserstellung am stärksten mit dem Prozeß der Leistungserstellung in Fertigung und Montage verknüpft.

Das Instandhaltungssystem ist auf die Reduktion, Beseitigung oder Minderung des Anlagenverschleißes ausgerichtet[5]. Die Instandhaltung beinhaltet neben der Instandhaltungsplanung die Wartung, die der Bewahrung des Sollzustandes eines Objektes dient und alle geplanten, verschleißhemmenden Maßnahmen sowie Inspektion und Instandsetzung umfaßt. Im Rahmen der Inspektion erfolgt eine Erfassung und Beurteilung des Ist-Zustands der Anlagen, mit Instandsetzung sind alle Instandhaltungsaktivitäten zur Wiederherstellung eines Anlagensollzustandes angesprochen[6].

Die Arbeitsvorbereitung erarbeitet ausgehend von den in der Konstruktion erstellten Zeichnungen und Stücklisten die zur Ausführung der Fertigungs- und Montageprozesse notwendigen Fertigungsunterlagen und -anweisungen. Sie umfaßt Produktionsplanung und Produktionssteuerung sowie Stücklistenerstellung, Arbeitsplanerstellung und NC-Programmierung[7]. Die Produktionsplanung und -steuerung erstreckt sich auf alle planenden und steuernden Funktionen, die zur

1 vgl. Warnecke 1984, S.527
2 vgl. DGQ 1974, S.8; Mahr 1986, S.36f., zu den Qualitätssicherungsfunktionen
   im einzelnen vgl. Mahr 1986, S.36ff.
3 vgl. DGQ 1974, S.8; Mahr 1986, S.40
4 vgl. Mahr 1986, S.40f.; Schulze 1980, S.213ff.; Warnecke 1984, S.542
5 vgl. Männel 1988, S.11
6 vgl. Warnecke 1984, S.578f.
7 vgl. Eversheim 1980, S.2ff.; Mellerowicz 1981, S.438f.

mengen- und termingerechten Abwicklung des Produktionsprozesses notwendig sind[1].

Aufgabe des Subsystems Materialwirtschaft ist die Bereitstellung des für die Gütererstellung benötigten Materials in der erforderlichen Menge und Güte zur rechten Zeit am rechten Ort[2], sie umfaßt daher alle Maßnahmen zur Sicherstellung der körperlichen Verfügbarkeit fremdbezogener Materialien und vorgefertigter Teile für die Fertigung und Montage[3]. Zur Materialwirtschaft gehören die Funktionen der Beschaffung, der Lagerung und der Materialbereitstellung[4].

2.1.2 Abhängigkeiten arbeitsteiliger Systeme

Aus der Charakterisierung der Subsysteme des Industriebetriebs geht hervor, daß Abhängigkeiten innerhalb des Produktionssystems sowie zwischen Produktionssystem und Qualitätssicherungssystem, Instandhaltungssystem, Arbeitsvorbereitungssystem und Materialwirtschaftssystem in Form von materiellen Realgüterbeziehungen (Lieferbeziehungen) und immaterielle Realgüterbeziehungen (Leistungs- und Informationsbeziehungen)[5] bestehen.

Sie treten auf drei Ebenen auf:

- innerhalb des direkten Bereiches (Teilefertigung und Montage),
- zwischen den einzelnen Subsystemen, also zwischen direkten und indirekten Bereichen
- sowie zwischen dem Industriebetrieb und anderen Unternehmen, also Abnehmern und Zulieferern.

Nach der Art der Interdependenzen lassen sich diese in horizontale Interdependenzen und vertikale Interdependenzen unterscheiden[6]. Die Abhängigkeiten zwischen Produktionssystem und indirekten Subsystemen sind vertikaler Art, da ihnen eine Trennung dispositiver und ausführender Tätigkeiten zugrundeliegt. Horizontale Inter-

---

1 vgl. Ellinger/Wildemann 1985, S.57; zu den übrigen Arbeitsvor-
    bereitungsfunktionen vgl. Eversheim 1980, S.4ff.; Mellerowicz 1981,
    S.442ff.
2 vgl. Grochla 1978, S.18
3 vgl. Ihde 1979, Sp.1210
4 vgl. Grochla 1978, S.18
5 zur Unterscheidung der Interdependenzen nach dem Inhalt vgl. Bühner 1992a,
    S.73
6 vgl. Bühner 1992a, S.73

dependenzen treten innerhalb des Produktionssystems sowie zwischen Abnehmern und Zulieferern auf, sie resultieren aus einer horizontalen Arbeitsteilung, die Aufgaben auf einer Ebene in Teilaufgaben untergliedert[1] oder auf einer Produktionsteilung zwischen mehreren Industriebetrieben.

Die aufgezeigten Abhängigkeiten lassen sich in zwei Komponenten
unterteilen, zum einen in die Komplexität und zum anderen in die
Kopplung oder Entkopplung. Die Komplexität hebt auf die Zahl der
Elemente und auf die Zahl der im System möglichen Beziehungen[2]
zwischen diesen Elementen ab, dabei wird aber die zeitliche Dimension dieser Beziehungen nicht berücksichtigt. Für die Abhängigkeiten innerhalb von Leistungserstellungsprozessen ist aber die zeitliche
Dimension dieser Beziehung ebenfalls von Bedeutung. Sie wird
nachfolgend als Kopplung bezeichnet und stellt die zweite Komponente der Abhängigkeit dar. Utsch spricht in diesem Zusammenhang
von der "kommunikativ dispositiven Abhängigkeit[3]". Die Kopplung
bezieht sich auf die zeitliche Bindung zwischen zwei Elementen.
Führt eine Beziehung zwischen zwei Elementen zu einer engen zeitlichen Bindung[4], so ist die Kopplung hoch und umgekehrt.

2.2 Zeitliche Flexibilisierung als Basis eines Gleichge-
wichtszustands im System Industriebetrieb

Voraussetzung für die Zielerreichung und die hierzu erforderliche
Aufgabenerfüllung des Systems Industriebetrieb ist ein Gleichgewichtszustand[5]. Ein Gleichgewicht im naturwissenschaftlichen Sinn
ist eine physikalische oder chemische Zustandsgröße, der Gleichge-
wichtsbegriff findet daneben auch zur Kennzeichnung von stabilen
Zuständen gesamtwirtschaftlicher oder betrieblicher Systeme Ver-
wendung[6].

Aus makroökonomischer Sicht liegt ein (güterwirtschaftliches)
Gleichgewicht vor, wenn die angebotenen Mengen an Gütern und
Dienstleistungen mit den nachgefragten übereinstimmen[7]. Abwei-
chungen vom Gleichgewicht lösen gesamtwirtschaftliche Anpas-

---

1 vgl. Staudt 1982, S.182ff.
2 Informationsaustauschbeziehungen, Warenaustauschbeziehungen
3 Utsch 1981, S.77
4 z.B. Erfordernis einer gleichzeitigen Anwesenheit von Stelleninhabern
5 vgl. Lehmann/Fuchs 1971, S.253f.
6 vgl. Fuchs 1973, S.75
7 vgl. Siebke/Thieme 1990, S.93f.

sungsprozesse aus, um den Gleichgewichtszustand wiederherzustellen[1].

Der Gleichgewichtszustand ist der Zustand eines Systems, bei dem sich die Strömungsgrößen im Zeitablauf nicht ändern. Bei geschlossenen Systemen liegt ein Gleichgewichtszustand vor, wenn kein Austausch von Strömungsgrößen (Materie, Energie, Information) mit der Umwelt stattfindet. Ein offenes System wie der Industriebetrieb kann ein Fließgleichgewicht erreichen und erhalten, wenn es über eine entsprechende Regulationsfähigkeit, die eine Reaktion des Industriebetriebes auf kurz- und längerfristige Störungen ermöglicht, verfügt[2].

Überträgt man die Gleichgewichtsbetrachtung auf die Ebene des Produktionsbetriebs, so existiert hier ein Gleichgewicht, wenn sich Kapazitätsangebot (Produktionskapazität und Personalkapazität) und Kapazitätsnachfrage decken. Saisonale und auftragsbedingte Schwankungen der Nachfrage, die in den meisten Branchen und Unternehmen auftreten, sind als kurzfristige Störungen des Gleichgewichts aufzufassen (vgl. Abb. 2.1). Sie erfordern eine Synchronisation im Sinne einer Anpassung der Produktionskapazität an die Nachfragekurve[3], um ein Gleichgewicht im Industriebetrieb zu erhalten oder zu einem Gleichgewichtszustand zurückzukehren. Alternativ zur Synchronisation von Produktionskapazität und Kapazitätsbedarf können Überkapazitäten vorgehalten werden, die sich am höchsten Kapazitätsbedarf orientieren[4], oder es wird ein Ausgleich von Produktionskapazität und Absatzverlauf durch Aufbau von Beständen vorgenommen. Gegen diese Alternativen spricht, daß sowohl die Vorhaltung von Überkapazitäten als auch der Aufbau von Beständen Kostensteigerungen bewirken, und ein Ausgleich über Bestände nicht für alle Erzeugnisse möglich ist[5]. Einer Synchronisation von Produktionskapazität und Nachfragekurve kommt daher eine hohe Bedeutung zu.

Diese kann mittels intensitätsmäßiger Anpassung, quantitativer Anpassung und zeitlicher Anpassung durchgeführt werden. Die intensitätsmäßige Anpassung an Beschäftigungsänderungen erfolgt bei unveränderter Betriebsdauer durch Veränderungen der Nutzungsinten-

---

1 vgl. Siebke/Thieme 1990, S.100f.
2 vgl. Fuchs 1973, S.86ff.; Lehmann/Fuchs 1971, S.254
3 vgl. Günther 1989, S.30ff.; Wildemann 1989, S.50; Zäpfel 1977, S.523ff.
4 vgl. Günther 1989, S.31
5 vgl. Günther 1989, S.31f.; Wildemann 1989, S.52; Zäpfel 1977, S.524

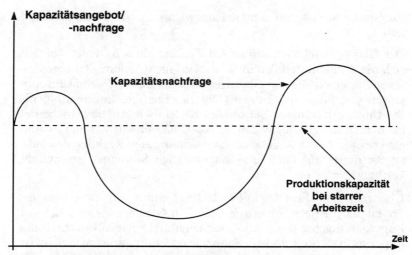

UNGLEICHGEWICHT : Differenz zwischen Kapazitätsangebot
und -nachfrage bei starrer Arbeitszeit

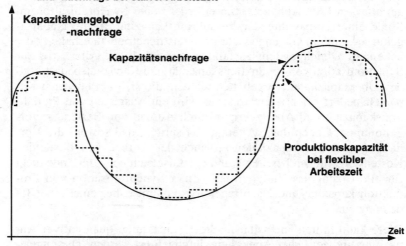

GLEICHGEWICHT : Deckungsgleichheit von Kapazitätsangebot
und -nachfrage bei flexibler Arbeitszeit

**Abb. 2.1 : Gleichgewicht im Produktionsbetrieb durch flexible
Arbeitszeiten**

sität der Anlagen oder Betriebsteile[1]. Diese Art der Anpassung führt jedoch aufgrund der Abweichung von der kostenoptimalen Intensität zu einer Änderung der Stückkosten[2].

Quantitative Anpassung erfolgt durch Stillegung von Betriebsteilen bei Beschäftigungsrückgang, bei zunehmender Beschäftigung werden sie wieder in Betrieb genommen. Voraussetzung ist, daß Betrieb und technische Anlagen aus relativ selbständigen Teileinheiten bestehen[3]. Da die Möglichkeiten der intensitätsmäßigen und quantitativen Anpassung begrenzt sind, gewinnt die zeitliche Anpassung an Bedeutung[4].

Bei zeitlicher Anpassung an Beschäftigungsschwankungen wird eine Variation der Betriebszeit vorgenommen, die Betriebsteile und Anlagen werden während der Betriebsdauer voll genutzt[5]. Die Betriebszeit kann den Beschäftigungsschwankungen durch Kurzarbeit oder Überstunden angepaßt werden, dies führt jedoch aufgrund anfallender Überstundenzuschläge zu steigenden Kosten[6].

Die Möglichkeiten zur zeitlichen Anpassung lassen sich durch flexible Arbeits- und Betriebszeiten erweitern[7]. Flexible Arbeits- und Betriebszeiten gestatten eine Anpassung der Produktionskapazität an die Nachfrage[8] und damit die Realisierung eines Gleichgewichtszustandes im Sinne einer Übereinstimmung von Kapazitätsangebot und -nachfrage (vgl. Abb. 2.1). Zur zeitlichen Flexibilisierung im Industriebetrieb stehen chronometrische, chronologische und kombinierte Arbeitszeitmodelle zur Verfügung. Die Modelle unterscheiden sich hinsichtlich ihres Flexibilisierungsgrades (vgl. Abb. 2.2). Der Flexibilisierungsgrad von Arbeitszeitmodellen konkretisiert sich in der Anpassungsgeschwindigkeit an unterschiedliche Flexibilitätsbedarfe[9]. Dabei ist zwischen offenen und geschlossenen Arbeitszeitsystemen zu unterscheiden[10]. Offene Arbeitszeitsysteme besitzen innerhalb des Bezugszeitraumes einen Dispositionsspielraum, die Lage/

---

1 vgl. Gutenberg 1983, S.355
2 vgl. Wildemann 1989, S.50; Zäpfel 1977, S.525
3 vgl. Gutenberg 1983, S.355f.
4 vgl. Wildemann 1989, S.51
5 vgl. Gutenberg 1983, S.356
6 vgl. Wildemann 1989, S.51
7 vgl. Josten 1973a, S.154
8 vgl. Wildemann 1992a, S.31
9 vgl. Endell 1987, S.53
10 vgl. Deelen 1987, S.21ff.; Linnenkohl 1985, S.1921f.;
    Schuh u.a. 1987, S.96f.

Modell	Flexibilisierungsart	Flexibilisierungsgrad	quantitative Flexibilität
Teilzeitarbeit	Veränderung der Dauer	geschlossenes Arbeitszeitsystem	gering
Schichtarbeit	Veränderung der Lage	geschlossenes Arbeitszeitsystem	gering
Mehrfachbesetzungssystem	Veränderung der Lage	geschlossenes Arbeitszeitsystem	gering
Versetzte/gestaffelte Arbeitszeiten	Veränderung der Lage	geschlossenes Arbeitszeitsystem	gering
Baukastenmodell	Veränderung der Dauer und der Lage	geschlossenes Arbeitszeitsystem	mittel
Gleitende Arbeitszeit	Veränderung der Lage	offenes Arbeitszeitsystem	hoch
flexible Teilzeitarbeit	Veränderung der Dauer und der Lage	offenes Arbeitszeitsystem	hoch
Job Sharing	Veränderung der Dauer und der Lage	offenes Arbeitszeitsystem	sehr hoch
Jahresarbeits- zeitvertrag	Veränderung der Dauer und der Lage	offenes Arbeitszeitsystem	sehr hoch
Kapazitätsorientierte variable Arbeitszeit	Veränderung der Dauer und der Lage	offenes Arbeitszeitsystem	sehr hoch
Zeitautonome Arbeitsgruppen	Veränderung der Dauer und der Lage	offenes Arbeitszeitsystem	sehr hoch

Abb. 2.2 : Systematisierung der Arbeitszeitmodelle nach Art und Umfang der Flexibilität

Verteilung und Dauer mehrmals zu verändern. Die Arbeitszeit ist abwandelbar und weist damit einen hohen Flexibilisierungsgrad auf. Geschlossene Arbeitszeitsysteme lassen keine Optionen zur Veränderung von Arbeitszeitdauer oder -lage innerhalb des Bezugszeitraumes. Die Arbeitszeit ist abgewandelt und weist einen niedrigen Flexibilisierungsgrad auf.

Bei dem chronometrischen Modell Teilzeitarbeit erfolgt eine Veränderung der Dauer der Arbeitszeit, das Volumen der vereinbarten Arbeitszeit ist geringer als die regelmäßige Arbeitszeit vergleichbarer vollzeitbeschäftigter Arbeitnehmer[1]. Bezüglich des Flexibilisierungsgrades sind Teilzeitmodelle den geschlossenen Arbeitszeitsystemen zuzuordnen; innerhalb des Bezugszeitraumes kann die Arbeitszeit nicht neu variiert werden.

Die Modelle Gleitende Arbeitszeit, Schichtarbeit, Mehrfachbesetzungssystem und Versetzte/Gestaffelte Arbeitszeiten sind durch die chronologische Variation gekennzeichnet. Es erfolgt eine Veränderung der Lage der individuellen Arbeitszeiten. Modelle der Gleitenden Arbeitszeit lassen sich dadurch charakterisieren, daß der Mitarbeiter in gewissem Umfang Beginn und Ende seiner Arbeitszeit selbst bestimmt[2]. Der Dispositionsspielraum steigt mit der Möglichkeit zur Übertragung von Zeitguthaben und Zeitschulden in andere Abrechnungsperioden[3]. Da die Lage der Arbeitszeit bei Gleitzeitmodellen innerhalb des Bezugszeitraums mehrmals verändert werden kann, sind diese bezüglich ihres Flexibilisierungsgrades den offenen Arbeitszeitsystemen zuzuordnen. Schichtarbeit ist dadurch charakterisiert, daß die Arbeitsplätze nacheinander von mehreren Arbeitnehmern besetzt sind[4], die Betriebszeit ist dabei in mehrere Abschnitte (Schichten) eingeteilt[5]. Schichtmodelle lassen nach der einmaligen Variation der Lage der Arbeitszeit keine weiteren Optionen zur Änderung der Arbeitszeit zu. Sie sind daher hinsichtlich ihres Flexibilisierungsgrades den geschlossenen Arbeitszeitsystemen zuzuordnen. Bei Mehrfachbesetzungssystemen handelt es sich um neue Schichtmodelle, bei denen mehr Mitarbeiter beschäftigt werden als Arbeits-

---

1 vgl. Ackermann/Hoffmann 1988, S.99; Bittelmeyer u.a. 1987, S.22;
   Glaubrecht u.a. 1988, S.217
2 vgl. Glaubrecht u.a. 1988, S.189
3 vgl. Bullinger/Weber 1982, S.137f.
4 vgl. Ziepke 1981, S.1040
5 vgl. Ackermann/Hofmann 1988, S.99

plätze vorhanden sind[1]. Die Betriebszeit ist dabei von der Arbeitszeit entkoppelt, die Arbeitszeit wird so eingeteilt, daß jeweils maximal soviele Mitarbeiter anwesend sind, wie Arbeitsplätze zur Verfügung stehen[2]. Wie die Schichtmodelle sind auch die Mehrfachbesetzungssysteme bezüglich des Flexibilitätsgrades den geschlossenen Arbeitszeitsystemen zuzuordnen, da auch bei Mehrfachbesetzungssystemen eine einmalige Variation der Arbeitszeit erfolgt. Versetzte/Gestaffelte Arbeitszeiten sind durch unterschiedliche Anfangszeiten für einzelne Mitarbeiter oder Mitarbeitergruppen gekennzeichnet[3]. Im Unterschied zur Gleitenden Arbeitszeit sind Arbeitsbeginn und Arbeitsende bei der Versetzten/Gestaffelten Arbeitszeit innerhalb festgelegter Zeiträume (drei, sechs oder zwölf Monate) starr[4]. Die Versetzte/ Gestaffelte Arbeitszeit ist daher hinsichtlich des Flexibilitätsgrades den geschlossenen Arbeitszeitsystemen zuzuordnen.

Bei den Modellen Job Sharing, flexible Teilzeitarbeit, Jahresarbeitszeitvertrag, Kapazitätsorientierte Variable Arbeitszeit, Baukastenmodell und Zeitautonome Arbeitsgruppen erfolgt eine Variation der Lage und der Dauer der Arbeitszeit. Beim Job Sharing sprechen die Mitarbeiter Lage und Verteilung der Arbeitszeit untereinander im Rahmen der Betriebszeitregelung ab[5], eine Variation kann beliebig oft erfolgen. Job Sharing Modelle sind daher hinsichtlich des Flexibilisierungsgrades den offenen Arbeitszeitsystemen zuzuordnen. Flexible Teilzeitmodelle weisen zusätzlich zur chronometrischen eine chronologische Komponente auf, hinsichtlich des Flexibilisierungsgrades sind sie den offenen Arbeitszeitsystemen zuzurechnen. Der Jahresarbeitszeitvertrag bestimmt das in einem Jahr zu erbringende Arbeitszeitquantum. Verpflichtet sich der Mitarbeiter, seine individuelle Arbeitszeit in vorgegebenen Grenzen dem Kapazitätsbedarf des Unternehmens anzupassen, so wird eine ungleichmäßige Verteilung der Arbeitszeit über den Bezugsraum ermöglicht[6]. Da die Lage der Arbeitszeit beim Jahresarbeitszeitvertrag innerhalb des Bezugszeitraumes mehrmals verändert wird, ist der Jahresarbeitszeitvertrag bezüglich des Flexibilitätsgrades den offenen Arbeitszeitsyste-

---

1 z.B. drei Mitarbeiter an zwei Arbeitsplätzen
2 vgl. Ackermann/Hofmann 1988, S.99
3 vgl. Hackh 1973, S.14
4 vgl. Bittelmeyer u.a. 1987, S.30f.; Hillert 1971, S.38f.
5 vgl. Bittelmeyer u.a. 1987, S.28; Glaubrecht u.a. 1988, S.247; May/Mohr
    1985, S.34; Teriet 1979b, S.424
6 vgl. Deelen 1987, S.47; Glaubrecht u.a. 1988, S.200; May/Mohr 1985, S.40f.;
    Teriet 1978, S.117; Teriet 1979a, S.46

men zuzurechnen. Bei der Kapazitätsorientierten Variablen Arbeitszeit (KAPOVAZ) wird die vertraglich vereinbarte Arbeitszeit[1] nach dem schwankenden Arbeitsanfall eingeteilt. Der Mitarbeiter verpflichtet sich, dem Unternehmen auf Abruf zur Verfügung zu stehen[2]. Aufgrund der mehrmaligen Veränderung von Lage und Dauer der Arbeitszeit ist die Kapazitätsorientierte Variable Arbeitszeit hinsichtlich des Flexibilisierungsgrades den offenen Arbeitszeitsystemen zuzuordnen. Bei Baukastenmodellen wird die Betriebszeit in Rastereinheiten aufgeteilt, aus denen sich die Mitarbeiter Arbeitspakete zusammenstellen können[3]. Da die Festlegung der Rastereinheiten für einen bestimmten Bezugszeitraum Gültigkeit besitzt, und innerhalb dieses Bezugszeitraumes keine erneute Variation von Lage und Dauer der Arbeitszeit erfolgt, sind Baukastenmodelle bezüglich des Flexibilisierungsgrades den geschlossenen Arbeitszeitsystemen zuzurechnen. Zeitautonome Arbeitsgruppen sind dadurch gekennzeichnet, daß einer Mitarbeitergruppe das Dispositionsrecht über die Arbeitszeit übertragen wird. Die einzelnen Mitarbeiter nehmen die Verteilung der zu leistenden Arbeitszeit hinsichtlich Lage und Dauer in Abstimmung mit anderen Gruppenmitgliedern selbst vor. Vom Unternehmen werden Betriebszeiten und Mindestbesetzungen vorgegeben, die Funktionserfüllung der Arbeitsbereiche muß gesichert sein[4]. Aufgrund der mehrmaligen Variation von Dauer und Lage der Arbeitszeit durch die Mitarbeiter sind Zeitautonome Arbeitsgruppen hinsichtlich des Flexibilisierungsgrades den offenen Arbeitszeitsystemen zuzurechnen.

Gleitende Arbeitszeit, flexible Teilzeitarbeit, Job Sharing, Jahresarbeitszeitvertrag, Kapazitätsorientierte Variable Arbeitszeit und Zeitautonome Arbeitsgruppen, die nach der Art der Variation unter die chronologischen und kombinierten Modelle subsumiert werden und hinsichtlich des Flexibilisierungsgrades den offenen Arbeitszeitsystemen zuzurechnen sind, weisen eine hohe quantitative Flexibilität auf. Sie gestatten eine ungleichmäßige Verteilung der Arbeits- und Betriebszeit und ermöglichen durch eine flexible Anpassung der Arbeitszeit an kurzfristige oder längerfristige Nachfrageschwankungen[5] ein Gleichgewicht von Kapazitätsangebot und -nachfrage.

---

1 überwiegend Teilzeitbeschäftigungsverhältnisse
2 vgl. Endell 1987, S.76f.; Frey 1985, S.58; Wagner 1983, S.317
3 vgl. Haller 1981, S.119ff.; May/Mohr 1985, S.31
4 vgl. Gmelin 1988, S.229; Metzger 1989, S.50; Ritter 1985, S.99; Schuh u.a. 1987, S.110
5 vgl. Wildemann 1992a, S.129 u. S.134

Die Realisierung eines Gleichgewichtszustandes durch flexible Arbeits- und Betriebszeiten setzt voraus, daß ein zeitliches Flexibilisierungspotential im Industriebetrieb vorhanden ist, das Spielraum für die Umsetzung der aufgeführten Arbeitszeitmodelle läßt. Wie das zeitliche Flexibilisierungspotential im Industriebetrieb zu einem Gleichgewichtszustand im Sinne einer Übereinstimmung von Kapazitätsangebot und -nachfrage beitragen kann, läßt sich anhand des von Ashby[1] aufgezeigten Gesetzes zur erforderlichen Varietät aufzeigen. Das Aktionspotential eines Systems zur Beseitigung von Störungen hängt von der Varietät, definiert als Anzahl der Zustände, die ein System annehmen kann, um Störungen zu beseitigen, ab[2]; diese wird mit **V1** bezeichnet. Das Störungspotential, definiert als Varietät der Störeinflüsse oder Ungewißheit über das Auftreten von Störungen[3], wird mit **V2** bezeichnet. Die Varietät der Störungsbeseitigung oder Ungewißheit hinsichtlich interner Störungen als Folge der Störungsabwehr, also der Zuordnung von Abwehrmaßnahmen zu Störungen, wird als **V3** definiert. Die Varietät oder Ungewißheit der Zielerreichung, in diesem Fall das Erreichen des Gleichgewichtszustands, wird mit **V*** bezeichnet.

Ashbys Gesetz der erforderlichen Varietät sagt aus, daß die Varietät der Zielerreichung mindestens den Wert der Varietät von Störeinflüssen und Störungsbeseitigung abzüglich der Varietät der einsetzbaren Abwehrmaßnahmen annehmen muß, um die Zielerreichung zu gewährleisten[4]:

$$V* \geq V2 + V3 - V1$$

Dies bedeutet, daß die sichere Zielerreichung des Systems voraussetzt, daß das Potential an Reaktionsmaßnahmen auf Störungen mindestens genauso groß ist wie das Störungpotential[5]:

$$V1 \geq V2 + V3.$$

Überträgt man Ashbys Gesetz der erforderlichen Varietät auf die obigen Gleichgewichtsbetrachtungen, indem als Zielgröße des Systems die Realisierung und Aufrechterhaltung des Gleichgewichts, beim Industriebetrieb die Übereinstimmung von Kapazitätsangebot

---

1 vgl. Ashby 1974
2 vgl. Ashby 1974, S.179ff.; Seidenberg 1989, S.15
3 vgl. Seidenberg 1989, S.16
4 vgl. Ashby 1974, S.300
5 vgl. Seidenberg 1989, S.16

und Kapazitätsnachfrage, angenommen wird, so lassen sich Ansätze für die Erreichung und Aufrechterhaltung des Gleichgewichts oder Anpassungsmaßnahmen zur Wiederherstellung des Gleichgewichts ableiten. Das System kann die Aufrechterhaltung oder Wiederherstellung des Gleichgewichts durch Ausweitung seiner Reaktionsmaßnahmen auf Störungen, also durch Vergrößerung von **V1**, fördern. Liegt ein Ungleichgewicht zwischen Kapazitätsangebot und Kapazitätsnachfrage aufgrund einer schwankenden Nachfrage vor, so gestattet ein Bündel an Maßnahmen zur chronologischen und chronometrischen Flexibilisierung der Arbeitszeit in Form verschiedener flexibler Arbeitszeitmodelle die Wiederherstellung des Gleichgewichts. Die Aktionsmöglichkeiten zur Anpassung des Kapazitätsangebots sind dabei umso größer, je höher das zeitliche Flexibilisierungspotential ist. Das System vergrößert somit seine Reaktionsmöglichkeiten auf externe Störungen wie Nachfrageschwankungen in Abhängigkeit vom zeitlichen Flexibilisierungspotential. Die Steigerung des zeitlichen Flexibilisierungspotentials ist daher ein wichtiger Ansatz zur Aufrechterhaltung eines Gleichgewichtszustands im System Industriebetrieb.

Aus Ashbys Gesetz der erforderlichen Varietät kann jedoch auch abgeleitet werden, daß mit zunehmender Erhöhung der Varietät der Reaktionsmöglichkeiten durch Steigerung des zeitlichen Flexibilisierungspotentials die Varietät interner Störungen steigt und **V2** zunimmt, da die Größen **V1** und **V2** voneinander abhängig sind[1]. Aufgrund der in Kapitel 2.1 aufgezeigten Abhängigkeiten der Elemente und Subsysteme des Industriebetriebs bewirken Maßnahmen der zeitlichen Flexibilisierung wie Veränderungen der Lage der Arbeits- und Betriebszeiten in einem Subsystem Störungen in anderen Subsystemen. Mit zunehmender Komplexität und Kopplung steigen Anzahl und Umfang der durch die Flexibilisierungsmaßnahme induzierten Störungen in anderen Subsystemen. Eine Steigerung der Möglichkeiten zur zeitlichen Flexibilisierung führt in arbeitsteiligen Systemen infolge der Abhängigkeiten nicht nur zu einer Steigerung der Anpassungsfähigkeit an externe Störungen und damit zu einer Aufrechterhaltung des Fließgleichgewichts im System Industriebetrieb, sondern birgt gleichzeitig die Gefahr einer steigenden Instabilität durch Zunahme interner Störungen in sich. Die aufgezeigten Abhängigkeiten stellen somit Restriktionen des zeitlichen Flexibilisierungspotentials dar.

---

1 vgl. Seidenberg 1989, S.19

Um mittels zeitlicher Flexibilisierung auf Störungen oder Nachfrageschwankungen reagieren zu können, ohne daß ein gegenläufiger
Effekt der Instabilität, der die Erhöhung der Reaktionsmöglichkeiten
überkompensiert, entsteht, sind daher neben der Steigerung des zeitlichen Flexibilisierungspotentials Regelungen erforderlich, um den
Betrieb zu stabilisieren und ihn in einem arbeitsfähigen Zustand zu
erhalten[1].

2.3 Empirischer Bezugsrahmen

Ausgangspunkt der empirischen Analyse des zeitlichen Flexibilisierungspotentials bildet die Definition von Meßgrößen. Das zeitliche
Flexibilisierungspotential läßt sich unter Berücksichtigung der Gestaltungsparameter flexibler Arbeitszeiten als Handlungsspielraum
oder Summe aller Freiheitsgrade zur Umsetzung der inhaltlichen
und formellen Gestaltungsparameter flexibler Arbeits- und Betriebszeitmodelle konkretisieren. Wesentliche inhaltliche Gestaltungsparameter sind Chronometrie und Chronologie, sie beziehen sich auf die
Portionierung und Plazierung der Arbeitseinsätze[2]. Während die inhaltlichen Gestaltungsparameter die Struktur der Arbeitszeit symbo-
lisieren und die Art der gewährten Dispositionsspielräume verschiedener Arbeitszeitmodelle beschreiben, charakterisieren die formalen
Gestaltungsparameter das Ausmaß der durch flexible Arbeits- und
Betriebszeiten eingeräumten Spielräume, sie geben an, 'wie' geregelt
wird[3]. Als formale Parameter lassen sich Variierungsgrad, Individualisierungsgrad und modellspezifische Parameter aufführen.

2.3.1 Meßgrößen des zeitlichen Flexibilisierungspotentials

Aus diesen Dimensionen des zeitlichen Flexibilisierungspotentials
wurden die Meßgrößen

- Freiheitsgrad zur chronometrischen Flexibilisierung,
- Freiheitsgrad zur chronologischen Flexibilisierung,
- Variierungsgrad und
- Individualisierungsgrad

zur Messung des zeitlichen Flexibilisierungspotentials in den
befragten Unternehmen hergeleitet.

---

1 vgl. Lehmann/Fuchs 1971, S.254
2 vgl. Ackermann 1986, S.330; Bellgardt 1987, S.21f.
3 vgl. Bellgardt 1990, S.89f.

Die chronometrische Dimension der Arbeitszeit beschreibt eine Flexibilisierung derselben durch Variation der Dauer der Arbeitszeit.
Das bedeutet, daß der Umfang der vertraglich vereinbarten Arbeitszeit von der üblichen Dauer einer Vollzeitbeschäftigung abweicht,
indem die konventionelle Standardarbeitszeit verkürzt oder verlängert wird[1]. Der Ausweitung der individuellen Arbeitszeit sind Grenzen gesetzt, die durch gesetzliche Vorgaben oder tarifvertragliche
Vereinbarungen geregelt werden[2]. Der Freiheitsgrad zur chronometrischen Flexibilisierung charakterisiert den Spielraum zur Veränderung der Arbeitszeitdauer. Zur Messung des Freiheitsgrades der
chronometrischen Flexibilisierung im Rahmen der empirischen Analyse wurde untersucht, in welchem Umfang im Produktionsbereich
Variationen der Dauer der Arbeitszeit vorgenommen werden können, ohne daß es zu Störungen des Produktions-/Arbeitsablaufs
kommt. Die Ausprägungen der Meßgröße "Freiheitsgrad zur chronometrischen Flexibilisierung" in den befragten Unternehmen zeigen
sehr heterogene Werte, die Ergebnisse reichen von "1 = die Dauer
der Arbeitszeit kann nicht variiert werden" bis "5 = die Dauer der
Arbeitszeit kann (innerhalb gesetzlicher und tariflicher Grenzen)
weitgehend frei variiert werden" (vgl. Abb. 2.3).

Die chronologische Flexibilität der Arbeitszeitgestaltung bedeutet
eine variable Abfolge der Arbeitseinsätze innerhalb einer bestimmten Zykluszeit[3]. Die Auswirkungen der chronologischen Dimension
erstrecken sich einerseits auf die Lage/Verteilung der Arbeits- und
Betriebszeit[4] sowie andererseits auf die Lage/Verteilung der er-
werbsfreien Zeit der Mitarbeiter. In der Meßgröße "Freiheitsgrad
zur chronologischen Flexibilisierung" konkretisieren sich die Handlungsspielräume einer flexiblen Gestaltung der Arbeitszeitlage, also
die Freiheiten bei der zeitlichen Plazierung von Arbeitseinheiten
innerhalb eines arbeitsvertraglich vereinbarten Bezugszeitraums.
Eine chronologische Variation der Arbeitszeit führt zu einer Entkopplung von Arbeitszeit und Betriebszeit und eröffnet durch Anpassung der Arbeitszeitlage an Arbeitsspitzen oder persönlichen
Wünschen der Mitarbeiter Möglichkeiten zur Ausrichtung der Arbeitszeit an betrieblichen Interessen und Bedürfnissen der Mitarbeiter[5]. Die Freiheitsgrade der chronologischen Flexibilisierung im

---

1 vgl. Ackermann 1986, S.330; Bellgardt 1990, S.89
2 vgl. Glaubrecht u.a. 1988, S.69f.; Hegner 1987, S.9ff.
3 vgl. Bellgardt 1990, S.89; Bittelmeyer u.a. 1987, S.15
4 vgl. Endell 1987, S.49
5 vgl. Bellgardt 1990, S.89

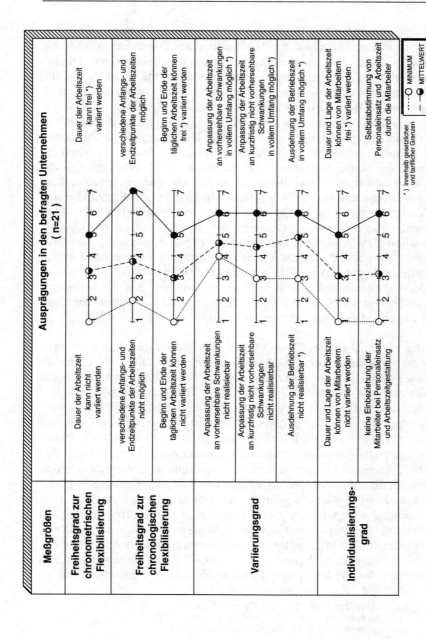

Abb. 2.3 : Meßgrößen des zeitlichen Flexibilisierungspotentials

Rahmen der empirischen Untersuchung wurden anhand der Möglichkeiten zur Veränderung der Arbeitszeitlage ermittelt. Hierzu wurde analysiert, ob im Produktionsbereich der befragten Werke verschiedene Anfangs- und Endzeitpunkte der Arbeitszeiten sowie eine kurzfristige Variation der Arbeitszeitlage möglich sind, ohne Störungen des Arbeitsablaufs in der Produktion zu induzieren. Die ausgewerteten Ergebnisse zeigen deutliche Unterschiede hinsichtlich der Möglichkeiten, verschiedene Anfangs- und Endzeitpunkte der Arbeitszeiten zuzulassen. Auch bezüglich des Spielraums, die Arbeitszeitlage durch Veränderung von Beginn und Ende der Arbeitszeit kurzfristig zu variieren, wurden Ausprägungen von "1 = Beginn und Ende der täglichen Arbeitszeit können nicht variiert werden" bis "5 = Beginn und Ende der Arbeitszeit können innerhalb eines bestimmten Rahmens weitgehend frei gewählt werden" festgestellt. Die Ausprägungen (vgl. Abb. 2.3) lassen erkennen, daß die befragten Unternehmen hinsichtlich der Freiheitsgrade zur chronologischen Flexibilisierung große Unterschiede aufweisen. Die Ausprägungen bezüglich verschiedener Anfangs- und Endzeitpunkte der Arbeitszeiten sowie der kurzfristigen Variation der Arbeitszeitlage wurden je Werk zu einer Maßzahl für den Freiheitsgrad zur chronologischen Flexibilisierung zusammengefaßt.

Der Variierungsgrad bezeichnet die Reaktionsfähigkeit auf sich ändernde betriebliche Entwicklungen. Je höher der Variierungsgrad ist, desto größer ist auch die Anpassungsfähigkeit an unvorhergesehene Schwankungen im Arbeitsanfall[1]. Hierfür ist auch die Anpassungsgeschwindigkeit von Bedeutung[2]. Elastisch ausgelegte Arbeitszeiten entsprechen in der Hauptsache dem betrieblichen Bedürfnis nach einer möglichst genauen Abstimmung des Produktionsfaktors Arbeit mit Kapazitätsauslastungsschwankungen. Die Berücksichtigung dieses Kriteriums der ökonomischen Effizienz durch den Arbeitgeber ist notwendig, um im Kosten-Wettbewerb mit anderen Unternehmen konkurrieren zu können[3]. Im engen Zusammenhang mit dem Variierungsgrad steht die Reversibilität, definiert als Möglichkeit der Anpassung an das ursprüngliche Arbeitsvolumen oder die ursprüngliche Arbeitszeitlage[4] und der Entscheidungsrhythmus. Der Entscheidungsrhythmus bezieht sich auf die Häufigkeit der Festle-

---

1 vgl. Bellgardt 1990, S.93
2 vgl. Endell 1987, S.53
3 vgl. Marr 1990, S.347
4 vgl. Marr 1987c, S.30

gung der Arbeitszeit. Je nach Entscheidungsrhythmus werden Arbeitszeitregelungen einmalig und dauerhaft festgelegt oder können beliebig oft neuen Anforderungen angepaßt werden[1]. Zur Messung des Variierungsgrades wurde analysiert, inwiefern im Produktionsbereich der Unternehmen Anpassungen der Arbeits- und Betriebszeiten an Nachfrageschwankungen und Betriebszeitausdehnungen durchgeführt werden können. Hierzu wurde im Rahmen der empirischen Erhebung untersucht, ob und in welchem Ausmaß eine Anpassung der Arbeitszeit der Mitarbeiter an vorhersehbare sowie an kurzfristige Schwankungen der Kapazitätsnachfrage und eine Ausdehnung der Betriebszeit in der Produktion sowie in einzelnen Produktionsbereichen - unabhängig von der aktuellen Arbeitszeitregelung - realisierbar wäre, ohne Störungen der Arbeitsabläufe oder Widerstände der Mitarbeiter zu induzieren. Die Komponenten Möglichkeit zur Anpassung an Schwankungen und Möglichkeit zur Ausdehnung der Betriebszeit wurden zu einer Meßgröße, die als Maß für den Variierungsgrad herangezogen wird, aggregiert. Die Messung der Variierungsgrades ergab, daß sich die befragten Unternehmen hinsichtlich der Spielräume zur Anpassung an Beschäftigungsschwankungen und andere betriebliche Erfordernisse mittels Nutzung der Möglichkeiten, die sich durch flexible Arbeits- und Betriebszeitgestaltung eröffnen[2], unterscheiden, die Unterschiede aber etwas geringer ausfallen als bei den Meßgrößen "Freiheitsgrad zur chronometrischen Flexibilisierung" und "Freiheitsgrad zur chronologischen Flexibilisierung". So gab kein Unternehmen an, daß eine zeitliche Anpassung an Schwankungen oder eine Ausdehnung der Betriebszeit nicht realisierbar wäre, ohne Störungen zu verursachen, die Antworten bewegten sich zwischen "Eine Anpassung an Kapazitätsschwankungen/Ausdehnung der Betriebszeit wäre schlecht realisierbar" und "Eine Anpassung an Kapazitätsschwankungen/Ausdehnung der Betriebszeit wäre nahezu in vollem Umfang möglich" (vgl. Abb. 2.3).

Kriterien ökonomischer Effizienz beeinflussen das betriebliche Streben nach einem hohen Variierungsgrad der Arbeits- und Betriebszeiten, daneben können aber von Unternehmensseite Kriterien "sozialer Effizienz" nicht vernachlässigt werden[3]. Einen Indikator für die Sozialverträglichkeit flexibler Arbeitszeitgestaltung stellt der Indivi-

---

1 vgl. Rademacher 1990, S.8
2 unabhängig vom derzeit angewandten Arbeitszeitmodell
3 vgl. Marr 1990, S.348

dualisierungsgrad[1] dar. Dieser Gestaltungsparameter, der auch als
Dispositions- oder Handlungsspielraum bezeichnet wird, gibt an, wer
maßgeblich und in welchem Umfang über die Gestaltung der Arbeitszeit bestimmt[2] und definiert damit die Möglichkeiten des Arbeitnehmers, bei flexibler Arbeitszeitgestaltung seine Zeitpräferen-
zen umzusetzen[3]. Die Variationsmöglichkeiten reichen von völliger
Fremdbestimmung durch den Arbeitgeber über einen Konsens zwischen Arbeitgeber und Arbeitnehmer bis hin zu weitgehender Selbstbestimmung der Arbeitszeit durch den Arbeitnehmer[4]. Ist es den Arbeitnehmern individuell oder kollektiv möglich, ihre Arbeitszeiten
vorherzusehen und gemäß ihren Interessen, Bedürfnissen und Zielen
zu beeinflussen, liegt eine hohe Zeitautonomie und damit ein hoher
Individualisierungsgrad vor. Der Dispositionsspielraum des Arbeitnehmers ist umso größer, je höher seine Entscheidungs- und Kon-
trollmöglichkeiten sind[5]. Ein hoher Individualisierungsgrad ist jedoch nicht gleichzusetzen mit einer völligen Selbstbestimmung durch
den Arbeitnehmer, da der Arbeitnehmer bei der Arbeitszeitgestaltung auch für die Erfüllung betrieblicher Belange verantwortlich ist
und diese berücksichtigen muß[6]. Zur Messung des Individualisierungsgrades in den befragten Unternehmen wurden die Dispositionsspielräume, die den Mitarbeitern bei der individuellen Gestaltung ihrer Arbeitszeit eingeräumt werden können, ohne daß Störungen im Arbeitsablauf auftreten oder Widerstände von Vorgesetzten
und Kollegen induziert werden, ermittelt. Zusätzlich wurde erfaßt,
in welchem Umfang eine Einbeziehung der Mitarbeiter in die Planung und Steuerung des Personaleinsatzes möglich ist. Diese beiden
Komponenten wurden zur Meßgröße Individualisierungsgrad ver-
dichtet. Die ausgewerteten Ergebnisse zeigen, daß die Unternehmen
in bezug auf den Individualisierungsgrad sehr heterogene Ausprägungen aufweisen. So treten Fälle auf, in denen in Produktionsbereichen eine freie Wahl von Arbeitszeitlage und -dauer durch die
Mitarbeiter erfolgt oder möglich wäre und diese in hohem Umfang
in die Personaleinsatzplanung und -steuerung einbezogen werden
oder eine starke Einbeziehung realisierbar wäre. In anderen Fällen
ist dagegen - bei der bestehenden Organisations- und Personalstruk-
tur - keine Möglichkeit gegeben, den Mitarbeitern zeitliche Hand-

---

1 vgl. Bellgardt 1990, S.94
2 vgl. Schuh, u.a. 1987, S.97f.
3 vgl. Bellgardt 1990, S.94
4 vgl. Hürlimann 1990, S.82
5 vgl. Baillod 1986, S.146ff.; Ley/Saxenhofer 1987, S.521
6 vgl. Baillod 1986, S.146; Teriet 1982, S.30

lungsspielräume zu gewähren oder diese am Personaleinsatz zu
beteiligen (vgl. Abb. 2.3).

2.3.2 Klassifizierung der befragten Werke nach der Höhe des zeitlichen Flexibilisierungspotentials

Anhand der vier Meßgrößen des zeitlichen Flexibilisierungspotentials wurden die befragten Unternehmen nach der Höhe des zeitlichen Flexibilisierungspotentials klassifiziert. Aufbauend auf den bereits in 2.3.1 aufgezeigten deutlichen Unterschieden der befragten
Werke hinsichtlich der vier Meßgrößen des zeitlichen Flexibilisierungspotentials wurden die Werke zwei Gruppen zugeordnet. Als
Kriterien für die Gruppenbildung wurden die Ausprägungen der
einzelnen Werke in bezug auf die Meßgrößen Freiheitsgrad zur
chronometrischen Variation, Freiheitsgrad zur chronologischen Variation, Variierungsgrad und Individualisierungsgrad herangezogen.

Die der Gruppe 1 zugeordneten 8 Werke weisen bezüglich der Meßgrößen Freiheitsgrad zur chronometrischen Variation und Freiheitsgrad zur chronologischen Variation hohe Ausprägungen auf[1]. Darüber hinaus sind sie durch einen mittleren bis hohen Variierungsgrad und hohe Werte hinsichtlich der Meßgröße Individualisierungsgrad gekennzeichnet (vgl. Abb. 2.4). Aufgrund dieser Ausprägungen hinsichtlich der vier Meßgrößen des zeitlichen Flexibilisierungspotentials lassen sich diese Werke als "Werke mit hohem zeitlichen
Flexibilisierungspotential" charakterisieren. Sie gestatten im Produktionsbereich - in größerem Umfang - eine chronometrische und
chronologische Variation der Arbeitszeit und eröffnen Möglichkeiten, den Mitarbeitern zeitliche Dispositionsspielräume einzuräumen
und Unternehmensziele durch Arbeits- und Betriebszeitgestaltung zu
unterstützen. Aufgrund des hohen zeitlichen Flexibilisierungspotentials sind in diesen Unternehmen die notwendigen Spielräume zur
Umsetzung flexibler Arbeits- und Betriebszeiten gegeben.

Die in Gruppe 2 zusammengefaßten 13 Werke sind hinsichtlich der
Freiheitsgrade zur chronometrischen und chronologischen Variation
durch geringe bis mittlere Ausprägungen gekennzeichnet. Die Möglichkeiten zur Veränderung der Dauer und der Lage der Arbeits-

---

1 Um die graphische Darstellung zu vereinfachen, wurden die beiden Meßgrößen
  Freiheitsgrad zur chronometrischen Variation und Freiheitsgrad zur
  chronologischen Variation in der Graphik zusammengefaßt.

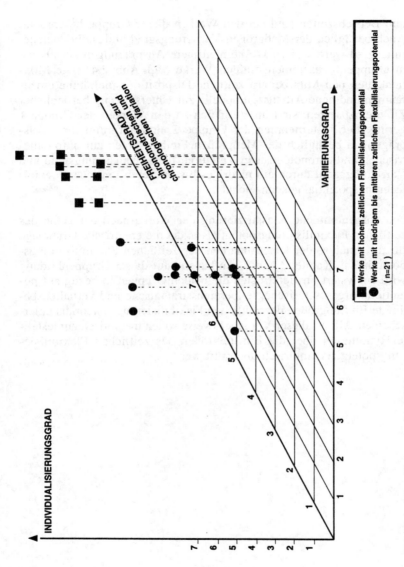

Abb. 2.4 : Klassifizierung der Werke nach der Höhe des zeitlichen Flexibilisierungspotentials

und Betriebszeiten sind bei den Werken dieser Gruppe beschränkt.
Auch bezüglich der Meßgrößen Variierungsgrad und Individualisierungsgrad weisen diese Werke niedrigere Ausprägungen auf als die
in Gruppe 1 zusammengefaßten Werke (vgl. Abb. 2.4). Die Möglichkeiten den Mitarbeitern zeitliche Dispositionsspielräume einzuräumen und neue Arbeitszeitmodelle zur Unterstützung betrieblicher
Ziele einzusetzen, sind im Vergleich zu den Werken der Gruppe 1
gering. Die Unternehmen der Gruppe 2 sind aufgrund ihrer Ausprägungen bezüglich der Meßgrößen Freiheitsgrade zur chronometrischen und chronologischen Variation, Individualisierungsgrad und
Variierungsgrad durch ein niedriges bis mittleres zeitliches Flexibilisierungspotential gekennzeichnet.

Die vorgenommene Klassifizierung der Werke nach der Höhe des
zeitlichen Flexibilisierungspotentials bildet die empirische Grundlage
für die Analyse der Determinanten des zeitlichen Flexibilisierungspotentials in Kapitel 3 und 4. Aufbauend auf dieser Gruppenbildung
wird analysiert, inwiefern sich die beiden Gruppen in bezug auf potentielle organisatorische, teilbereichsstrategische und verhaltensbe-
dingte Einflußgrößen des zeitlichen Flexibilisierungspotentials unterscheiden. Mittels dieser Vorgehensweise sollen theoretisch aufgestellte Hypothesen über die Einflußgrößen des zeitlichen Flexibilisierungspotentials empirisch überprüft werden.

3 Organisatorische und teilbereichsstrategische Einflußgrößen des zeitlichen Flexibilisierungspotentials

Die in Kap. 2.1 aufgezeigten Abhängigkeiten innerhalb des direkten Bereichs, zwischen direkten und indirekten Bereichen von Industriebetrieben sowie zwischen Industriebetrieb und vorgelagerten Unternehmen stellen Restriktionen des zeitlichen Flexibilisierungspotentials von Industriebetrieben dar. Sie führen dazu, daß Maßnahmen der zeitlichen Flexibilisierung, die zur Anpassung an marktbedingte Änderungen oder externe Störungen ergriffen werden, um eine Aufrechterhaltung des Gleichgewichtszustandes zwischen Kapazitätsangebot und -nachfrage im System Industriebetrieb aufrechtzuerhalten, interne Störungen induzieren, die eine steigende Instabilität des Systems bewirken. Zur Analyse der Determinanten des zeitlichen Flexibilisierungspotentials wird untersucht, inwiefern sich organisatorische Gestaltungsmerkmale und Qualitätssicherungsstrategie, Instandhaltungsstrategie sowie Beschaffungsstrategie durch Verursachung und/oder Beeinflussung der Abhängigkeiten in Leistungserstellungsprozessen von Industriebetrieben auf das zeitliche Flexibilisierungspotential auswirken.

Die theoretisch aufgestellten Hypothesen hinsichtlich der organisatorischen und teilbereichsstrategischen Einflußgrößen des zeitlichen Flexibilisierungspotentials werden empirisch überprüft. Ausgangspunkt der empirischen Analyse bildet die in Kap. 2.3 vorgenommene Klassifizierung der befragten Werke nach der Höhe ihres zeitlichen Flexibilisierungspotentials. Eine Analyse der Unterschiede der in den jeweiligen Gruppen zusammengefaßten Werke bezüglich der aufbau- und ablauforganisatorischen Gestaltung, der Produktionsplanung und -steuerung, sowie der Instandhaltungs-, Qualitätssicherungs- und Beschaffungsstrategie dient der empirischen Überprüfung der Hypothesen. Von teilweise bestehenden Interdependenzen zwischen den potentiellen Determinanten Aufbauorganisation, Ablauforganisation, Produktionsplanung und -steuerung und Teilbereichsstrategien wird im Rahmen der vorliegenden Arbeit aus Gründen der Erkenntnisgewinnung abstrahiert.

3.1   Organisatorische Determinanten des zeitlichen Flexibilisierungspotentials

Aufbau- und Ablauforganisation sowie Produktionsplanung und -steuerung werden als potentielle organisatorische Determinanten des zeitlichen Flexibilisierungspotentials analysiert.

3.1.1   Aufbauorganisation als Einflußgröße des zeitlichen Flexibilisierungspotentials

Die Aufbauorganisation beeinflußt durch die Gliederung von Betrieben in aufgabenteilige Teileinheiten die Abhängigkeiten innerhalb der Produktion sowie zwischen Produktion und indirekten Bereichen und wirkt sich hierdurch auf das zeitliche Flexibilisierungspotential im Industriebetrieb aus.

Die Analyse der Auswirkungen der Aufbauorganisation auf das zeitliche Flexibilisierungspotential erfordert, daß die Struktur der Aufbauorganisation durch ihre relevanten Eigenschaften und Merkmale erfaßt wird und diese ausreichend operationalisiert werden können[1]. Hierzu werden Spezialisierungsart und -umfang verwendet. Die Art der Spezialisierung bezieht sich auf die Zentralisation/Dezentralisation[2] von Aufgaben[3]. Der Umfang der Spezialisierung äußert sich in der Anzahl unterschiedlich spezialisierter Stellen oder Abteilungen oder in der Anzahl der Aufgaben, die bestimmten Stellen oder Abteilungen zugewiesen werden[4]. Die Spezialisierung führt durch die Aufteilung der Unternehmensaufgabe in Teilaufgaben und deren Synthese durch Zentralisation oder Dezentralisation zur Bildung von organisatorischen Einheiten oder Systemen[5].

Die Spezialisierungsart beeinflußt die Komplexität und damit die Abhängigkeiten innerhalb der Produktion sowie zwischen Produktion und indirekten Bereichen (vgl. Kap. 2.1.2) und wirkt sich

---

1 vgl. Kieser/Kubicek 1983, S.71ff.
2 Zentralisation und Dezentralisation werden hier als allgemeines Problem der Zuordnung aller Arten von Aufgaben auf Stellen und Abteilungen - und nicht als spezielles Problem der Zuordnung von Entscheidungs - und Leitungsaufgaben auf Stellen gekennzeichnet, vgl. hierzu auch Bleicher 1980, Sp. 2410
3 vgl. Kubicek/Welter 1985, S.31
4 vgl. Kubicek/Welter 1985, S.31, u. S.56.
5 vgl. Bleicher 1991, S.45ff.

hierdurch auf das zeitliche Flexibilisierungspotential aus. Das Aus–
maß der Abhängigkeiten hängt von der gewählten Spezialisierungsart
ab, bei einer Objektzentralisation sind die Interdependenzen zwischen den Abteilungen/Stellen im Unternehmen geringer als bei
einer Verrichtungszentralisation[1]. Überwiegt die Verrichtungszentralisation, ist die Systemkomplexität aufgrund der größeren Anzahl
der Beziehungen innerhalb der Produktion sowie zwischen Produktion und indirekten Bereichen tendenziell höher als im Falle einer
Objektzentralisation. Diese Hypothese wurde im Rahmen der empirischen Untersuchung überprüft. In der vorliegenden Untersuchung
wurde die Spezialisierungsart anhand der Meßgröße "Ähnlichkeit
von Teilaufgaben", die auch bei Kieser/Kubicek vorgeschlagen
wird[2], analysiert. Zur Operationalisierung der Spezialisierungsart
wurde ermittelt, ob die nach der Verrichtung jeweils gleichartigen
direkten Aufgaben (Fertigungs- und Montageaufgaben) und die produktionsnahen indirekten Aufgaben zentral spezifischen Abteilungen
zugewiesen wurden, d.h. nach der Verrichtung zentralisiert oder in
bezug auf die Verrichtung dezentral verteilt, also verschiedenen Abteilungen zugeordnet wurden. Abbildung 3.1 zeigt die aufbereiteten
Ergebnisse hinsichtlich der Art der Spezialisierung in den befragten
Unternehmen. Negative Korrelationen unterschiedlicher Ausprägung
zwischen dem Grad der Verrichtungsdezentralisation und dem Grad
der Abhängigkeit zwischen den Arbeitsplätzen/Stellen in der Produktion sowie zwischen Produktion und indirekten Bereichen in den befragten Unternehmen (vgl. Abb. 3.1) weisen auf einen negativen
Zusammenhang zwischen Verrichtungsdezentralisation und Ausmaß
der Abhängigkeiten hin und stützen somit die aufgestellte Hypothese
zwischen Art der Spezialisierung und Systemkomplexität.

Neben der Art der Spezialisierung beeinflußt insbesondere der
Umfang der Spezialisierung die Komplexität im Industriebetrieb und
damit auch das zeitliche Flexibilisierungspotential. Mit dem Umfang
der Spezialisierung wächst die Zahl der an einem Auftrag beteiligten
Stellen, die Zahl der Schnittstellen steigt. Dies führt zu einer Steigerung der Zahl der Beziehungen und somit der Abhängigkeiten im
direkten Bereich sowie zwischen direkten und indirekten Bereichen.
Die hierarchische Subsystembildung wächst mit dem Umfang der
Spezialisierung. Ein hoher funktionaler Spezialisierungsgrad erfor-

---

1 vgl. Kieser/Kubicek 1983, S.101f.; Kubicek/Welter 1985, S.32; March/Simon
   1958, S.28
2 vgl. Kieser/Kubicek 1983, S.187

Spezialisierungsart
% der Unternehmen

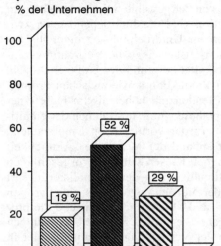

	Abhängigkeiten				
	innerhalb der Produktion	zwischen Produktion und Instandhaltung	zwischen Produktion und Qualitätssicherung	zwischen Produktion und Arbeitsvorbereitung	zwischen Produktion und Materialwirtschaft
Grad der Verrichtungsdezentralisation	- 0,2934 *	- 0,5771 ***	- 0,5319 **	- 0,2345 *	- 0,3273 *

***) Signifikanzniveau = 0,01
**) Signifikanzniveau = 0,05
*) Signifikanzniveau > 0,05

**Abb. 3.1 : Korrelation zwischen Spezialisierungsart und Höhe
der Interdependenzen**

dert aufgrund der Komplexität eine hierarchisch tief gestaffelte Struktur[1]. In Organisationen, die durch einen geringeren Spezialisierungsgrad gekennzeichnet sind und aufgrund der Zusammenfassung von Tätigkeiten sowie der Verlagerung von dispositiven Aufgaben und der damit verbundenen Kompetenzen und Verantwortung auf hierarchisch nachgeordnete Ebenen eine geringere Komplexität aufweisen, reichen dagegen flache Strukturen aus[2]. Mit zunehmender Zahl der Hierarchieebenen im Produktionsbereich steigt die Zahl der Subsysteme, so daß auch mehr Beziehungen zwischen diesen auftreten, und die Komplexität aufgrund der größeren Zahl der Subsysteme und der Beziehungen höher ist als bei flachen Hierarchien. Auch die komplexitätssteigernde Wirkung eines hohen Spezialisierungsumfangs wurde empirisch getestet. Als Maß für den Umfang der Spezialisierung wurde im Rahmen der empirischen Analyse ähnlich der von Budde oder von Van de Ven und Ferry gewählten Vorgehensweise[3] die Zahl der den einzelnen Stellen übertragenen ausführenden Tätigkeiten und der Prozentsatz der ihnen übertragenen indirekten Funktionen herangezogen. Aus Abbildung 3.2 geht die Zahl der den Stellen im direkten Bereich der befragten Unternehmen übertragenen ausführenden Tätigkeiten sowie der Umfang der auf diese Stellen übertragenen indirekten Funktionen hervor. Diese Werte geben Aufschluß über den durchschnittlichen Spezialisierungsumfang in den befragten Unternehmen. Eine negative Korrelation zwischen dem Spezialisierungsumfang und dem Grad der Abhängigkeit zwischen den Stellen innerhalb der Produktion sowie Produktion und indirekten Bereichen in den befragten Unternehmen weist auf einen positiven Zusammenhang zwischen Umfang der Spezialisierung und Komplexität hin (vgl. Abb. 3.2).

Eine durch ausgeprägte Verrichtungszentralisation und hohen Spezialisierungsumfang induzierte hohe Komplexität beeinträchtigt sowohl die chronometrische als auch die chronologische Variation im Industriebetrieb. Die Veränderung der Arbeitszeit an einem Arbeitsplatz oder in einem Bereich führt zu einer notwendigen Abstimmung der Arbeitszeiten mit den verbundenen Arbeitsplätzen/Bereichen. Hierdurch wird die Variation von Dauer und Lage der Arbeitszeit an

---

1 vgl. Bartölke 1980, Sp.831; Gagsch 1980, Sp.2156f.; Luhmann 1980, Sp.1068
2 vgl. Bühner 1986a, S.391
3 vgl. Kubicek/Welter 1985, S.34ff.

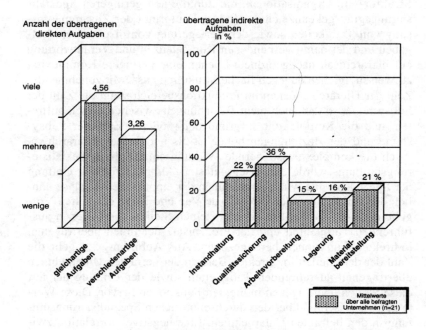

	Abhängigkeiten zwischen Produktion und Instandhaltung	Abhängigkeiten zwischen Produktion und Qualitätssicherung	Abhängigkeiten zwischen den Arbeitsplätzen in der Produktion
Anteil der Übertragung von Instandhaltungsfunktionen auf direkte Mitarbeiter	- 0,3564 *)		
Anteil der Übertragung von Qualitätssicherungsfunktionen auf direkte Mitarbeiter		- 0,7543 **)	
Anzahl der übertragenen Aufgaben auf direkte Mitarbeiter — gleiche			- 0,2172 *)
verschiedene			- 0,5961 **)

*) Signifikanzniveau > 0,05
**) Signifikanzniveau = 0,01
(n=21)

Abb. 3.2 : Korrelation zwischen Spezialisierungsumfang und Höhe der Interdependenzen

einzelnen Arbeitsplätzen oder in einzelnen Abteilungen erschwert. Eine hohe Komplexität reduziert den Variierungsgrad und damit die Reaktionsfähigkeit des Unternehmens in zeitlicher Hinsicht. Die Möglichkeit, die Arbeitszeiten in einzelen Bereichen beliebig oft neuen Anforderungen anzupassen, verringert sich, da Arbeitszeitänderungen an einzelnen Arbeitsplätzen/ in einzelnen Bereichen eine Änderung der Arbeitszeit an einer Vielzahl von verbundenen Arbeitsplätzen induzieren und mit hohem organisatorischen Aufwand verbunden sind. Dies gilt insbesondere dann, wenn bereichsübergreifende Abstimmungen erforderlich sind.

Eine durch Verrichtungszentralisation und hohen Spezialisierungsumfang bewirkte Komplexität reduziert neben dem Variierungsgrad, der den Dispositionsspielraum des Abeitgebers zur zeitlichen Flexibilisierung kennzeichnet, auch die Möglichkeit, den Arbeitnehmern einen hohen Dispositionsspielraum bezüglich ihrer Arbeitszeitgestaltung einzuräumen und verringern somit den Individualisierungsgrad. Die Transparenz des Arbeitnehmers über den Fertigungsablauf stellt eine wesentliche Voraussetzung für eine flexible Arbeitszeitgestaltung dar. Nur wenn der einzelne Arbeitnehmer den Überblick über den Betriebsablauf hat, ist es möglich, ihm einen entsprechenden Dispositionsspielraum einzuräumen[1]. Fehlt diese Transparenz, so fehlt dem Mitarbeiter die Möglichkeit, die Auswirkungen seiner Arbeitszeitentscheidung auf vor- und nachgelagerte Arbeitsplätze sowie Arbeitsplätze in anderen Bereichen zu überblicken und mit in seine Arbeitszeitgestaltung einzubeziehen. Er kann daher bei einer hohen Komplexität seine Arbeitszeit nicht mehr frei bestimmen, ohne daß Störungen im Betriebsablauf verursacht werden. Spezialisierungsart und -umfang wirken sich somit durch Beeinflussung der Komplexität im System Industriebetrieb auf alle vier Meßgrößen des zeitlichen Flexibilisierungspotentials aus.

Der aufgezeigte Zusammenhang zwischen Spezialisierungsart, Spezialisierungsumfang und zeitlichem Flexibilisierungspotential wurde empirisch analysiert. Neben der Erhebung von Spezialisierungsart und -umfang in allen befragten Werken wurde hierzu eine vergleichende Analyse von Spezialisierungsart und -umfang in den Werken mit hohem zeitlichen Flexibilisierungspotential (Gruppe 1, vgl. Kap. 2.3.2) und den Werken mit niedrigem bis mittlerem zeitlichen Flexibilisierungspotential (Gruppe 2, vgl. Kap. 2.3.2) durchgeführt.

---

1 vgl. Utsch 1981, S.72

Die Analyse der Spezialisierungsart in allen befragten Unternehmen
zeigte, daß eine ausgeprägte Verrichtungszentralisation oder Objektzentralisation nur in der Hälfte der befragten Werke auftrat, die
restlichen Werke wiesen Mischformen auf (vgl. Abb. 3.3). In 29%
der Unternehmen wurden sowohl die ausführenden Aufgaben -
Fertigungs- und Montagetätigkeiten - als auch der überwiegende Teil
der indirekten Funktionen - Instandhaltung, Qualitätssicherung, Arbeitsvorbereitung und Materialbereitstellung - zentral einer spezia-
lisierten Abteilung übertragen. Lediglich die Rüsttätigkeiten wurden
bis auf einen Fall dezentral den einzelnen Produktionsbereichen
zugewiesen. Diese Unternehmen wurden im Hinblick auf die Art der
Spezialisierung als zentral[1] eingestuft, da die Zentralisation nach der
Verrichtung dominierte. In einem Fünftel der Fälle (19%) überwog
eine Verrichtungsdezentralisation/Objektzentralisation. In diesen Unternehmen wurden Fertigungs- und Montageaufgaben überwiegend
nach Produktgruppen zusammengefaßt und entsprechenden Abteilungen übertragen, so daß in bezug auf die Fertigungs- und Montagetätigkeiten eine Objektzentralisation vorlag. Bei diesem Fünftel der
Unternehmen wurde der überwiegende Teil der indirekten Funktionen nicht einer spezifischen Abteilung übertragen, sondern im
Hinblick auf die Verrichtung dezentral einzelnen Produktgruppen
zugeordnet oder verschiedenen Fertigungs- oder Montagebereichen
zugewiesen. Die andere Hälfte der befragten Unternehmen (52%)
wird hinsichtlich der Verrichtungszentralisation den Mischformen
zugerechnet. In diesen Fällen wurden die Aufgaben der Teilefertigung und Montage sowie die indirekten Funktionen teilweise ver-
richtungszentralisiert, teilweise dezentral im Hinblick auf die Verrichtung verschiedenen nach dem Objektprinzip gebildeten Abteilungen zugewiesen. Die differenzierte Analyse der Spezialisierungsart
nach den gebildeten Gruppen zeigt, daß diese deutliche Unterschiede
hinsichtlich der Spezialisierungsart aufweisen. In 38% der in Gruppe
1 (hohes zeitliches Flexibilisierungspotential) zusammengefaßten
Unternehmen erfolgte eine Verrichtungsdezentralisation, bei den
restlichen Unternehmen dieser Gruppe konnte eine Mischform festgestellt werden. Eine überwiegende Verrichtungszentralisation war
nicht zu beobachten. In Gruppe 2 (niedriges bis mittleres zeitliches
Flexibilisierungspotential) dominierten dagegen Verrichtungszentralisation und Mischform, eine Verrichtungsdezentralisation war nur
bei 8% zu beobachten (vgl. Abb. 3.3). Die unterschiedlichen Aus-

---

1 in bezug auf die Verrichtung

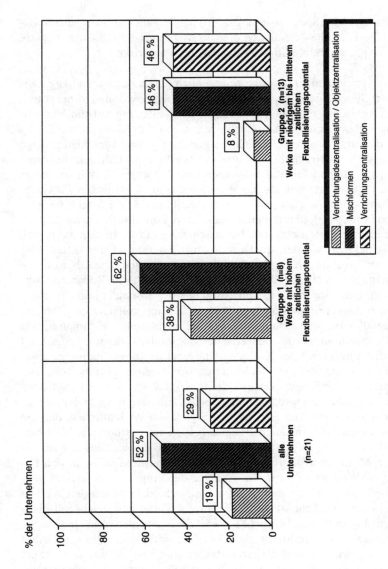

Abb. 3.3 : Art der Spezialisierung in den befragten Unternehmen

prägungen der Spezialisierungsart in den beiden Gruppen stützen damit die Hypothese, daß sich eine Verrichtungszentralisation negativ auf das zeitliche Flexibilisierungspotential auswirkt.

Die empirischen Ergebnisse zeigen auch einen Zusammenhang zwischen Spezialisierungsumfang und zeitlichem Flexibilisierungspotential. Abbildung 3.4 zeigt die Anzahl der - in bezug auf die Verrichtung - gleichartigen und verschiedenartigen Aufgaben pro Stelle. Es wurden im Mittel jeweils mehrere gleichartige und verschiedenartige Aufgaben übertragen, die Werte der Werke mit niedrigem bis mittlerem zeitlichen Flexibilisierungspotential (Gruppe 2) wiesen etwas niedrigere Werte auf als die Werke mit hohem zeitlichen Flexibilisierungspotential (Gruppe 1). Aus Abbildung 3.5, 3.6 und 3.7 geht der Umfang der übertragenen indirekten Funktionen im ausführenden Bereich der befragten Unternehmen hervor. In den befragten Unternehmen wurden im Durchschnitt ein Fünftel der Instandhaltungstätigkeiten auf direkte Mitarbeiter übertragen. Die Übertragung beschränkte sich auf Wartungs-, Inspektions-, und Reparaturtätigkeiten, eine Übertragung von Aufgaben der Instandhaltungsplanung fand in keinem Fall statt (vgl. Abb. 3.5). Eine vollständige Übertragung aller Instandhaltungsaufgaben auf ausführende Mitarbeiter, wie sie von Kalaitzis als theoretische Maximalausprägung aufgezeigt wird, ist aufgrund der Komplexität einzelner Instandhaltungsaufgaben einerseits und der Qualifikation der direkten Mitarbeiter andererseits in der Regel nicht möglich[1], so daß bestimmte Funktionen der Instandhaltung grundsätzlich hochqualifizierten Spezialisten vorbehalten bleiben. Die empirischen Ergebnisse verdeutlichen, daß die Übertragung von Instandhaltungsaufgaben auf ausführende Mitarbeiter begrenzt ist, zeigen aber gleichzeitig, daß der Umfang der auf direkte Mitarbeiter übertragenen Instandhaltungsaufgaben in den befragten Werken variiert. Die Analyse der gruppenspezifischen Mittelwerte zeigte einen signifikanten Unterschied zwischen den Werken mit hohem zeitlichen Flexibilisierungspotential und denen mit niedrigem bis mittlerem zeitlichen Flexibilisierungspotential. In Gruppe 1 wurde durchschnittlich die Hälfte der Wartungs- und ein Drittel der Inspektions- und Reparaturtätigkeiten von direktem Personal durchgeführt, während bei den Werken der Gruppe 2 im Mittel nur ein Fünftel der Wartungstätigkeiten, 15% der Inspektionsaufgaben und 8-15% der Reparaturen auf direkte Mitarbeiter übertragen wurde (vgl. Abb. 3.5).

---

1 vgl. Kalaitzis 1987, S.98

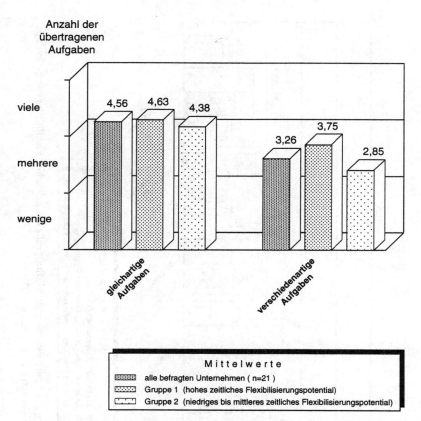

Abb. 3.4 : Umfang der Spezialisierung als Einflußgröße des zeitlichen Flexibilisierungspotentials in den befragten Unternehmen (I)

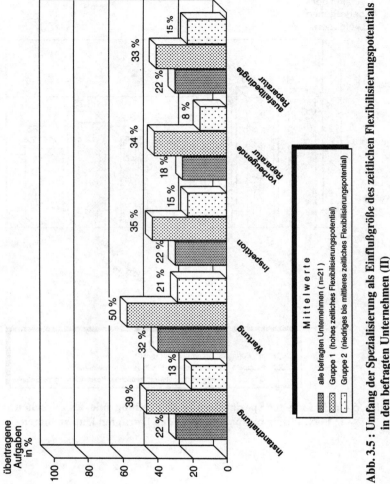

Abb. 3.5 : Umfang der Spezialisierung als Einflußgröße des zeitlichen Flexibilisierungspotentials in den befragten Unternehmen (II)

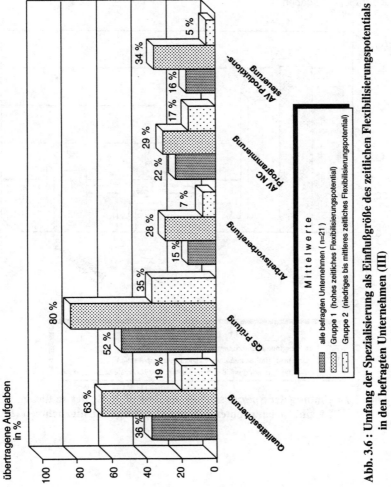

übertragene Aufgaben
in %

Mittelwerte

alle befragten Unternehmen (n=21)

Gruppe 1 (hohes zeitliches Flexibilisierungspotential)

Gruppe 2 (niedriges bis mittleres zeitliches Flexibilisierungspotential)

Abb. 3.6 : Umfang der Spezialisierung als Einflußgröße des zeitlichen Flexibilisierungspotentials in den befragten Unternehmen (III)

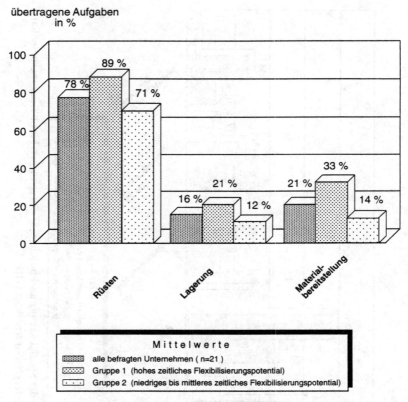

Abb. 3.7 : Umfang der Spezialisierung als Einflußgröße des zeitlichen Flexibilisierungspotentials in den befragten Unternehmen (IV)

Die Analyse der Übertragung von Qualitätssicherungsaufgaben in den befragten Unternehmen zeigte, daß ausschließlich Aufgaben der Qualitätsprüfung auf die ausführenden Mitarbeiter übertragen wurden, dabei waren deutliche Unterschiede zwischen den beiden Gruppen zu verzeichnen (vgl. Abb. 3.6). In den Werken mit hohem zeitlichen Flexibilisierungspotential wurden durchschnittlich 80% der Qualitätsprüfungsaufgaben auf direkte Mitarbeiter übertragen, in der Gruppe 2 betrug dieser Anteil nur 35%. Die Funktionen Qualitätsplanung, Qualitätsförderung und Qualitätskostenüberwachung wurden von spezialisiertem Personal oder Führungskräften durchgeführt. Im Durchschnitt über alle Werke wurden 15% der Arbeitsvorbereitungsaufgaben von ausführenden Mitarbeitern übernommen. Die Übertragung beschränkte sich auf die Funktionen Produktionssteuerung und NC-Programmierung (vgl. Abb. 3.6). Darüber hinaus wurden von den direkten Mitarbeitern in Teilefertigung und Montage im Durchschnitt aller Werke ein Fünftel der Materialbereitstellungsfunktionen und 15% der Lagerhaltungstätigkeiten ausgeführt, in einem Unternehmen fand eine vollständige Übertragung statt (vgl. Abb. 3.7). Auch hinsichtlich der Ausführung von Arbeitsvorbereitungsaufgaben sowie Materialbereitstellungsfunktionen und Lagerhaltungstätigkeiten durch direkte Mitarbeiter unterscheiden sich die Werke mit hohem zeitlichen Flexibilisierungspotential deutlich von den Werken der Gruppe 2 (vgl. Abb. 3.7). Abschliessend ist zur Übertragung indirekter Funktionen festzustellen, daß die indirekten Funktionsgruppen Instandhaltung, Qualitätssicherung, Arbeitsvorbereitung und Lagerung/Materialbereitstellung in Gruppe 1 in größerem Umfang auf ausführende Stellen übertragen wurden als in Gruppe 2, die Unternehmen mit hohem zeitlichen Flexibilisierungspotential weisen daher einen deutlich geringeren Spezialisierungsumfang auf als die in Gruppe 2 zusammengefaßten Unternehmen mit niedrigem bis mittlerem zeitlichen Flexibilisierungspotential. Bestimmte Funktionen wie Instandhaltungsplanung, vorbeugende Instandhaltung oder Qualitätsplanung blieben in allen Unternehmen den fachspezifisch ausgebildeten Spezialisten vorbehalten. Die empirischen Ergebnisse weisen somit auf einen negativen Zusammenhang zwischen hohem Spezialisierungumfang und zeitlichem Flexibilisierungspotential hin.

Als Ergebnis kann ein Einfluß der Aufbauorganisation auf das zeitliche Flexibilisierungspotential festgehalten werden. Verrichtungszentralisation und hoher Spezialisierungsumfang beschränken durch ihre komplexitätssteigernde Wirkung die Freiheitsgrade zur chronologischen und chronometrischen Variation der Arbeitszeit sowie Variierungsgrad und Individualisierungsgrad und führen hierdurch zu einer Reduktion des zeitlichen Flexibilisierungspotentials in Industriebetrieben.

3.1.2 Ablauforganisation als Einflußgröße des zeitlichen Flexibilisierungspotentials

In der Ablauforganisation erfolgt die räumliche und zeitliche Strukturierung der zur Aufgabenerfüllung erforderlichen Arbeitsvorgänge[1]. Die Ablauforganisation stellt eine wichtige Determinante des zeitlichen Flexibilisierungspotentials dar, da sie die Abhängigkeiten innerhalb der Produktion beeinflußt[2]. Dabei wirkt sich die räumliche Strukturierung, die die Anordnung der Arbeitsplätze und Betriebsmittel festlegt, auf die Zahl der Beziehungen zwischen den Arbeitsplätzen aus, während die zeitliche Strukturierung die Kopplung zwischen den Arbeitsplätzen beeinflußt. Nach den verschiedenen Ausprägungen der räumlichen und zeitlichen Strukturierung lassen sich als Formen der Ablauforganisation die Baustellenfertigung, die Werkbankfertigung, die Fertigung nach dem Verrichtungsprinzip (Werkstattfertigung), die Fertigung nach dem Fließprinzip (Fließ- und Reihenfertigung) und die Fertigung nach dem Gruppenprinzip unterscheiden[3].

Werkstattfertigung, Fließfertigung, Reihenfertigung und Gruppenfertigung kamen jeweils in einem Teil der befragten Unternehmen in nennenswertem Umfang zur Anwendung (vgl. Abb. 3.8). Die deutlichen Unterschiede der Werke mit hohem zeitlichen Flexibilisierungspotential (Gruppe 1) und der in Gruppe 2 zusammengefaßten Werke mit niedrigem bis mittlerem zeitlichen Flexibilisierungspotential hinsichtlich der Ablauforganisation stützen die Hypothese, daß die Ablauforganisation in der Fertigung das zeitliche Flexibilisierungspotential beeinflußt. Dieser Zusammenhang wird unter Berücksichtigung der durch die jeweilige Form der Ablauforganisation induzierten Abhängigkeiten analysiert.

---

1 vgl. Kosiol 1980, Sp.180
2 vgl. Böckle 1979, S.105ff.
3 vgl. Große-Oettringhaus 1974, S.274ff.; Mellerowicz 1981, S.333ff.

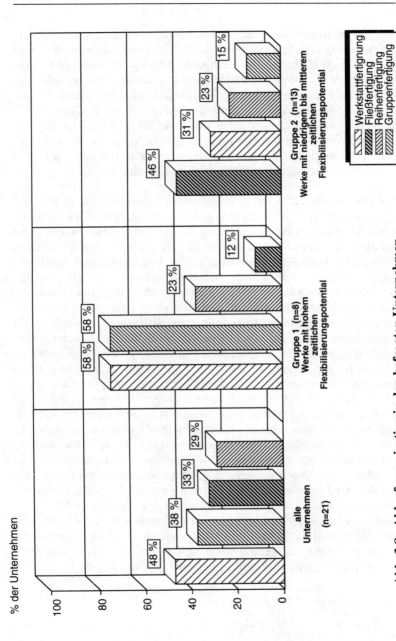

Abb. 3.8 : Ablauforganisation in den befragten Unternehmen

Bei der Baustellenfertigung erfolgt eine räumliche und zeitliche Orientierung der Produktionsfaktoren am Fertigungsobjekt[1]. Aufgrund der Ausrichtung des Fertigungsablaufs am jeweiligen Fertigungsobjekt ist es problematisch, eine generelle Aussage über die Komplexität und die Kopplung zwischen den Arbeitsplätzen zu machen[2], der Einfluß der Baustellenfertigung auf das zeitliche Flexibilisierungspotential hängt daher im Einzelfall vom Fertigungsobjekt ab. Eine empirische Überprüfung der Auswirkung auf die Möglichkeiten zur zeitlichen Flexibilisierung war nicht möglich, da in den befragten Unternehmen keine Baustellenfertigung vorlag.

Bei der Werkbankfertigung orientiert sich die Anordnung von Betriebsmitteln und Werkzeugen am Aufgabenträger. Charakteristisches Merkmal ist die Ausrichtung auf die Arbeitskraft, wobei diese Ausrichtung überwiegend auf Einzelarbeitsplätze hin erfolgt, an denen eine komplette Bearbeitung von Einzelaufträgen vollzogen wird[3]. Aufgrund der geringen Arbeitsteilung treten nur sehr wenige Beziehungen zu anderen Arbeitsplätzen im direkten Bereich auf, die Komplexität ist daher im Fall einer Werkbankfertigung sehr gering. Da auch keine zeitliche Abstimmung von Arbeitsgängen erfolgt, und damit keine durch die Ablauforganisation bedingte zeitliche Kopplung vorliegt, ist die Abhängigkeit zwischen verschiedenen Arbeitsplätzen sehr gering[4] (vgl. Abb. 3.9). Die Freiheitsgrade zur chronologischen und chronometrischen Variation der Arbeitszeit sind daher im Falle einer Werkbankfertigung groß. Der Variierungsgrad ist hoch, es bestehen Handlungsspielräume zur Anpassung der Arbeits- und Betriebszeiten einzelner Mitarbeiter/Arbeitsplätze an betriebliche Erfordernisse wie Nachfrageschwankungen[5] oder Ausdehnung der Betriebszeit zur Senkung der Kapitalkosten an kapitalintensiven Arbeitsplätzen. Auch die zeitlichen Dispositionsspielräume der Mitarbeiter sind im Vergleich zu anderen Formen der Ablauforganisation hoch, den Mitarbeitern wird aufgrund der geringen Abhängigkeit ihres Arbeitsplatzes von anderen Arbeitsplätzen die Ausrichtung der Arbeitszeit an individuellen Präferenzen und ihren Arbeitsaufgaben erleichert[6]. Insgesamt wirkt sich die Werkbankfertigung positiv auf das zeitliche Flexibilisierungspotential aus. Da die Werkbank-

---

1 vgl. Kreikebaum 1979, Sp.1396
2 vgl. Böckle 1979, S.108
3 vgl. Kreikebaum 1979, Sp.1395
4 vgl. Josten 1973b, S.97; Utsch 1981, S.159
5 vgl. Utsch 1981, S.161
6 vgl. Josten 1973b, S.97; Utsch 1981, S.161

Ablauforganisation	räumliche Anordnung	Komplexität	Kopplung (zeitliche Abstimmung)	Abhängigkeit
Baustellenfertigung		gering	i.d.R. gering abhängig vom Fertigungsobjekt	i.d.R. gering
Werkbankfertigung		sehr gering	gering	gering
Werkstattfertigung		hoch	gering	mittel
Fließfertigung	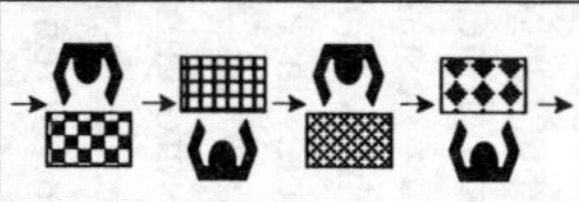	mittel	sehr hoch	hoch
Reihenfertigung	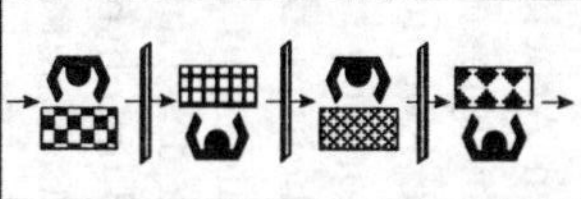	mittel	mittel	mittel
Gruppenfertigung	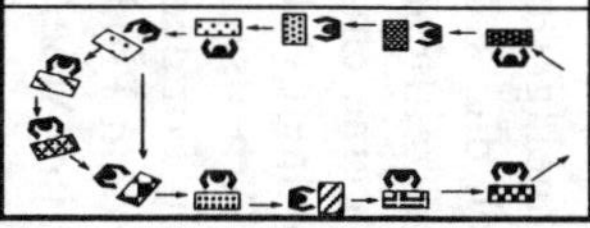	gering	gering	gering

Abb. 3.9 : Abhängigkeiten innerhalb der Produktion bei verschiedenen Formen der Ablauforganisation

fertigung in den befragten Unternehmen nicht eingesetzt wurde, liegen keine empirischen Daten über die Auswirkung der Werkbankfertigung auf das zeitliche Flexibilisierungspotential vor.

Die räumliche Anordnung der Betriebsmittel und Arbeitsplätze erfolgt im Falle einer Werkstattfertigung losgelöst vom Objekt nach den einzelnen Bearbeitungsverfahren, Betriebsmittel und Arbeitsplätze mit gleichen Verrichtungen werden zusammengefaßt[1]. Die Werkstattfertigung kam in der Hälfte (48%) der befragten Werke im Produktionsbereich in größerem Umfang zur Anwendung (vgl. Abb. 3.8). Die zeitliche Kopplung zwischen den Arbeitsplätzen ist bei einer Werkstattfertigung infolge einer Terminierung, die hohe Zeitpuffer ermöglicht und ausreichende Materialpuffer zwischen den einzelnen Arbeitsstationen aufweist, gering[2]. Arbeitsabläufe können unterbrochen werden, ohne daß Störungen im Betriebsablauf auftreten[3]. Die Werkstattfertigung führt aufgrund der schwachen zeitlichen Determinierung sowie den Puffern zwischen den verschiedenen Arbeitsstationen zu einer geringen zeitlichen Kopplung der vor- und nachgelagerten Arbeitsstationen (vgl. Abb. 3.9) und reduziert hierdurch die Abhängigkeiten innerhalb des direkten Bereichs[4]. Die geringe zeitliche Kopplung gestattet sowohl eine chronometrische als auch eine chronologische Variation der Arbeits- und Betriebszeit an einzelnen Arbeitsplätzen, da eine Notwendigkeit zur Abstimmung der Arbeitszeiten mit anderen Arbeitsplätzen geringer ist als bei anderen Formen der Ablauforganisation. Einzelne Mitarbeiter können aus dem Produktionsprozeß herausgelöst werden, ohne daß Störungen im Arbeitsablauf auftreten. Die geringe zeitliche Kopplung gestattet zeitliche Dispositionsspielräume für Mitarbeiter und Unternehmen. Die Mitarbeiter können ihre Arbeitszeit individuell an private Interessen und/oder an ihre Arbeitsaufgaben anpassen. So bleibt dem Mitarbeiter bei einer Werkstattfertigung genügend zeitlicher Handlungsspielraum, zusammenhängende Arbeiten, deren Unterbrechung durch ein festes Arbeitsende einen erheblichen Aufwand an vorbereitenden Tätigkeiten zur Wiederinbetriebnahme verursachen würde, zuendezuführen[5]. Daneben bestehen für den Arbeitgeber Dispositionsspielräume, die Betriebszeit innerhalb eines von der Di-

---

1 vgl. Große-Oetringhaus 1974, S.278; Gutenberg 1983, S.96f.; Mellerowicz 1981, S.356
2 vgl. Böckle 1979, S.110; Rademacher 1990, S.223; Utsch 1981, S.167f.
3 vgl. Utsch 1981, S.164
4 vgl. Josten 1973b, S.97
5 vgl. Rademacher 1990, S.224

mension der Zeit- und Materialpuffer abhängigen Rahmens an einzelnen Arbeitsplätzen auszudehnen oder an Nachfrageschwankungen anzupassen, ohne daß Auswirkungen auf vor- und nachgelagerte Arbeitsplätze auftreten. Die bei einer Werkstattfertigung geringe zeitliche Kopplung zwischen den Arbeitsplätzen wirkt sich positiv auf alle vier Meßgrößen des zeitlichen Flexibilisierungspotentials aus.

Da bei einer Werkstattfertigung feste Transport- und Übergangsbeziehungen zwischen den Arbeitsplätzen fehlen, entsteht ein komplizierter Materialfluß. Der Fertigungsablauf ist für den einzelnen Mitarbeiter weniger transparent[1]. Gegenläufig ergibt sich daher aufgrund der Vielzahl von Übergangsbeziehungen ein Effekt der Komplexitätssteigerung, der die Abhängigkeit erhöht (vgl. Abb. 3.9). Führen auftragsabhängige oder technische Gründe oder Arbeitsschutzvorschriften[2] zur Erfordernis der gleichzeitigen Anwesenheit mehrerer Mitarbeiter, wird eine Abstimmung der Arbeitszeiten zwischen diesen erforderlich. Die Abstimmung wird im Falle einer Werkstattfertigung durch die geringere Transparenz erschwert, hierdurch wird sowohl der Individualisierungsgrad als auch der Variierungsgrad begrenzt.

Die Ergebnisse der empirischen Befragung deuten auf eine positive Wirkung einer Ablauforganisation nach dem Verrichtungsprinzip auf das zeitliche Flexibilisierungspotential hin. Es zeigte sich, daß die Werkstattfertigung in 75% der Werke, in denen ein hohes zeitliches Flexibilisierungspotential vorlag, aber nur in 31% der Werke der Gruppe 2 (niedriges bis mittleres Flexibilisierungspotential) in nennenswertem Umfang zur Anwendung kam (vgl. Abb. 3.8).

Das Fließprinzip beinhaltet eine Anordnung der Betriebsmittel/Arbeitsplätze nach der technisch/wirtschaftlich erforderlichen Fertigungsablauffolge des Produktes. Zwischen den Arbeitsplätzen/Betriebsmitteln bestehen feste Übergangsbeziehungen, im Extremfall nur eine einzige. Die Fließfertigung läßt sich in die reine Fließfertigung und die Reihen- oder Linienfertigung unterteilen[3]. Bei der reinen Fließfertigung, die in 33% der befragten Unternehmen in größerem Umfang zu Anwendung kam, besteht eine starke zeitliche

---

1 vgl. Große-Oetringhaus 1974, S.278; Schomburg 1980, S.80
2 vgl. Josten 1973b, S.97
3 vgl. Große-Oetringhaus 1974, S.275; Gutenberg 1983, S.100; Schomburg
   1980, S.81

Bindung zwischen den einzelnen Kapazitätseinheiten[1] (vgl. Abb.3.9). Die einzelnen Arbeitsgänge sind zeitlich aufeinander abgestimmt, der Fertigungsablauf wird in zeitlich gleiche Arbeitstakte zerlegt[2]. Eine hohe ablauforganisatorische Arbeitsteilung führt zu einer höheren Zahl von Bearbeitungsstationen/Arbeitsplätzen, so daß hierdurch die Komplexität steigt. Andererseits besteht nur eine Übergangsbeziehung zwischen den einzelnen Arbeitsstationen[3], so daß ein gegenläufiger Effekt entsteht, der die Komplexität wieder reduziert. Aufgrund dieser gegenläufigen Effekte liegt bei einer reinen Fließfertigung eine mittlere Komplexität vor. Durch die sehr enge zeitliche Kopplung (vgl. Abb. 3.9) der einzelnen Arbeitsplätze und eine mittlere Komplexität entstehen bei Anwendung der reinen Fließfertigung hohe Abhängigkeiten zwischen den verbundenen Arbeitsplätzen innerhalb des Produktionsbereichs, die die Freiheitsgrade zur chronometrischen und chronologischen Variation von Arbeits- und Betriebszeit stark einschränken[4]. Jede Arbeitszeitänderung an einem Arbeitsplatz wirkt sich auf den Arbeitsablauf aus. "Die Arbeitnehmer an den verbundenen Arbeitsplätzen müssen als Einheit gesehen werden, aus der ein Einzelner während des Produktionsprozesses nicht ohne Schwierigkeiten herausgelöst werden kann"[5] Die Veränderung der Arbeitszeit an einem Arbeitsplatz führt zu einer notwendigen Abstimmung der Arbeitszeiten mit den verbundenen Arbeitsplätzen[6]. Dies bewirkt eine Reduktion von Variierungsgrad und Individualisierungsgrad. Der einzelne Mitarbeiter kann seine Arbeitszeit nur unter genauer Abstimmung mit Kollegen vor- und nachgelagerter Arbeitsplätze flexibel einteilen; bei zeitlicher Kopplung an viele Arbeitsplätze schränkt diese Abstimmungserfordernis aufgrund differierender individueller Arbeitszeitpräferenzen den zeitlichen Handlungsspielraum des Mitarbeiters erheblich ein[7]. Die Möglichkeit, den Arbeitnehmern einen hohen Dispositionsspielraum bezüglich ihrer Arbeitszeitgestaltung einzuräumen, wird im Fall der Fließfertigung neben der zeitlichen Kopplung zusätzlich durch die Komplexität reduziert, da die Transparenz des Arbeitnehmers über den Fertigungsablauf eingeschränkt ist. Die starke zeitliche Kopplung schränkt auch die zeitlichen Dispositionsmöglichkeiten des

---

1 vgl. Gutenberg 1983, S.100
2 vgl. Josten 1973b, S.98; Mellerowicz 1981, S.336f.
3 vgl. Große-Oettringhaus 1974, S.291ff.
4 vgl. Josten 1973b, S.98; Rademacher 1990, S.218f.
5 vgl.Utsch 1981, S.77
6 vgl. Utsch 1981, S.188
7 vgl. Rademacher 1990, S.219

Unternehmens ein, da eine Änderung von Arbeits- und Betriebszeiten zur Erfüllung betrieblicher Ziele an einzelnen Arbeitsplätzen nicht möglich ist, die Variation ist an allen verbundenen Arbeitsplätzen vorzunehmen. Die empirischen Ergebnisse bestätigen die negative Auswirkung der reinen Fließfertigung auf das zeitliche Flexibilisierungspotential, in den Unternehmen der Gruppe 2, die ein niedriges bis mittleres zeitliches Flexibilisierungspotential aufweisen, wurde die reine Fließfertigung in der Hälfte der Fälle (46%) in größerem Umfang eingesetzt, in den Werken mit hohem zeitlichen Flexibilisierungspotential dagegen nur in einem einzigen Fall (vgl. Abb. 3.8).

In der Reihen- oder Linienfertigung, die in 29% der Unternehmen in größerem Umfang eingesetzt wurde (vgl. Abb. 3.8) findet im Gegensatz zur reinen Fließfertigung keine direkte zeitliche Abstimmung zwischen den Arbeitsgängen statt[1], die zeitliche Bindung zwischen den Arbeitsplätzen wird durch Puffer verringert. Dies führt im Vergleich zur reinen Fließfertigung zu einer Reduktion der zeitlichen Kopplung der Arbeitsplätze innerhalb der Produktion. Eine Linien-/Reihenfertigung eröffnet sowohl dem Mitarbeiter als auch dem Unternehmen größere Spielräume zur Variation der Dauer und Lage von Arbeits- und Betriebszeit[2] und beinhaltet damit ein größeres zeitliches Flexibilisierungspotential als eine reine Fließfertigung. Auch die empirischen Ergebnisse deuten darauf hin, im Gegensatz zur Anwendung der reinen Fließfertigung war der Unterschied von Gruppe 1 und Gruppe 2 hinsichtlich der Anwendung der Reihenfertigung weniger ausgeprägt (vgl. Abb. 3.8), hieraus läßt sich schliessen, daß das zeitliche Flexibilisierungspotential in geringerem Umfang eingeschränkt wird als im Fall einer reinen Fließfertigung.

In 38% der Werke wurde der Fertigungsablauf in nennenswertem Umfang nach dem Gruppenprinzip organisiert (vgl. Abb. 3.8). Bei der Ablauforganisation nach dem Gruppenprinzip werden Betriebsmittel und Arbeitsplätze räumlich so angeordnet, daß nach gruppentechnologischen Gesichtspunkten gebildete Teilefamilien oder Fertigungsfamilien vollständig bearbeitet werden können. Die Übergangsbeziehungen zwischen den Arbeitsplätzen sind weitgehend fest[3]. Eine

---

1 vgl. Gutenberg 1983, S.100
2 vgl. Cubasch 1971, S.14; Josten 1973b, S.98; Rademacher 1990, S.220f.;
   Utsch 1981, S.183f.
3 vgl. Mellerowicz 1981, S.371ff.; Warnecke u.a. 1980, S.6ff.

zeitliche Abstimmung zwischen den Arbeitsgängen findet nicht statt, unterschiedliche Arbeitsvorgangsfolgen sind zugelassen[1]. Die Arbeitsteilung ist bei einer Fertigung nach dem Gruppenprinzip gering, die Mitarbeiter führen verschiedene Funktionen an verschiedenen Teilen aus[2]. Dies führt zusammen mit der fehlenden zeitlichen Abstimmung zu einer weitgehenden Entkopplung vor- und nachgelagerter Fertigungseinheiten, da ein Mitarbeiter hintereinander mehrere Arbeitsgänge durchführen kann[3].

Die geringe zeitliche Kopplung eröffnet Möglichkeiten zur Variation von Dauer und Lage der Arbeitszeit an einzelnen Arbeitsplätzen durch Arbeitnehmer und Arbeitgeber. Es besteht die Möglichkeit, die Arbeitszeiten betrieblichen Anforderungen und persönlichen Präferenzen der Mitarbeiter anzupassen. Änderungen der Arbeitszeiten einzelner Mitarbeiter erfordern nicht wie bei anderen Formen der Ablauforganisation eine Änderung der Arbeitszeit an einer Vielzahl von verbundenen Arbeitsplätzen. Der Individualisierungsgrad erhöht sich daher im Fall einer Fertigung nach dem Gruppenprinzip. Auch eine Anpassung der Arbeits- und Betriebszeiten an betriebliche Anforderungen bewirkt keinen erhöhten organisatorischen Aufwand, da eine Anpassung der Arbeits- und Betriebszeiten an die Auftragssituation oder Betriebszeitausdehnung durch eine Variation der Arbeitszeit einzelner Mitarbeiter oder Vorgabe der zu einem bestimmten Zeitpunkt fertigzustellenden Aufträge an die Gruppe[4] erfolgen kann, eine Variation der Arbeitszeit/Betriebszeit vieler verbundener Mitarbeiter/Arbeitsplätze wie bei der Fließfertigung ist nicht erforderlich. Die Gruppenfertigung erhöht somit auch den Variierungsgrad.

Aufgrund der räumlichen Anordnung und der wenigen Übergangsbeziehungen bestehen nur wenige Beziehungen zwischen den Elementen/Arbeitsplätzen in einer gruppenorientierten Fertigung. In Verbindung mit der geringen ablauforganisatorischen Arbeitsteilung führt das zu einer geringen Komplexität (vgl. Abb. 3.9). Die reduzierte Komplexität bei Gruppenfertigung bewirkt eine erhöhte Transparenz des Fertigungsablaufs für die Mitarbeiter und gestattet es daher, den Arbeitnehmern einen hohen Dispositionsspielraum be-

---

1 vgl. AWF 1984, S.16
2 vgl. Mellerowicz 1981, S.379; Mönig 1985, S.83
3 vgl. Josten 1973b, S.99
4 vgl. Freitag 1990, S.312ff.

züglich ihrer Arbeitszeitgestaltung einzuräumen, da der Mitarbeiter die Auswirkungen seiner Arbeitszeitentscheidung auf vor- und nachgelagerte Arbeitsplätze überblicken und mit in seine Arbeitszeitgestaltung einbeziehen kann. Dies wirkt sich positiv auf den Individualisierungsgrad aus. Die signifikanten Unterschiede zwischen Gruppe 1 (Werke mit hohem zeitlichen Flexibilisierungspotential) und Gruppe 2 (Werke mit niedrigem bis mittlerem zeitlichen Flexibilisierungspotential) hinsichtlich der Anwendung des Gruppenprinzips bestätigen den positiven Einfluß der Ablauforganisation nach dem Gruppenprinzip auf das zeitliche Flexibilisierungspotential. Während die Gruppenfertigung nur in 15% der Werke in Gruppe 2 in größerem Umfang angewandt wurde, kam sie in 75% der Werke in Gruppe 1 zum Einsatz (vgl. Abb. 3.8).

Zusammenfassend kann festgestellt werden, daß die Ablauforganisation durch die Beeinflussung von Komplexität und Kopplung das zeitliche Flexibilisierungspotential determiniert. Dabei ist ein restriktiver Einfluß der Fließfertigung zu verzeichnen, während Gruppen- Werkstatt- und Werkbankfertigung das zeitliche Flexibilisierungspotential erhöhen.

3.1.3 Produktionsplanung und -steuerung als Einflußgröße des zeitlichen Flexibilisierungspotentials

Neben der Aufbau- und Ablauforganisation wirkt sich die Produktionsplanung und -steuerung sowie deren Umsetzung in Form verschiedener PPS-Systeme über ihren Einfluß auf die zeitliche Fixierung der Arbeitsabläufe im Produktionsbereich auf das zeitliche Flexibilisierungspotential aus. Die Produktionsplanung und -steuerung umfaßt die Funktionen Produktionsprogrammplanung, Mengenplanung, Terminplanung, Auftragsfreigabe, Auftragssteuerung und Auftragsüberwachung[1].

Die Analyse der Produktionsplanungs- und Produktionssteuerungsfunktionen[2] im Hinblick auf ihren Einfluß auf die zeitliche Kopplung

---

1 vgl. Hackstein/Petermann 1985, S.48; Schomburg 1980, S.18. Zu den Funktionen der Produktionsplanung und -steuerung im einzelnen vgl. Ellinger/Wildemann 1985, S.57; Hackstein 1989, S.9ff.; Schomburg 1980 S.17ff.; Speith 1982, S.20ff.

2 Auf Interdependenzen zwischen Produktionsplanung und -steuerung und Ablauforganisation wird im Rahmen der vorliegenden Arbeit nicht eingegangen

zeigt, daß die Produktionsplanung und -steuerung durch die Planung des Produktionsablaufs eine zeitliche Komprimierung der zur Auftragsausführung vorzunehmenden Arbeitsgänge bewirkt; der Zeitraum für einen bestimmten Fertigungsvorgang wird mehr oder weniger präzise festgelegt[1]. Daneben wird im Rahmen der Produktionsplanung und -steuerung - auf verschiedenen Aggregationsebenen - in den Funktionen Produktionsprgrammplanung, Termin- und Kapazitätsplanung und Produktionssteuerung das Kapazitätsangebot determiniert. Der Detaillierungsgrad der zeitlichen und kapazitativen Festlegung ist unterschiedlich, er steigt mit zunehmender Nähe des Ausführungszeitpunktes. In der Produktionsprogrammplanung erfolgt eine grobe Terminierung, das zu fertigende Programm wird nach Menge und Termin für einen längerfristigen Zeitraum festgelegt[2]. Die Terminierung konkretisiert sich in der Terminplanung, die die Vorbereitung, Planung und Koordination des zeitlichen und kapazitätsmäßigen Ablaufs der Aufträge umfaßt[3], und der Auftragsfreigabe, in der die terminierten Fertigungsaufträge nach Fälligkeitsüberprüfung zur Bearbeitung freigegeben werden[4]. Die Terminierung wird im Rahmen der Auftragssteuerung, in der die Zuordnung der Aufträge/Arbeitsgänge zu den Betriebsmitteln/Arbeitsplätzen unter Berücksichtigung der aktuellen Termin- und Kapazitätssituation erfolgt, zeitnah an die aktuelle Situation angepaßt, hier kann bei Abweichen eine erneute Terminierung durchgeführt werden[5]. In der Auftragsüberwachung wird der Auftragsfortschritt kontrolliert, dies ermöglicht ein Eingreifen bei Abweichungen[6].

Der zeitliche Dispositionsspielraum der Mitarbeiter hängt von der zeitlichen Verschiebbarkeit der Aufgaben und Aufträge ab. Je grösser die Verschiebbarkeit der Aufträge, desto größer sind die Möglichkeiten zum Vor- und Nachholen von Arbeitszeit. Die zeitliche Fixierung der Tätigkeiten auf einen bestimmten Anfangs- oder Endzeitpunkt oder Zeitraum ohne zeitliche Toleranzen wirkt sich dagegen negativ auf den Individualisierungsgrad aus, da die Möglichkeit der Mitarbeiter, selbst unter Berücksichtigung betrieblicher und per-

---

1 vgl. Böckle 1979, S.63
2 vgl. Hackstein 1989, S.10; Schomburg 1980, S.17
3 vgl. Ellinger/Wildemann 1985, S.57; Hackstein 1989, S.13; Schomburg 1980, S.19;
4 vgl. Hackstein 1989, S.16
5 vgl. Hackstein 1989, S.16; Schomburg 1980, S.20; Strack 1986, S.11; Wildemann 1984, S.19
6 vgl. Ellinger/Wildemann 1985, S.57; Hackstein 1989, S.16; Schomburg 1980, S.20; Speith 1982, S.29f.

sönlicher Interessen über Lage und Dauer der Arbeitszeit zu entscheiden, eingeschränkt wird[1].

Über die zeitliche und kapazitative Planung der Produktionsabäufe wirkt sich die Produktionsplanung und -steuerung auch auf den Variierungsgrad aus. Eine Anpassung des Kapazitätsangebots an die Nachfragekurve erfordert bei kurzfristigen Schwankungen eine Änderung der Personalkapazität durch Variation der Dauer und/oder Lage der Arbeits- und Betriebszeiten. Da die Kapazitäten im Rahmen der Produktionsplanung und -steuerung eingeplant werden, hängen die Spielräume zur Anpassung der Produktionskapazität mittels flexibler Arbeitszeiten und damit der Variierungsgrad auch von der Berücksichtigung flexibler Arbeits- und Betriebszeiten in den Funktionen Produktionsprogrammplanung, Termin- und Kapazitätsplanung ab. Nur bei einer Einbeziehung der flexiblen Arbeitszeitgestaltung in die Produktionsplanung und -steuerung durch Verzicht auf eine starre Verplanung des Produktionsprozesses kann die Flexibilität der jeweils eingesetzten Arbeits- und Betriebszeitmodelle zur Anpassung an betriebliche Erfordernisse voll genutzt werden[2].

Der Grad der zeitlichen Fixierung der Arbeitsabläufe und die Festlegung der Kapazitäten hängen im hohen Maße von dem jeweils eingesetzten PPS-System ab, da die genannten Funktionen in den PPS-Systemen MRP, Leitstandskonzept, Meistersystem, Belastungsorientierte Auftragsfreigabe, Kanban und Fortschrittszahlenkonzept unterschiedlich umgesetzt werden und hierdurch verschieden große zeitliche Toleranzen entstehen. Diese PPS-Systeme gehen auch von einem unterschiedlichen Determiniertheitsgrad des Produktionsprozesses aus. Hieraus läßt sich ein Einfluß des jeweils eingesetzten PPS-Systems auf Variierungsgrad und Individualisierungsgrad ableiten.

Die Werke mit hohem zeitlichen Flexibilisierungspotential und die Werke mit niedrigem bis mittlerem zeitlichen Flexibilisierungspotential weisen Unterschiede hinsichtlich der angewandten PPS-Systeme auf. Neben MRP-Systemen, die in Kombination mit anderen PPS-Systemen in beiden Gruppen dominieren, werden in den Werken der Gruppe 1 verstärkt Kanban-Konzepte, Meistersystem und Belastungsorientierte Auftragsfreigabe eingesetzt, während in den in Gruppe 2 zusammengefaßten Werken häufiger Leitstandsysteme,

---

1 vgl. Böckle 1979, S.63; Endell 1987, S.176f.; Utsch 1981, S.78
2 vgl. Günther 1989, S.6f.; Wildemann 1990b, S.62

Meistersysteme und das Fortschrittszahlenkonzept Anwendung finden (vgl. Abb. 3.10). Die unterschiedlichen Ausprägungen bezüglich der Produktionsplanung und -steuerung stützen die aufgestellte These, daß ein Zusammenhang zwischen PPS-System und zeitlichem Flexibilisierungspotential besteht.

MRP-Systeme sind zentrale PPS-Systeme. Sie gehen davon aus, daß der gesamte Produktionsprozeß deterministisch und damit prognostizierbar ist[1]. Sie decken alle Funktionen[2] der Produktionsplanung und -steuerung ab[3]. Eine detaillierte EDV-gestützte Planung und Koordination des Produktionsprozesses durch laufende Rückmeldung und korrigierende Eingriffe in den Produktionsablauf soll eine Sicherstellung des Produktionsablaufes gewährleisten[4]. Böckle schlägt eine zentrale Fertigungssteuerung, die EDV-gestützt im Realzeitbetrieb arbeitet, zur Produktionssteuerung bei flexiblen Arbeitszeiten vor. Er zeigt auf, daß bei einer solchen Art der Steuerung die Möglichkeit besteht, veränderte Arbeits- und Betriebszeitdaten im Zeitpunkt ihrer Entstehung in die EDV - Anlage einzugeben, einen Soll/Ist - Vergleich durchzuführen und bei Abweichung eine Regelung des Fertigungsablaufs vorzunehmen[5]. Dagegen ist einzuwenden, daß die bestehenden MRP-Systeme auf Änderungen aufgrund ihrer deterministischen Betrachtungsweise schwerfällig reagieren und wegen des hohen Detaillierungsgrades trotz laufender Rückmeldungen und korrigierender Eingriffe in den Produktionsablauf weder ein störungsfreier Produktionsprozeß noch eine zufriedenstellende Zielerreichung realisiert wird[6]. Es ist daher zu bezweifeln, daß bei veränderten Arbeits- und Betriebszeitdispositionen ein störungsfreier Produktionsprozeß ermöglicht wird. MRP-Systeme führen vielmehr aufgrund ihrer deterministischen Betrachtungsweise und des hohen Detaillierungsgrades zu einer exakten zeitlichen Fixierung der Arbeitsgänge und Aufträge, die kaum Toleranzen ermöglicht. Die deterministische Betrachtungsweise des Produktionsprozesses im Rahmen von MRP-Systemen und die starre, detaillierte Planung und Steuerung des Fertigungsablaufs, insbesondere die exakte Terminierung der Fertigungsaufträge im Rahmen der Funktionen Terminpla-

---

1 vgl. Wildemann 1990c, S.48 u. 50
2 Produktionsprogrammplanung, Mengenplanung, Terminplanung, Auftragsfreigabe, Auftragssteuerung, Auftragsüberwachung, BDE
3 vgl. Brooks 1985, S.20; Wildemann 1990c, S.89
4 vgl. Krüger 1985, S.72
5 vgl. Böckle 1979, S.118ff.
6 vgl. Wildemann 1984, S.28f.; Wildemann 1988b, S.13

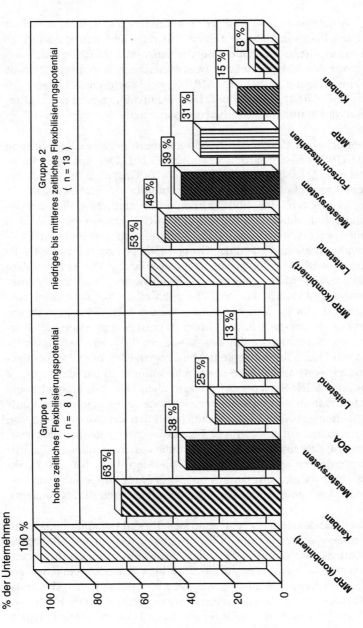

Abb. 3.10 : PPS - Systeme als Einflußgröße des zeitlichen Flexibilisierungspotentials in den befragten Unternehmen

nung, Auftragsfreigabe und Produktionssteuerung führt zu einer zeitlichen Fixierung der einzelnen Aufträge und Arbeitsgänge, so daß eine zeitliche Verschiebung der einzelnen Aufträge oder Arbeitsgänge durch Arbeitnehmer oder Unternehmen nicht möglich ist oder eine Störung verursacht. MRP-Systeme wirken sich daher restriktiv auf Variierungsgrad und Individualisierungsgrad aus und reduzieren das zeitliche Flexibilisierungspotential.

Die empirischen Ergebnisse bestätigen diese negative Auswirkung von MRP-Systemen partiell (vgl. Abb. 3.10). Der ausschließliche Einsatz von MRP-Systemen in 15% der in Gruppe 2 (niedriges bis mittleres zeitliches Flexibilisierungspotential) zusammengefaßten Werke deutet auf eine Einschränkung des zeitlichen Flexibilisierungspotentials durch den Einsatz von MRP-Systemen hin. Die Anwendung von MRP-Systemen in Kombination mit anderen PPS-Konzepten in allen Werken der Gruppe 1 (hohes zeitliches Flexibilisierungspotential) widerspricht dagegen zunächst der aufgestellten Hypothese, daß MRP-Systeme Individualisierungsgrad und Variierungsgrad und damit das zeitliche Flexibilisierungspotential einschränken. Es ist zu berücksichtigen, daß das MRP-System in diesen Fällen nur als übergeordnetes Grobplanungskonzept eingesetzt wurde und die Steuerungsfunktionen sowie ein Teil der Planungsfunktionen von Kanban-Konzepten, Meistersystemen oder Belastungsorientierter Auftragsfreigabe abgedeckt wurden, so daß der negative Einfluß des MRP-Systems auf die zeitlichen Dispositionsspielräume von Mitarbeitern und Arbeitgeber nicht oder nur eingeschränkt auftrat. Zusammenfassend kann daher bezüglich der Auswirkung von MRP-Systemen auf das zeitliche Flexibilisierungspotential festgehalten werden, daß eine negative Auswirkung auf das zeitliche Flexibilisierungspotential dann zu erwarten ist, wenn diese für alle Funktionen der Produktionsplanung und -steuerung eingesetzt werden, nicht aber bei kombinierter Anwendung mit anderen PPS-Systemen.

Das Leitstandsystem ist ein zentrales Produktionsplanungs- und -steuerungssystem, das die PPS-Funktionen der Auftragssteuerung und Auftragsüberwachung abdeckt[1]. Im Rahmen der Auftragssteuerung werden die Aufträge auf die einzelnen Kapazitätseinheiten zugeteilt, vom Leitstand aus werden die Bereitstellung des Materials, der Werkzeuge und Vorrichtungen sowie der zur Bearbeitung notwendigen Informationen koordiniert. Bei EDV-gestützten Leitstän-

---

1 vgl. Strack 1986, S.25

den erfolgt die Rückmeldung über BDE-Systeme, bei konventionellen Leitständen über Werkverteiler[1]. Leitstandsysteme sind durch eine zentralisierte Koordination der Leistungserstellung gekennzeichnet[2]. Unabhängig ob EDV-unterstützt oder konventioneller Art, bewirken sie wie MRP-Systeme eine Fixierung von Anfangs- und Endterminen der einzelnen Arbeitsgänge, so daß eine zeitliche Verschiebung der einzelnen Aufträge oder Arbeitsgänge durch einzelne Mitarbeiter, Mitarbeitergruppen oder betrieblich angeordnete Maßnahmen Störungen verursacht, die zusätzlich vom Leitstand koordiniert werden müssen. Leitstände führen daher aufgrund der zentralisierten Steuerung, die geringe Handlungsspielräume für einzelne betriebliche Einheiten und Mitarbeiter läßt, zu einer Reduktion des zeitlichen Flexibilisierungspotentials. Die empirischen Ergebnisse weisen auf eine restriktive Wirkung der Steuerung mit Leitstandsystemen hin, diese wurden in ca. der Hälfte der in Gruppe 2 zusammengefaßten Werke, aber nur in 13% der Werke, die ein hohes zeitliches Flexibilisierungspotential aufweisen, eingesetzt (vgl. Abb. 3.10).

Das Verfahren der Belastungsorientierten Auftragsfreigabe deckt die Produktionsplanungs- und -steuerungsfunktionen Terminplanung und Auftragsfreigabe ab[3]. Im Rahmen der Belastungsorientierten Auftragsfreigabe werden zwei Steuerungsparameter, Terminschranke und Belastungsschranke, verwendet. Die Terminschranke bestimmt den höchstzulässigen Vorgriff auf freizugebende Aufträge. Die Belastungsschranke legt die maximale Belastung der Kapazitätseinheiten fest. Der Produktionsprozeß wird als stochastisch betrachtet[4]. Da die Belastungsorientierte Auftragsfreigabe davon ausgehend auf eine detaillierte zeitliche Fixierung der einzelnen Aufträge verzichtet, ermöglicht sie einen zeitlichen Spielraum, dessen Ausmaß von der Festlegung der Termin- und Belastungsschranke abhängt. Die Terminschranke kann entsprechend weit in die Zukunft reichen, so daß Aufträge gegenüber ihrem Plan-Anfangstermin vorgezogen werden können[5]. Dies gestattet bei entsprechender Dimensionierung der Belastungsschranke einen Spielraum für Mitarbeiter und Arbeitgeber zur Anpassung der Arbeits- und Betriebszeit an individuelle und betriebliche Bedürfnisse. Der Einsatz der Belastungsorientierten Auftragsfreigabe wirkt sich daher positiv auf das zeitliche Flexibili-

---

1 vgl. Roschmann 1975, S.327; Strack 1986, S.27f. u. 46f.
2 vgl. Krüger 1985, S.51
3 vgl. Wildemann 1988b, S.13
4 vgl. Kettner/Bechte 1981, S.463f.
5 vgl. Erdlenbruch 1984, S.24f.

sierungspotential aus. Die ausschließliche Anwendung der Belastungsorientierten Auftragsfreigabe in Werken, die ein hohes zeitliches Flexibilisierungspotential aufweisen, deutet auf eine positive Auswirkung dieses PPS-Konzepts hin. Da die Belastungsorientierte Auftragsfreigabe in den befragten Unternehmen nur in 2 Fällen zur Anwendung kam (vgl. Abb. 3.10), ist die empirische Überprüfung des oben aufgezeigten Zusammenhangs zwischen der Belastungsorientierten Auftragsfreigabe und der Höhe des zeitlichen Flexibilisierungspotentials anhand dieser Daten fraglich.

Das Fortschrittszahlenkonzept ist ein Produktionsplanungs- und -steuerungskonzept, bei dem die Produktionsplanung und -steuerung teils zentral, teils dezentral erfolgt. Fortschrittszahlensysteme decken die Funktionen Mengenplanung, Terminplanung und Auftragsfreigabe ab. Eine Terminplanung erfolgt jedoch nur, indem über die Vorgabe von Fortschrittszahlen[1] Ecktermine für die Fertigung gesetzt werden. Eine Kapazitätsterminierung mit zeitlicher Zuordnung von Aufträgen zu Kapazitätseinheiten wird nicht durchgeführt. Die Kapazitätsterminierung wird zur dezentralen Regelung den Meistern übertragen[2], Planung, Koordination und Kontrolle des Produktionsprozesses erfolgen durch Fortschrittszahlen[3]. Die Koordination der Produktionsprozesse erfolgt über Vorgabe von SOLL-FZ und Rückmeldungen von IST-FZ[4], alle übrigen Steuerungsfunktionen führen die Meister durch[5]. Da bei Anwendung des Fortschrittszahlenkonzepts zur Produktionsplanung und -steuerung im Rahmen der Terminplanung nur Ecktermine für die Fertigung gesetzt werden, und eine detaillierte zentrale Kapazitätsterminierung mit zeitlicher Zuordnung der Aufträge nicht erfolgt, ist die zeitliche Fixierung und kapazitative Zuordnung von Aufträgen und Arbeitsgängen deutlich geringer als bei MRP-Konzepten. Eine zeitliche Bindung entsteht nur insoweit, als die Ecktermine eingehalten werden müssen. Dies gestattet in Verbindung mit der dezentralen Steuerung eine den aktuellen betrieblichen Erfordernissen und Arbeitszeitwünschen der Mitarbeiter angepaßte Arbeits- und Betriebszeitgestaltung im Ferti-

---

1 Fortschrittszahlen sind Mengen-Zeit-Relationen, die den geplanten
    Produktionsfortschritt für einen Zeitpunkt als SOLL - FZ und den jeweils
    erreichten IST - Zustand als IST - FZ beschreiben, vgl.Gottwald 1982,
    o.S.
2 vgl. Wildemann 1988b, S.13
3 vgl. Gottwald 1982, o.S.
4 vgl. Heinemeyer 1984, S.102
5 vgl. Wildemann 1988b, S.13

gungsbereich, das Fortschrittszahlenkonzept wirkt sich - bei entsprechender Nutzung der Spielräume durch die Meister - positiv auf das zeitliche Flexibilisierungspotential aus. Diese Wirkung konnte empirisch nicht belegt werden, das Fortschrittszahlenkonzept kam ausschließlich in den Werken mit niedrigem zeitlichen Flexibilisierungspotential zur Anwendung (vgl. Abb. 3.10).

Das Kanban-Konzept deckt die Funktionen der Produktionssteuerung, nicht aber die Funktionen der Produktionsplanung ab[1]. Die Disposition ist verbrauchsgesteuert, der Bedarf wird durch den aktuellen Verbrauch ausgelöst. Die Steuerung erfolgt dezentral in einem System aus selbststeuernden Regelkreisen, die Steuerungsfunktionen werden weitgehend an die ausführenden Mitarbeiter übertragen[2]. Die Selbststeuerung in den Regelkreisen wird durch generelle organisatorische Regelungen unterstützt: Der Verbraucher darf nicht mehr Material als notwendig und nicht vorzeitig Material anfordern, der Erzeuger darf nicht mehr Teile als angefordert und keine Teile vor Eingang der Bestellung erzeugen und keine fehlerhaften Teile abliefern[3]. Obwohl die Steuerung dezentral erfolgt, geht eine zeitliche Kopplung von den generellen Regelungen aus, die das Vorholen von Aufträgen durch die Mitarbeiter beschränken. Die Möglichkeit und der Umfang des Nachholens von Aufträgen hängt von der Dimensionierung der Puffer ab. Da diese bei Anwendung des Kanban-Systems infolge angestrebter niedriger Umlaufbestände gering ist[4], wird auch die Möglichkeit der Mitarbeiter, Aufträge nachzuholen, reduziert. Eine Steuerung nach Kanban begrenzt hierdurch den zeitlichen Dispositionsspielraum der Mitarbeiter und führt daher tendenziell zu einer Einschränkung des Individualisierungsgrades. Der Verzicht auf eine starre Verplanung des Produktionsprozesses gestattet eine Anpassung der Arbeits- und Betriebszeiten an Nachfrageschwankungen. Um die Forderung nach einer Bereitstellung der Kapazität zum Zeitpunkt des Bedarfs zu erfüllen, ist im Rahmen der Anwendung von Kanban bei auftretenden Beschäftigungsschwankungen neben anderen Anpassungsmaßnahmen sogar eine flexible Arbeits- und Betriebszeitgestaltung erforderlich[5]. Der Variierungsgrad wird daher bei einer Kanban-Steuerung positiv beeinflußt. Die empi-

---

1 vgl. Wildemann 1988b, S.13
2 vgl. Wildemann 1984, S.36; Wildemann 1990c, S.54ff.
3 vgl. Wildemann 1984, S.35
4 vgl. Wildemann 1982, S.11f.
5 vgl. Wildemann 1989, S.50ff.; Wildemann 1982, S.14; Wildemann 1990c, S.57

rischen Ergebnisse zeigen, daß der positive Einfluß des Kanban-Konzepts auf die Meßgrößen des zeitlichen Flexibilisierungspotentials in den befragten Unternehmen überwog. Das Kanban-Konzept wurde in 63% der in Gruppe 1 zusammengefaßten Werke zur Produktionssteuerung eingesetzt, dagegen nur in 8% der Werke mit niedrigem bis mittlerem Flexibilisierungspotential (vgl. Abb. 3.10).

Das Meistersystem deckt die Funktionen der Produktionssteuerung, Auftragssteuerung und Auftragsüberwachung, ab[1]. Die Produktionssteuerung erfolgt dezentral durch die Meister, diesen wird die Dispositionskompetenz zur Steuerung der Aufträge in ihrer Werkstatt übertragen[2]. Den Meistern obliegt dabei die Arbeitsverteilung und die Kontrolle hinsichtlich Menge und Termin sowie die Festlegung der Auftragsreihenfolge an den einzelnen Kapazitätseinheiten[3]. Die Dezentralisierung und der damit einhergehende große Dispositionsspielraum der Meister reduziert die zeitliche und kapazitative Determinierung der Aufträge, da keine detaillierte Festlegung der Auftragstermine durch eine übergeordnete Steuerung erfolgt, eine Verschiebung der Anfangs- und Endtermine von Werkstattaufträgen ist innerhalb eines bestimmten Rahmens durch die Meister möglich. Hierdurch bieten sich Spielräume zur Anpassung der Arbeits- und Betriebszeiten an aktuelle betriebliche Erfordernisse und Wünsche der Mitarbeiter, so daß sich die Anwendung des Meistersystems tendenziell positiv auf das zeitliche Flexibilisierungspotential auswirkt. Die Auswirkung hängt im Einzelfall davon ab, inwieweit die Meister motiviert und fähig sind, die Spielräume zur flexiblen Arbeits- und Betriebszeitgestaltung auszuschöpfen und den Mitarbeitern zeitliche Handlungsspielräume einzuräumen[4]. Die empirischen Ergebnisse zeigen, daß das Meistersystem jeweils in einem Drittel der Werke aus Gruppe 1 und Gruppe 2 eingesetzt wurde (vgl. Abb. 3.10). Dieses Ergebnis läßt sich nicht eindeutig interpretieren, es läßt einerseits den Schluß zu, daß das Meistersystem das zeitliche Flexibilisierungspotential nicht beeinflußt, könnte aber auch darauf hinweisen, daß die durch das Meistersystem grundsätzlich eingeräumten zeitlichen Dispositionsspielräume in den Werken der Gruppe 2 stärker von den Meistern eingeschränkt wurden als in den Werken der Gruppe 1.

---

1 vgl. Krüger 1985, S.88
2 vgl. Krüger 1985, S.88; Strack 1986, S.19
3 vgl. Krüger 1985, S.88
4 Die Auswirkung des Verhaltens von Vorgesetzten auf das zeitliche Flexibilisierungspotential wird ausführlich in Kap. 4 behandelt.

Zusammenfassend läßt sich feststellen, daß sich MRP- Systeme und Leitstand-Systeme infolge der stärkeren zeitlichen und kapazitativen Fixierung der Arbeitsabläufe in der Fertigung restriktiv auf das zeitliche Flexibilisierungspotential auswirken, während von einem positiven Einfluß der PPS-Systeme Kanban, Fortschrittszahlenkonzept und Belastungsorientierte Auftragsfreigabe auf das zeitliche Flexibilisierungspotential auszugehen ist. Der positive Einfluß der Belastungsorientierten Auftragsfreigabe und des Fortschrittszahlenkonzepts konnte im Gegensatz zum flexibilitätssteigernden Einfluß des Kanbankonzepts nicht durch die empirischen Ergebnisse gestützt werden.

3.2 Teilbereichsstrategien als Determinanten des zeitlichen Flexibilisierungspotentials

Neben den in Kap. 3.1 aufgezeigten organisatorischen Determinanten wirken sich auch Qualitätssicherungsstrategie und Instandhaltungsstrategie über ihren Einfluß auf die Interdependenzen zwischen Produktion und indirekten Bereichen sowie die Beschaffungsstrategie durch die Auswirkung auf die Abhängigkeiten zwischen Produktion und Lieferant auf das zeitliche Flexibilisierungspotential aus.

3.2.1 Qualitätssicherungsstrategie als Einflußgröße des zeitlichen Flexibilisierungspotentials

Von den in Kap. 2 aufgeführten Qualitätssicherungsfunktionen ist die Qualitätsprüfung aufgrund der direkten Eingriffe in die Leistungserstellung am stärksten mit dem Prozeß der Leistungserstellung in Fertigung und Montage verknüpft. Die Abhängigkeiten zwischen Produktion und Qualitätssicherung, die sich wiederum auf das zeitliche Flexibilisierungspotential auswirken, werden daher vom Gewicht der Qualitätsprüfung im Verhältnis zu den planenden und überwachenden Qualitätssicherungsfunktionen bestimmt. Da der Stellenwert der Qualitätsprüfung im Vergleich zu den anderen Qualitätssicherungsfunktionen von der verfolgten Qualitätssicherungsstrategie abhängig ist, stellt diese eine Determinante des zeitlichen Flexibilisierungspotentials dar.

Grundsätzlich können zwei verschiedene Qualitätssicherungsstrategien differenziert werden, die Prüf- oder Kontrollstrategie und die

Fehlervermeidungs- oder Präventivstrategie[1]. Der Kontrollstrategie liegt der Gedanke einer strikten Arbeitsteilung zugrunde, Qualitätssicherung wird als Aufgabe einer betrieblichen Qualitätsabteilung betrachtet. Dies beinhaltet eine Verlagerung der Qualitätsverantwortung von der ausführenden Ebene auf Spezialisten in Qualitätssicherungsabteilungen. Die Qualitätssicherung ist auf die Absicherung einmal festgelegter Anforderungen ausgerichtet. Im Rahmen einer Kontrollstrategie wird durch eine Vielzahl nachträglicher Kontrollen ein relativ hoher Qualitätsstandard gesichert, man konzentriert sich auf zuverlässige Prüfprozesse[2]. Die Kontrollstrategie zielt auf die Einhaltung eines geplanten Qualitätsstandards ab, durch eine Überwachung des Leistungserstellungsprozesses mittels Kontrollen soll dieses Ziel erreicht und der Aufwand für notwendige Nacharbeiten oder Ausschuß vermieden werden. Bei Verfolgung einer Kontrollstrategie werden Verfahren eingesetzt, die auf der Messung einzelner Qualitätsmerkmale an vorher festgelegten Qualitätsstandards beruhen, z.B. die 100%-Kontrolle, die Qualitätskontrolle mittels Stichprobenverfahren sowie die Qualitätskontrolle mittels Kontrollkarten. Die Kontrolle erfolgt in kurzen Abständen im Anschluß an die Produktion bzw. Bearbeitung, um die Ursachen festgestellter Qualitätsabweichungen möglichst schnell zu beheben[3]. Da bei Anwendung einer Prüfstrategie häufige Kontrollen durchgeführt werden, kommt es zu vielen Eingriffen der Qualitätssicherung in den Produktionsprozeß. Dies bewirkt eine große Zahl von Beziehungen zwischen Produktion und Qualitätssicherung und daher eine hohe Komplexität (vgl. Abb. 3.11).

Die Durchführung der Kontrollen in kurzen Abständen zwischen einzelnen Arbeitsgängen und als Stichprobenkontrollen während des Produktionsprozesses macht eine Anwesenheit von Qualitätssicherungspersonal während der gesamten Betriebszeit der Produktion erforderlich. Die Anwendung einer Prüfstrategie bewirkt somit eine kooperative Abhängigkeit zwischen Qualitätssicherung und Produktion. Diese kooperative Abhängigkeit zwischen Produktion und Qualitätssicherung wirkt sich restriktiv auf das zeitliche Flexibilisierungspotential aus.

---

1 vgl. Wildemann 1992b, S.778
2 vgl. Eidenmüller 1989, S.39f.; Schildknecht/Zink 1990, S.167
3 vgl. z.B. Mellerowicz 1981, S.496ff.

Qualitäts-sicherungs-strategie	Abhängigkeit zwischen Qualitätssicherung und direkten Bereichen	
	Zahl der Beziehungen (Komplexität)	Kopplung
Prüfstrategie	hoch (häufige Kontrollen)	hoch (gleichzeitige Anwesenheit von QS-Personal erforderlich)
Präventiv-strategie	gering	gering

Abb. 3.11: Auswirkungen der Qualitätssicherungsstrategie auf die Abhängigkeiten zwischen Qualitätssicherung und direkten Bereichen

Kooperative Abhängigkeiten induzieren eine Kohäsion von Stellen/ Arbeitsplätzen. Die zeitliche Kohäsion wird durch die innerbetrieblichen Leistungsverflechtungen und durch Bereitschaftsanforderungen an den Aufgabenträger beeinflußt. Die zeitliche Kohäsion ist umso höher, je größer die Zahl der Verflechtungen ist und je umfangreicher die Anforderungen, d.h. die Verfügbarkeit der Aufgabenträger sind, weil der Eintrittszeitpunkt von zu bearbeitenden Aufgaben nicht vorhersehbar ist. Die zeitliche Kohäsion reduziert die Möglichkeiten zur Arbeitszeitvariation, da Arbeitszeitvariationen bei Vorliegen einer zeitlichen Kohäsion negative Effizienzwirkungen sowohl in bezug auf die ökonomische Effizienz als auch auf die soziale Effizienz hervorrufen[1].

Die infolge einer Kontrollstrategie verstärkte zeitliche Kohäsion zwischen den Arbeitsplätzen/Stellen in der Produktion und der Qualitätssicherung beschränken sowohl die chronometrische als auch die chronologische Variation in der Produktion sowie in der Qualitätssicherung. Veränderungen der Arbeitszeit an einzelnen Arbeitsplät-

---

1 vgl. Schultes-Jaskolla 1987, S.307f.

zen der Produktion oder in ganzen Produktionsabteilungen, die zu einer Ausdehnung der Betriebszeit (auf Dauer oder auch kurzfristig) führen, wirken sich aufgrund der Interdependenzen auch auf die Arbeits- und Betriebszeit in den genannten indirekten Bereichen aus. Eine autonome Arbeitszeitgestaltung in Produktion und Qualitätssicherung ist nicht möglich, ohne ökonomische Ineffizienzen wie Qualitätseinbußen oder Stillstände von Maschinen durch fehlendes Qualitätssicherungspersonal in Kauf nehmen zu müssen.

Die kooperativen Abhängigkeiten wirken sich restriktiv auf den Variierungsgrad aus. Eine kurzfristige Anpassung der Produktionskapazität an Nachfrageschwankungen durch entsprechende Anpassungen der Arbeits- und Betriebszeiten wird im Fall der erforderlichen Ausdehnung der Betriebszeiten erschwert, da jeweils nicht nur die Arbeitszeit an den betroffenen Arbeitsplätzen in der Produktion nach oben anzupassen ist, sondern darüber hinaus auch die Erfüllung der erforderlichen Qualitätsprüfungsfunktionen gewährleistet sein muß. Wenn bei Anwendung einer Kontrollstrategie, die häufige Kontrollen erfordert, die Qualitätsprüfungen nur von spezialisiertem Personal ausgeführt werden können, so muß bei Ausdehnung der Betriebs- und Arbeitszeit in der Produktion auch die Arbeits- und Betriebszeit in der Qualitätssicherung angepaßt werden.

Die kooperativen Abhängigkeiten zwischen Produktion und Qualitätssicherung beeinflussen auch den Individualisierungsgrad. Dabei wird sowohl der zeitliche Dispositionsspielraum der Mitarbeiter in der Produktion als auch der zeitliche Dispositionsspielraum der Mitarbeiter in der Qualitätssicherung beeinträchtigt. Der Individualisierungsgrad der Mitarbeiter in der Produktion wird verringert, da diese ihre Arbeitszeit nicht über die Anwesenheitszeit der Mitarbeiter in der Qualitätssicherung hinaus ausdehnen können. Sie sind hinsichtlich der Veränderung der Dauer und der Lage ihrer Arbeitszeit eingeschränkt. Eine Verlagerung der Arbeitszeit einzelner Mitarbeiter der Produktion über die Anwesenheitszeit der Mitarbeiter in der Qualitätssicherung hinaus erfordert eine Abstimmung mit diesen indirekten Mitarbeitern und bewirkt somit einen hohen Organisationsaufwand. Umgekehrt wird auch der Individualisierungsgrad der Mitarbeiter in den indirekten Bereichen eingeschränkt. Die Mitarbeiter in den indirekten Bereichen müssen ihre Arbeitszeit so gestalten, daß während der Betriebszeit der Produktion jeweils eine Mindestbesetzung in der Qualitätssicherung vorhanden ist, um die erforderlichen

Qualitätsprüfungen während des Produktionsprozesses durchzuführen. Dies schränkt die Mitarbeiter in der Qualitätssicherung in der Variation ihrer Arbeitszeitdauer nach unten sowie in der Variation ihrer Arbeitszeitlage erheblich ein, da jeweils eine Anwesenheitszeit während der gesamten Betriebszeit der Produktion erforderlich ist. Darüber hinaus kann bei einer notwendigen Ausdehnung der Produktion eine Ausdehnung der Betriebszeit in der Qualitätssicherung erforderlich sein. Die Mitarbeiter in der Qualitätssicherung müssen dann ihre Arbeitszeit in Dauer und Lage an die Betriebszeit der Produktion anpassen, um der Erfordernis der Anwesenheit von Qualitätssicherungspersonal Rechnung zu tragen. Dies bedeutet bei kurzfristig erforderlichen Anpassungen der Betriebszeit in der Produktion an Nachfrageschwankungen eine ebenso kurzfristige Anpassung der Arbeitszeiten der Mitarbeiter in indirekten Bereichen, die zu einer erheblichen Einschränkung des Individualisierungsgrades der Mitarbeiter in der Qualitätssicherung führt, da sich diese flexibel an die Betriebszeit in der Produktion anpassen müssen. Die Anwendung einer Kontrollstrategie führt bei Durchführung der Qualitätskontrollen durch spezialisiertes Qualitätssicherungspersonal aufgrund der erhöhten zeitlichen Kohäsion zu einer Einschränkung der Freiheitsgrade zur chronologischen und chronometrischen Variation der Arbeitszeit und verringert den Variierungsgrad und den Individualisierungsgrad, das zeitliche Flexibilisierungspotential wird daher durch die Kontrollstrategie negativ beeinflußt.

Präventiven Qualitätssicherungsstrategien liegt eine veränderte Sichtweise der Qualität zugrunde, Qualität wird als unternehmensweite Aufgabe gesehen, alle Abteilungen eines Unternehmens und damit alle Mitarbeiter und Vorgesetzten werden aktiv in die Qualitätssicherung einbezogen. Präventive Qualitätssicherungsstrategien sind kunden- und prozeßorientiert ausgerichtet. Die Prozeßorientierung soll durch eine Konzentration auf Prozesse und Arbeitsabläufe Voraussetzungen für frühzeitige Eingriffsmöglichkeiten schaffen[1]. Als Methoden zur Unterstützung einer präventiven Qualitätssicherungsstrategie werden Quality Function Deployment (QFD) und Failure Mode and Effect Analysis (FMEA) eingesetzt. QFD ermöglicht die Berücksichtigung der aus den Kundenwünschen abgeleiteten Qualitätsziele bereits in der Planungs- und Entwicklungsphase[2] und unterstützt somit eine präventive Qualitätssicherung. Die FMEA ist eine

1 vgl. Schildknecht/Zink 1990, S.171
2 vgl. Danzer 1990, S.48

Methode der vorbeugenden Qualitätssicherung in Entwicklung und Fertigung mit dem Ziel, potentielle Fehler bei neuen Produkten und Prozessen zu erkennen und Risiken zu vermeiden. Die FMEA ist auf eine Aufspürung, Bewertung und prioritätengetreue Reihung der denkbaren und aus gegebenen Erfahrungen bekannten Risiken und Schwachstellen ausgerichtet[1].

Bei Anwendung einer Präventivstrategie sind aufgrund des Schwerpunkts auf vorbeugenden Maßnahmen weniger Kontrollen in größeren Abständen erforderlich, so daß sowohl die Zahl der Beziehungen zwischen Produktion und Qualitätssicherung und damit die Komplexität als auch die Kopplung geringer sind als im Fall der Kontrollstrategie (vgl. Abb. 3.11). Die zeitliche Kohäsion zwischen den Stellen in Produktion und Qualitätssicherung ist niedriger ausgeprägt, so daß die Freiheitsgrade zur chronometrischen und chronologischen Variation von Arbeits- und Betriebszeit in Produktion und Qualitätssicherung höher sind als bei Anwendung einer Kontrollstrategie. Die zeitlichen Dispositionsspielräume von Arbeitgeber und Mitarbeiter sind infolge der geringeren zeitlichen Kohäsion größer, Unternehmen und Mitarbeiter können Arbeits- und Betriebszeit in Produktion und Qualitätssicherung an betriebliche Ziele und/oder persönliche Präferenzen anpassen, ohne daß dies zu negativen Auswirkungen im direkten Bereich oder in der Qualitätssicherung führt. Eine präventive Qualitätssicherungsstrategie wirkt sich daher über die Reduktion der zeitlichen Kohäsion zwischen Qualitätssicherung und Produktion positiv auf das zeitliche Flexibilisierungspotential aus.

Die empirischen Ergebnisse bestätigen den Zusammenhang zwischen Qualitätssicherungsstrategie und zeitlichem Flexibilisierungspotential nicht. Die Analyse der Qualitätssicherungsstrategien in den befragten Unternehmen ergab, daß in keinem Unternehmen ausschließlich eine Strategie angewandt wurde. Im Durchschnitt betrug der Anteil der Präventivstrategie 51%, der durchschnittliche Anteil der Prüfstrategie lag bei 49% (vgl. Abb. 3.12). In den Werken, die ein höheres zeitliches Flexibilisierungspotential aufwiesen, war der Anteil der Kontrollstrategie mit 57% höher ausgeprägt als bei den Werken mit niedrigem bis mittlerem zeitlichen Flexibilisierungspotential (43%), analog dazu lag der Anteil der präventiven Qualitätssicherungsstra-

---

1 vgl. Danzer 1990, S.62; Kersten 1990, S.201f.

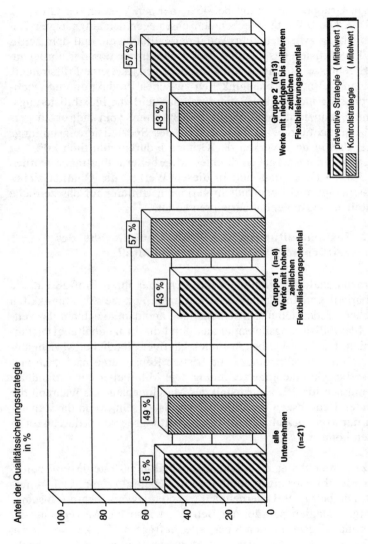

Abb. 3.12 : Qualitätssicherungsstrategie als Einflußgröße des zeitlichen Flexibilisierungspotentials in den befragten Unternehmen

tegie in Gruppe 1 im Mittel bei 43%, bei den Werken der Gruppe 2 bei 57%. Diese Werte sprechen zunächst gegen den aufgezeigten Zusammenhang zwischen dem Anteil der Prüfstrategie und dem zeitlichen Flexibilisierungspotential. Bei der Interpretation der vorliegenden Ergebnisse ist jedoch zu berücksichtigen, daß eine Prüfstrategie nur dann zeitliche Abhängigkeiten zwischen Produktion und Qualitätssicherung induziert und hierdurch das zeitliche Flexibilisierungspotential reduziert, wenn die Qualitätsprüfung vom indirekten Personal durchgeführt wird. Die Analyse des Spezialisierungsumfangs zeigte, daß in den Werken der Gruppe 1 durchschnittlich 80% der Qualitätsprüfungsaufgaben direkten Mitarbeitern übertragen wurden (vgl. Kap. 3.1), so daß sich in diesen Werken die Qualitätssicherungsstrategie nicht oder nur in geringem Umfang auf das zeitliche Flexibilisierungspotential auswirken konnte.

3.2.2 Instandhaltungsstrategie als Einflußgröße des zeitlichen Flexibilisierungspotentials

Die Instandhaltungsstrategie wirkt sich über ihren Einfluß auf die Planbarkeit von Instandhaltungsleistungen auf die Abhängigkeiten zwischen Produktion und Instandhaltung und damit auch auf das zeitliche Flexibilisierungspotential aus. Sind die Instandhaltungsleistungen nicht planbar, wie bei Auftreten häufiger plötzlicher Maschinenausfälle, die ausfallbedingte kurzfristige Reparaturen nach sich ziehen, so besteht eine enge Kopplung. Die Mitarbeiter der Instandhaltung müssen für den Eintrittsfall des Maschinenausfalls während der gesamten Betriebszeit der Produktion präsent sein, wenn die Reparaturen nur von spezialisiertem Instandhaltungspersonal durchgeführt werden können.

Der Zusammenhang zwischen Instandhaltungsstrategie und zeitlichem Flexibilisierungspotential wurde ebenfalls empirisch untersucht. Die befragten Unternehmen wandten jeweils mehrere Instandhaltungsstrategien parallel an. Betrachtet man die Anwendung der Instandhaltungsstrategien über alle befragten Werke, so ist im Durchschnitt der Anteil der Inspektionsstrategie mit 38% am höchsten, die Abwarte-/Ausfallstrategie wurde im Mittel bei 33% der Instandhaltungsobjekte angewandt, der Anteil der Vorbeugestrategie lag durchschnittlich bei 29% (vgl. Abb. 3.13).

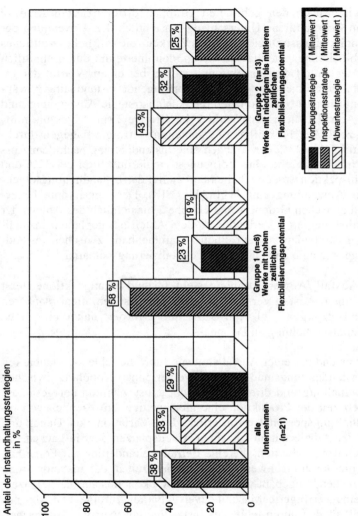

Abb. 3.13 : Instandhaltungsstrategie als Einflußgröße des zeitlichen Flexibilisierungspotentials in den befragten Unternehmen

Bei einer nach den gebildeten Gruppen differenzierten Analyse zeigen sich deutliche Unterschiede hinsichtlich der Anwendung der Instandhaltungsstrategien. In den Werken, die ein hohes zeitliches Flexibilisierungspotential aufwiesen, dominierte mit durchschnittlich 58% der Anteil der Inspektionsstrategie, bei einem Viertel der Instandhaltungsobjekte erfolgte eine vorbeugende Instandhaltung, während nur bei 19% der Anlagen die Ausfallstrategie Anwendung fand (vgl. Abb. 3.13). In den Werken der Gruppe 2 (niedriges bis mittleres zeitliches Flexibilisierungspotential) erfolgte dagegen durchschnittlich bei 43% der Anlagen eine Instandhaltung nach dem Ausfallprinzip, während eine Vorbeugestrategie im Mittel bei 32% und eine Inspektionsstrategie bei einem Viertel der Instandhaltungsobjekte zur Anwendung kam (vgl. Abb. 3.13). Der signifikante Unterschied zwischen Gruppe 1 und Gruppe 2 hinsichtlich des Anteils der Ausfallstrategie im Verhältnis zu dem Anteil der geplanten Instandhaltungsstrategien läßt auf einen Zusammenhang zwischen Instandhaltungsstrategie und zeitlichem Flexibilisierungspotential schließen.

Die Ausfall-/Abwartestrategie sieht Instandsetzungsaktionen erst nach einem Ausfall vor[1]. Sie führt zu kurzfristigen, nicht planbaren Instandsetzungen (vgl. Abb. 3.14) und erfordert daher eine hohe Kapazitätsvorhaltung an Personal[2].

Bei Anwendung einer Ausfallstrategie führt die fehlende Planbarkeit der Instandhaltungsmaßnahmen zu einer engen Kopplung zwischen Instandhaltung und direktem Bereich, es ist während der gesamten Betriebszeit der Produktion eine gleichzeitige Anwesenheit von Instandhaltungspersonal erforderlich. Die Variation von Dauer und Lage der Arbeitszeit an einzelnen Arbeitsplätzen oder in ganzen Bereichen der Produktion, die eine Betriebszeitänderung zur Folge hat, wird hierdurch erschwert, da die Betriebszeit in der Instandhaltung entsprechend angepaßt werden muß, um ökonomische Ineffizienzen, wie eine verringerte Maschinenverfügbarkeit infolge von Maschinenstillständen durch fehlendes Instandhaltungspersonal, zu vermeiden. Die Erfordernis der gleichzeitigen Anwesenheit beeinträchtigt eine kurzfristige Anpassung der Produktionskapazität an Nachfrageschwankungen durch entsprechende Anpassungen der Arbeits- und Betriebszeiten und schränkt den zeitlichen Dispositionsspielraum der Mitarbeiter in Produktion und Instandhaltung ein, da deren Arbeits-

---

1 vgl. Straube 1988, S.43
2 vgl. Straube 1988, S.50

Instandhaltungs-strategie	Abhängigkeit zwischen Instandhaltung und direkten Bereichen
Vorbeugestrategie	**gering** (Planbarkeit der Instandsetzungsmaßnahmen)
Inspektionsstrategie	**gering** (weitgehende Planbarkeit der Instandsetzungsmaßnahmen)
Abwartestrategie	**hoch** (keine Planbarkeit der Instandsetzungsmaßnahmen)

Abb. 3.14 : Auswirkungen der Instandhaltungsstrategie auf die Abhängigkeiten zwischen Instandhaltung und direkten Bereichen

zeitdispositionen bei Veränderung der Betriebszeit Ausstrahlungseffekte auf den jeweils anderen Bereich haben. Bei einer notwendigen Betriebszeitänderung im direkten Bereich ist bei Anwendung einer Ausfallstrategie eine Ausrichtung der Arbeitszeit der Mitarbeiter in der Instandhaltung an der Betriebszeit der Produktion notwendig, bei kurzfristigen Anpassungen der Betriebszeit in der Produktion an Nachfrageschwankungen ist dann eine ebenso kurzfristige Anpassung der Arbeitszeiten der Mitarbeiter in der Instandhaltung erforderlich.

Die Anwendung einer Abwartestrategie induziert daher infolge der verringerten Planbarkeit der Instandhaltungsleistungen eine Verringerung des Individualisierungs- und Variierungsgrades. Das zeitliche Flexibilisierungspotential wird bei einer ausfallbedingten Instandhaltung reduziert. Der hohe Anteil der ausfallbedingten Instandhaltungsstrategie in den Werken mit niedrigem bis mittlerem zeitlichen Flexibilisierungspotential und das geringe Gewicht der Ausfallstrategie bei den in Gruppe 1 (hohes zeitliches Flexibilisierungspotential) zusammengefaßten Werken (vgl. Abb. 3.13) stützt diese Hypothese.

Geplante Strategien lassen sich in vorbeugende und Bereitschafts-
bzw. Inspektionsstrategien unterteilen[1]. Die vorbeugende Strategie
beinhaltet eine Maßnahmendurchführung vor Anlagenausfall mit
dem Ziel, ungeplante Stillstände zu reduzieren oder ein festgelegtes
Zuverlässigkeitsniveau zu erreichen. Sie bietet den Vorteil einer
Planbarkeit der Instandhaltungsmaßnahmen[2] (vgl. Abb. 3.14) und
gestattet im Gegensatz zur Ausfallstrategie eine frühzeitige zeitliche
Abstimmung der Instandsetzungsmaßnahmen mit der Produktion[3].
Anders als im Falle einer Ausfallstrategie ist bei Anwendung einer
Vorbeugestrategie aufgrund der Planbarkeit der Maßnahmen eine
Anwesenheit des Instandhaltungspersonals während der gesamten Be-
triebsbereitschaft nicht erforderlich, so daß die zeitliche Kopplung
zwischen Instandhaltung und Produktion gering ist. Bereitschafts-
oder Inspektionsstrategien unterscheiden sich von der vorbeugenden
Strategie aufgrund im voraus festgelegter Margen hinsichtlich des
Anlagenabnutzungszustandes nach Art, Umfang und den dazugehöri-
gen Durchführungsintervallen. Die Auslösung der Instandsetzungs-
aktion erfolgt erst bei Eintritt der Verschlechterung eines tolerier-
baren Abnutzungszustandes[4]. Die Inspektionsstrategie ermöglicht
aufgrund der Information über das Ausfallverhalten eine bessere
Planbarkeit von Instandsetzungstätigkeiten als die Ausfallstrategie[5]
(vgl. Abb. 3.14), nicht planbar sind nur die Instandsetzungen, die
aufgrund des bei der Inspektion festgestellten Anlagenzustands unmittelbar auf die Inspektionsmaßnahmen zu erfolgen haben. Auch
bei der Inspektionsstrategie ist die Kopplung wegen der Planbarkeit
der Instandsetzungsmaßnahmen geringer als bei der Ausfallstrategie.

Infolge der niedrig ausgeprägten zeitlichen Kopplung zwischen Produktion und Instandhaltung bei Anwendung einer vorbeugenden Instandhaltungsstrategie oder einer Inspektionsstrategie treten bei Änderung der Arbeits- und Betriebszeiten in der Produktion geringere
Ausstrahlungseffekte auf die Arbeits- und Betriebszeit in der Instandhaltung auf und umgekehrt; die Freiheitsgrade zur chronometrischen und chronologischen Variation sind in beiden Bereichen
größer. Die Anwendung einer vorbeugenden Instandhaltungsstrategie oder einer Inspektionsstrategie eröffnet daher Unternehmen und
Mitarbeitern größere zeitliche Dispositionsspielräume als eine Aus-

---

1 vgl. Straube 1988, S.44
2 vgl. Hegner u.a. 1990, S.71f.; Straube 1988, S.44
3 vgl. Hegner u.a. 1990, S.72; Straube 1988, S.51
4 vgl. Straube 1988, S.44
5 vgl. Straube 1988, S.52; Hegner u.a. 1990, S.72.

fallstrategie und wirkt sich somit positiv auf das zeitliche Flexibilisierungspotential aus. Die Ergebnisse der empirischen Befragung bestätigen den positiven Zusammenhang zwischen geplanter Instandhaltungsstrategie und zeitlichem Flexibilisierungspotential, in den Werken mit hohem zeitlichen Flexibilisierungspotential wurde eine vorbeugende Instandhaltungsstrategie oder eine Inspektionsstrategie bei 81% der Instandhaltungsobjekte angewandt, in den Werken der Gruppe 2 betrug dieser Anteil lediglich 52% (vgl. Abb. 3.13).

Als Fazit ist festzuhalten, daß vorbeugende Instandhaltungsstrategien und Inspektionsstrategien aufgrund der besseren Planbarkeit der Instandsetzungen die zeitliche Abhängigkeit zwischen Instandhaltung und Produktion reduzieren und hierdurch im Vergleich zur Abwartestrategie das zeitliche Flexibilisierungspotential erhöhen.

3.2.3 Beschaffungsstrategie als Einflußgröße des zeitlichen Flexibilisierungspotentials

Beschaffungsstrategien kennzeichnen die Art der Bedarfsdeckung am Beschaffungsmarkt, es lassen sich verschiedene strategische Grundverhaltensweisen, "Abschöpfen", "Abwägen" und "Diversifizieren"[1] oder Abschöpfen und Investieren[2] separieren. Markt, Lieferant, Produkt, Bevorratung, Steuerung der Kapazitäten und Entwicklung sind wesentliche Betrachtungsfelder der Beschaffungsstrategie[3]. In bezug auf die zeitliche Flexibilisierung kommt dem Strategiefeld Bevorratung oder Bereitstellungsprinzip besondere Bedeutung zu. Zur Bereitstellung der für den Erzeugungsprozeß erforderlichen Materialien kommen - je nach gewählter Beschaffungsstrategie - als Bereitstellungsprinzipien

- das Prinzip der Vorratshaltung,
- das Prinzip der Einzelbeschaffung im Bedarfsfall und
- das Prinzip der produktionssynchronen Anlieferung

in Betracht[4].

Bei 62% der untersuchten Werke dominierte - bezogen auf das wertmäßige Beschaffungsvolumen - eine produktionssynchrone Anlieferung, in 38 % der Werke überwog die Vorratshaltung, die Ein-

---

1 vgl. Kraljic 1985, S.6ff.
2 vgl. Wildemann 1988c, S.12ff.
3 vgl. Wildemann 1988c, S.8
4 vgl. Grochla 1978, S.23ff.

zelbeschaffung im Bedarfsfall kam nicht zur Anwendung (vgl. Abb. 3.15). Die Beschaffungsstrategie wirkt sich über die Bereitstellungsform auf die Abhängigkeit zwischen Hersteller und Zulieferer aus und beeinflußt hierdurch das zeitliche Flexibilisierungspotential. Die Unterschiede zwischen Gruppe 1 (hohes zeitliches Flexibilisierungspotential) und Gruppe 2 (niedriges bis mittleres zeitliches Flexibilisierungspotential) hinsichtlich der Bereitstellungsform (vgl. Abb. 3.15) lassen auf einen Zusammenhang zwischen Bereitstellungsform und zeitlichem Flexibilisierungspotential schließen.

Beim Prinzip der Vorratshaltung erfolgt eine Lagerung des Materials bzw. der benötigten Teile, so daß das Material bei auftretendem Bedarf sofort zur Verfügung steht[1]. Die Lagerbestände führen zu einer zeitlichen Entkopplung von Zulieferant und Abnehmer, hierdurch erhöht sich die Verschiebbarkeit der Fertigungsabläufe[2].

Im Rahmen der produktionssynchronen Anlieferung werden die vom Verbraucher benötigten Materialien i.d.R. tagesgenau an die Verbrauchsorte des Abnehmers geliefert, angestrebt wird eine geringe Kapitalbindung bei hoher Versorgungssicherheit[3]. Die produktionssynchrone Anlieferung führt aufgrund einer reduzierten Liefermenge und verkürzter Lieferzyklen zu einer steigenden Zahl von Lieferbeziehungen zwischen Zulieferer und Abnehmer, hierdurch wird die Komplexität tendenziell erhöht. Ein gegenläufiger Effekt auf die Zahl der Beziehungen kann sich ergeben, wenn durch den Fall einer produktionssynchronen Anlieferung die Zahl der Zulieferer reduziert wurde, so daß zwar mit einem Zulieferer mehr Lieferbeziehungen bestehen, bezogen auf die Gesamtzahl der Zulieferer - Abnehmer Beziehungen ein Gleichstand bzw. eine Abnahme zu verzeichnen ist. Es hängt daher vom Einzelfall ab, ob die produktionssynchrone Anlieferung zu einer erhöhten Komplexität in den Zulieferer- und Abnehmerbeziehungen führt.

Die zeitliche Kopplung zwischen Zu- und Abnehmer ist bei einer produktionssynchronen Anlieferung tendenziell höher, da aufgrund der geringen Liefermengen eine geringere Bestandsreichweite besteht als bei anderen Bereitstellungsformen. Voraussetzung für einen störungslosen Produktionsablauf bei Anwendung einer produktions-

---

1 vgl. Grochla 1978, S.24
2 vgl. Böckle 1979, S.84
3 vgl. Grochla 1978, S.25f.; Wildemann 1988c, S.10

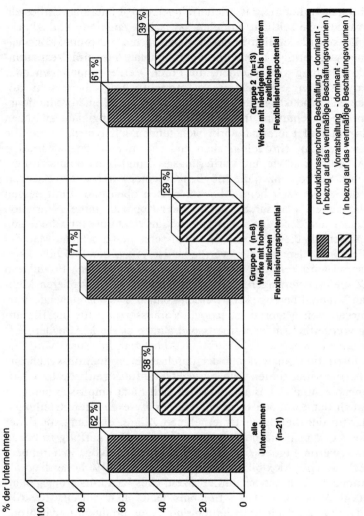

Abb. 3.15 : Beschaffungsstrategie als Einflußgröße des zeitlichen Flexibilisierungspotentials in den befragten Unternehmen

synchronen Anlieferung ist die termingerechte Lieferung. Es besteht somit eine hohe zeitliche Kopplung zwischen Zulieferer und Abnehmer. Dies wird deutlich in der Diskussion um die produktionssynchrone Anlieferung, hier wird angeführt, daß teilweise Verspätungen im Umfang von Stunden, die durch Verkehrsstauungen oder witterungsbedingte Verhältnisse verursacht werden, bereits zu Störungen des Produktionsablaufs führen[1]. Die durch eine produktionssynchrone Beschaffung induzierte zeitliche Abhängigkeit zwischen Produzent und Lieferant wirkt sich tendenziell restriktiv auf die Möglichkeit zur chronologischen und chronometrischen Variation der Arbeitszeit sowie auf Variierungsgrad und Individualisierungsgrad aus. Sie begrenzen die Möglichkeit einer kurzfristigen Ausweitung der Arbeitszeit beim Abnehmer nach oben und somit dessen Möglichkeiten, sich durch Änderung der Kapazität mittels Variation der Dauer und der Lage der Arbeitszeit an Nachfrageschwankungen anzupassen, da diese Anpassung voraussetzt, daß genügend Material zur Erfüllung der Aufträge verfügbar ist. Auch der Individualisierungsgrad wird bei einer hohen Abhängigkeit zwischen Produktion und Zulieferer verringert, da dem Mitarbeiter keine größeren Mengen an Material bereitgestellt werden können. Die ausreichende Verfügbarkeit von Material ist jedoch Voraussetzung für die Einräumung von zeitlichen Dispositionsspielräumen an die Mitarbeiter[2].

Eine restriktive Auswirkung der durch eine produktionssynchrone Beschaffung induzierten Abhängigkeiten auf das zeitliche Flexibilisierungspotential des Herstellers ließ sich nicht empirisch belegen. Die nach den Gruppen differenzierte Analyse der Bereitstellungsformen in den befragten Unternehmen zeigte, daß der Anteil der Werke, bei denen die produktionssynchrone Beschaffung in bezug auf das wertmäßige Beschaffungsvolumen überwog, in Gruppe 1 (hohes zeitliches Flexibilisierungspotential) mit 71% höher liegt als in Gruppe 2 (niedriges bis mittleres zeitliches Flexibilisierungspotential) (vgl. Abb. 3.15). Dieses Ergebnis deutet nicht auf eine Restriktion der zeitlichen Flexibilisierung durch eine produktionssynchrone Beschaffung, sondern im Gegenteil auf einen positiven Einfluß der produktionssynchronen Beschaffung auf das zeitliche Flexibilisierungspotential beim Abnehmer hin. Dies läßt sich mit dem bei Anwendung einer produktionssynchronen Beschaffung intensiven Informationsaustausch zwischen Zulieferer und Abnehmer erklären. Eine

---

1 vgl. Girndt/Hasel 1990, S.435
2 vgl. Utsch 1981, S.80

flexible Abrufsystematik, die in eine mehrstufige Planungssystematik eingebettet ist, ermöglicht im Fall einer produktionssynchronen Beschaffung die Einplanung kurzfristiger Änderungen beim Lieferanten[1]. Die kurzfristige Reaktionsfähigkeit der Lieferanten, mit denen eine produktionssynchrone Beschaffung durchgeführt wird, erhöht die Flexibilität beim Abnehmer[2]. Die Spielräume des Abnehmers, die Produktionskapazität mittels chronologischer und chronometrischer Variation der Arbeits- und Betriebszeiten an Nachfrageschwankungen anzupassen oder mit der Variation andere betriebliche Ziele zu erfüllen, vergrößern sich durch die erhöhte Flexibilität des Lieferanten. Die in Abbildung 3.15 aufgeführten empirischen Ergebnisse lassen sich dahingehend interpretieren, daß in den befragten Werken der positive Einfluß der produktionssynchronen Beschaffung infolge der erhöhten Reaktionsfähigkeit des Lieferanten die von der erhöhten Zahl der Lieferbeziehungen und den geringen Liefermengen ausgehenden Restriktionen der zeitlichen Flexibilisierung überkompensierte, so daß die positiven Auswirkungen der produktionssynchronen Beschaffung auf das zeitliche Flexibilisierungspotential im Vergleich zur Vorratshaltung in den befragten Werken überwogen.

Als Ergebnis kann festgehalten werden, daß sich die Beschaffungsstrategie über die Bereitstellungsform auf die Abhängigkeit zwischen Hersteller und Zulieferer auswirkt und hierdurch das zeitliche Flexibilisierungspotential des Herstellers beeinflußt; in den untersuchten Fällen wurde ein positiver Einfluß der produktionssynchronen Beschaffung auf das zeitliche Flexibilisierungspotential des Abnehmers festgestellt.

3.3   Zusammenfassung der Ergebnisse der empirischen Analyse der organisatorischen und teilbereichsstrategischen Einflußgrößen des zeitlichen Flexibilisierungspotentials

Die Analyse der Aufbau- und Ablauforganisation, der Produktionsplanung und -steuerung und der Teilbereichsstrategien als Determinanten des zeitlichen Flexibilisierungspotentials hat gezeigt, daß Ausprägungen dieser Determinanten, die zeitliche Abhängigkeiten innerhalb der Produktion, zwischen Produktion und indirekten Bereichen,

---

1 vgl. Wildemann 1990c, S.66ff.
2 vgl. Wildemann 1990c, S.184

zwischen Produktion und Zulieferer sowie zwischen Produktion und Kunde hervorrufen oder verstärken, das zeitliche Flexibilisierungspotential reduzieren.

Empirisch konnte aufgezeigt werden, daß sich Verrichtungszentralisation, hoher Spezialisierungsumfang, Fließfertigung, Produktionsplanung und -steuerung mit MRP- und Leitstandsystemen, und eine Instandhaltungsstrategie, die auf dem Ausfallprinzip basiert, durch eine Steigerung der Abhängigkeiten auf den genannten drei Ebenen restriktiv auf das zeitliche Flexibilisierungspotential auswirken. Eine aus theoretischer Sicht begründete negative Auswirkung der Anwendung einer Kontrollstrategie im Rahmen der Qualitätssicherung sowie eine positive Auswirkung des Fortschrittszahlenkonzepts konnte dagegen nicht empirisch bestätigt werden.

Die Gestaltungsparameter flexibler Arbeitszeitmodelle - Veränderung von Dauer und Lage der Arbeits- und Betriebszeit und zeitliche Dispositionsspielräume für Unternehmen und Mitarbeiter - können bei eingeschränktem zeitlichen Flexibilisierungspotential nicht oder nur mit Einschränkungen zur Erfüllung betrieblicher Ziele oder Berücksichtigung von Mitarbeiterwünschen eingesetzt werden. Dies beeinträchtigt insbesondere die Anwendung von Arbeitszeitmodellen mit hohem Flexibilisierungsgrad (vgl. Abb. 2.2) wie Jahresarbeitszeitmodelle, Zeitautonome Arbeitsgruppen, Job Sharing, Gleitzeit mit Übertragungsmöglichkeit und flexible Teilzeitarbeit. Die empirischen Ergebnisse bestätigen dies, in den Werken mit hohem zeitlichen Flexibilisierungspotential lag die Zahl der angewandten innovativen Arbeitszeitmodelle[1] im Durchschnitt deutlich höher als in den Werken die nur ein niedriges bis mittleres zeitliches Flexibilisierungspotential aufweisen (vgl. Abb. 3.16). Die Anwendung dieser Modelle führt zu einer Steigerung der quantitativen Flexibilität und trägt durch eine Erweiterung der Möglichkeiten zur Anpassung an Beschäftigungsschwankungen zur Realisierung eines Gleichgewichtszustandes im Industriebetrieb bei. Die quantitative Flexibilität dieser Arbeitszeitmodelle führt darüber hinaus durch positive Wechselwirkungen mit den Zielgrößen Durchlaufzeit, Lieferzeit und Termintreue zur Steigerung der Wettbewerbsfähigkeit. Die Ergebnisse einer empirischen Wirkungsanalyse flexibler Arbeitszeiten in den befragten Unternehmen bestätigen die positiven Auswirkungen von

---

1 Es wurde nur die Anzahl der Grundformen flexibler Arbeitszeitmodelle, nicht die Zahl der Varianten gemessen.

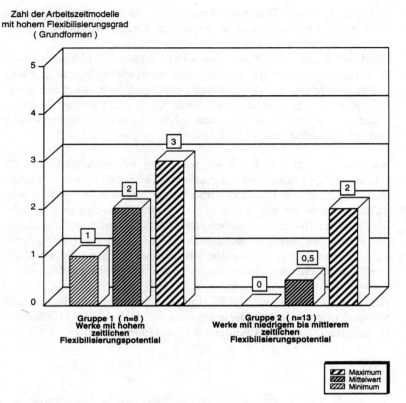

Abb. 3.16 : Anzahl der angewandten innovativen Arbeitszeitmodelle

flexibler Teilzeit, Gleitender Arbeitszeit und Job Sharing[1] auf die quantitative Flexibilität und die genannten Wechselwirkungen[2].

Wird die Anwendung von Arbeitszeitmodellen mit hohem Flexibilisierungsgrad durch ein niedriges zeitliches Flexibilisierungspotential eingeschränkt oder verhindert, reduzieren sich damit die Möglichkeiten zur Erreichung und Aufrechterhaltung eines Gleichgewichts von Kapazitätsangebot und -nachfrage und zur Verbesserung von wettbewerbsrelevanten Zielgrößen.

Vice versa wirkten sich die Ausprägungen Verrichtungsdezentralisation, geringer Spezialisierungsumfang, Gruppenfertigung, Produktionssteuerung mit Kanban, vorbeugende Instandhaltung, und produktionssynchrone Beschaffung, die zu einer Verringerung der Abhängigkeiten führen, in den befragten Werken positiv auf das zeitliche Flexibilisierungspotential aus und fördern hierdurch die Anwendung innovativer Arbeitszeitmodelle. Dies erleichtert die Realisierung eines Gleichgewichtszustandes im System Industriebetrieb.

Die in Kap. 3 aufgezeigten Wirkungen der organisatorischen und teilbereichsstrategischen Determinanten auf das zeitliche Flexibilisierungspotential sind in Abbildung 3.17 zusammengefaßt.

---

1 Die Auswirkungen der Modelle Job Sharing, Jahresarbeitszeitvertrag, Kapazitätsorientierte variable Arbeitszeit und Zeitautonome Arbeitsgruppen auf die quantitative Flexibilität konnte empirisch nicht ermittelt werden, da diese Modelle im Produktionsbereich der befragten Unternehmen nicht oder nur in einem Fall zur Anwendung kamen.
2 vgl. Wildemann 1992a, S.128f. u. 134

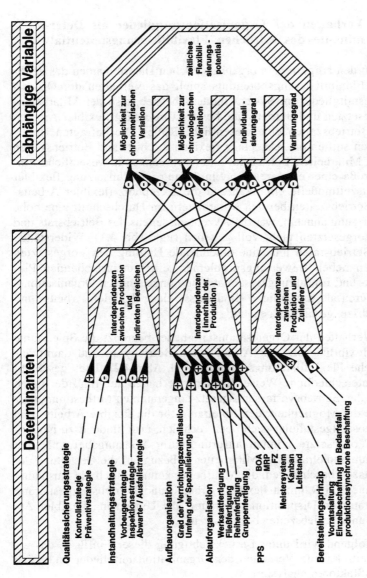

Abb. 3.17 : Organisation und Teilbereichsstrategien als Determinanten des zeitlichen Flexibilisierungspotentials

4 Verhalten der Organisationsmitglieder als Determinante des zeitlichen Flexibilisierungspotentials

Neben den aufgezeigten organisatorischen Determinanten des zeitlichen Flexibilisierungspotentials spielt das Verhalten der Organisationsmitglieder im System Industriebetrieb, also der Mitarbeiter, Vorgesetzten und Betriebsräte, bei der Umsetzung flexibler Arbeits- und Betriebszeiten eine wesentliche Rolle. Die befragten Unternehmen stuften die Akzeptanz flexibler Arbeits- und Betriebszeiten durch Mitarbeiter, Betriebsrat und Vorgesetzte als wesentliche Einflußgröße einer erfolgreichen Einführung und Umsetzung flexibler Arbeitszeitmodelle ein. Während die Akzeptanz flexibler Arbeits- und Betriebszeiten bei den Mitarbeitern im Durchschnitt eine hohe Ausprägung annahm, war die Akzeptanz seitens des Betriebsrats und der Vorgesetzten nicht voll gegeben (vgl. Abb. 4.1). Widerstände von Betriebsräten und eine ablehnende Haltung der Vorgesetzten wurden neben Bewertungsproblemen, einer unzureichenden Planungs- und Einführungssystematik und ungeeigneten Organisationsstrukturen als wesentliche Hindernisse einer flexiblen Arbeits- und Betriebszeitgestaltung genannt[1].

Das Verhalten der Organisationsmitglieder begrenzt die Spielräume zur Flexibilisierung der Arbeits- und Betriebszeit und damit das zeitliche Flexibilisierungspotential (vgl. Abb. 4.2). Dies geschieht auf unterschiedliche Weise. Betriebsräte haben aufgrund der ihnen durch das Betriebsverfassungsgesetz eingeräumten Mitbestimmungsrechte die Möglichkeit, den Spielraum für die flexible Arbeits- und Betriebszeitgestaltung nach oben rechtlich, also bindend zu begrenzen. Vorgesetzte können aufgrund ihrer Weisungsbefugnis den Handlungsspielraum der Mitarbeiter in bezug auf die Gestaltung der Arbeitszeit beschränken, die Mitarbeiter können durch die Ausübung der ihnen im Rahmen flexibler Arbeits- und Betriebszeitgestaltung eingeräumten Dispositionsspielräume die Umsetzung flexibler Arbeits- und Betriebszeiten beeinflussen.

Nachfolgend wird unter Berücksichtigung dieser Einflüsse das arbeitszeitrelevante Verhalten der Organisationsmitglieder und seine Einflußfaktoren analysiert.

---

1 vgl. Kleinhenz 1992, S.265f.; Wildemann 1990b, S.33ff.

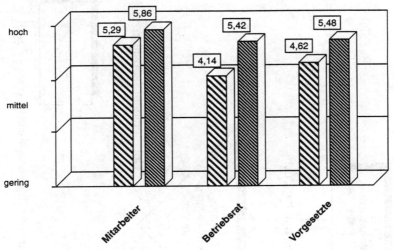

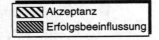

Abb. 4.1 : Akzeptanz flexibler Arbeits- und Betriebszeiten durch die Organisationsmitglieder als Einflußgröße der erfolgreichen Einführung und Umsetzung von Arbeitszeitmodellen

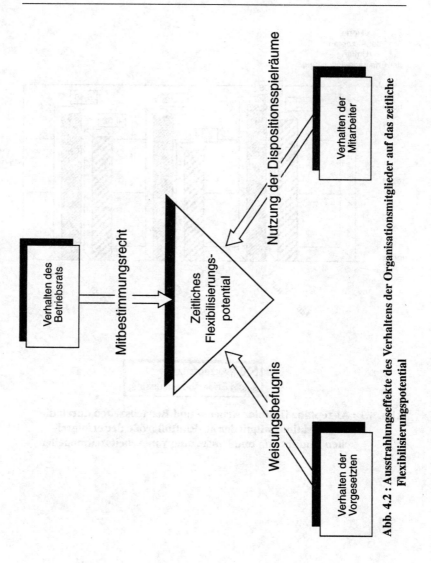

Abb. 4.2 : Ausstrahlungseffekte des Verhaltens der Organisationsmitglieder auf das zeitliche Flexibilisierungspotential

4.1 Verhalten des Betriebsrats als Determinante des zeitlichen Flexibilisierungspotentials

Das Verhalten des Betriebsrats beeinflußt aufgrund dessen umfangreicher Mitwirkungsrechte die Spielräume der zeitlichen Flexibilisierung im Unternehmen.

4.1.1 Einflußfaktoren des Betriebsratsverhaltens

Das Verhalten des Betriebsrats in bezug auf die flexible Arbeits- und Betriebszeitgestaltung im Unternehmen resultiert aus den Funktionen, die der Betriebsrat im Unternehmen erfüllt.

Der Betriebsrat ist eine gewählte Arbeitnehmervertretung, dessen Aufgabe darin besteht, über die Rechte aller Arbeitnehmer zu wachen sowie ihre Interessen gegenüber dem Arbeitgeber zu vertreten[1]. Aus dieser Definition des Betriebsrats ergibt sich seine Repräsentationsfunktion der Arbeitnehmer gegenüber dem Arbeitgeber. Im Rahmen der Schlichtungsfunktion hat der Betriebsrat einen Beitrag zur Minderung sozialer Spannungen im Betrieb zu leisten. Als weitere relevante Funktionen sind die Informationsfunktion und die Überwachungsfunktion zu nennen[2]. Im Rahmen der für die Arbeitszeitgestaltung zentralen Zeitmanagementfunktion bestimmt der Betriebsrat über die Gestaltung der Arbeitszeiten im Betrieb mit[3].

Der Betriebsrat wird bei der Erfüllung dieser Funktionen von drei Interessengruppen beeinflußt, den Arbeitnehmern, den Arbeitgebern sowie den Gewerkschaften[4]. Vor dem Hintergrund der genannten Funktionen des Betriebsrats wird deutlich, daß die Arbeitnehmerseite sowie die Gewerkschaften hier einen stärkeren Einfluß ausüben als die Arbeitgeberseite[5]. Bei der Wahrnehmung seiner Repräsentationsfunktion wird der Betriebsrat neben den Arbeitnehmern auch von der Gewerkschaft beeinflußt, da deren Hauptaufgabe in der Verbesserung der materiellen und gesellschaftlichen Lebenslage der Arbeitnehmer liegt[6] und ihr daher ebenfalls die Funktion der Vertretung der Interessen der Arbeitnehmer zukommt. Diese Beeinflussung

---

1 vgl. Niedenhoff 1990, S.22
2 vgl. Burghardt 1978, S.115
3 vgl. Niedenhoff 1990, S.22
4 vgl. Fürstenberg 1958, S. 418ff.
5 vgl. Baur 1991, S.96f.
6 vgl. Hentze 1991a, S.125

wird verstärkt durch die personelle Verflechtung von Betriebsräten und Gewerkschaften. Trotz rechtlicher Unabhängigkeit besteht eine sehr weitgehende gewerkschaftliche Durchdringung der Betriebsräte. Über 80% der Betriebsräte sind Mitglieder einer DGB-Gewerkschaft, daneben besteht i.d.R. eine personelle Identität zwischen den führenden Mitgliedern der gewerkschaftlichen Betriebsorganisation und dem Betriebsrat[1]. Die Haltung der Gewerkschaften stellt daher eine wichtige Determinante des Betriebsratsverhaltens in bezug auf die flexible Arbeitszeitgestaltung dar[2]. Einzelne Gewerkschaften nehmen zu flexiblen Arbeitszeitsystemen eine restriktive Haltung ein[3]. Sie erwarten bei einer Abkehr vom Normalarbeitsverhältnis durch eine flexible Arbeits- und Betriebszeitgestaltung deutliche Nachteile für die Mitarbeiter. So befürchtet die IG-Metall, daß flexible Arbeitszeiten einseitig zur Erreichung betrieblicher Ziele wie Betriebszeitausdehnung und Anpassung an kurzfristige Nachfrageschwankungen eingesetzt werden, ohne Rücksicht auf die Arbeitnehmer und deren Interessen zu nehmen[4]. Seitens einzelner Gewerkschaften besteht die Befürchtung, daß durch die Zunahme individueller Regelungen auf dem Gebiet der Arbeitszeitgestaltung die Schutzfunktion kollektiver Regelungen abgebaut wird und sich die Mitarbeiter noch stärker betrieblichen Interessen unterordnen müssen. Es wird befürchtet, daß sich Arbeitszeitregelungen, die einseitig an betrieblichen Interessen orientiert sind, aufgrund des Wettbewerbsdrucks schnell ausdehnen könnten[5]. Zusätzlich wird der Abbau sozialer Sicherungen durch Zunahme von Teilzeitarbeitsverhältnissen, die geringeren Schutzrechten unterliegen, angenommen[6]. Diese Haltung führt zu Interessenkonflikten zwischen flexiblen Mitarbeitern und Gewerkschaften. Der Betriebsrat befindet sich im Spannungsfeld dieser Interessen.

Eine Ablehnung flexibler Arbeits- und Betriebszeitgestaltung durch den Betriebsrat ist in vielen Fällen in dieser ablehnenden Haltung der jeweiligen Gewerkschaft begründet[7]. Aufbauend auf der Argumentation, flexible Arbeitszeitregelungen würden sich hauptsächlich an

---

1 vgl. Kotthoff 1992, Sp.622
2 vgl. Kleinhenz 1992, S.254
3 vgl. Döding 1987, S.47ff.; Kleinhenz 1992, S.250
4 vgl. Steinkühler 1988, S.13
5 vgl. Lang 1991, S.43f.
6 vgl. Bäcker 1990, o.S; Industriegewerkschaft Metall 1988, S.10f.
7 vgl. Wildemann 1990b, S.34

ökonomischen Zielen orientieren[1], versuchen einzelne Gewerkschaften, den Betriebsrat dahingehend zu beeinflussen, daß dieser im Rahmen der ihm kraft Gesetz zustehenden Mitbestimmungs- und Mitwirkungsrechte eine flexible Arbeitszeitgestaltung verhindert oder einschränkt und konform zur Haltung der Gewerkschaft eine gleichmäs-
sige Verkürzung der Wochenarbeitszeit präferiert und durchsetzt.
Mögliche Ursache dieses Verhaltens ist eine mit der Verlagerung der
Gestaltung der Arbeitszeit auf die betriebliche Ebene verbundene
Abgabe von Kompetenzen, da kollektive Arbeitszeitregelungen im
Rahmen flexibler Arbeitszeitgestaltung zugunsten individueller Regelungen weichen[2]. Diese Verlagerung führt einerseits zu einem
Machtverlust und andererseits zu einer Gefährdung der gesellschaftlichen Rolle der Gewerkschaften[3]. Durch Einflußnahme auf den Be-
triebsrat versuchen einzelne Gewerkschaften, diesen Machtverlust zu
verhindern.

Darüber hinaus wirkt sich die Akzeptanz flexibler Arbeitszeiten
durch die Mitarbeiter auf das Betriebsratsverhalten in bezug auf die
Arbeitszeitflexibilisierung aus. Eine ausgeprägte negative Korrelation - Korrelationskoeffizient = -0,5162 (Signifikanzniveau = 0,05)
zwischen der Akzeptanz flexibler Arbeitszeiten durch die Mitarbeiter und dem Widerstand des Betriebsrats unterstützt diese Hypothese.
Der Einfluß der Haltung der Gewerkschaften auf das Verhalten der
Betriebsräte konnte nicht empirisch untersucht werden, da alle befragten Unternehmen dem Einflußbereich der IG Metall zuzurechnen sind.

4.1.2 Auswirkungen des Betriebsratsverhaltens auf das zeitliche Flexibilisierungspotential

Gemäß § 87 I 2,3 BetrVG wird dem Betriebsrat ein Mitbestimmungsrecht bei der Festlegung des täglichen Arbeitsbeginns und -en-
des sowie bei der Verteilung der Arbeitszeit auf die einzelnen Wochentage eingeräumt:

"Der Betriebsrat hat, soweit eine gesetzliche oder tarifliche Regelung
nicht besteht, in folgenden Angelegenheiten mitzubestimmen: ...

---

1 vgl. Hoff/Weidinger 1986, S.22
2 vgl. Hoff 1982, S.208f.; Tuchtfeldt 1992, Sp. 2088
3 vgl. Gruhler 1983, S.15f.; Hoff 1982, S.215f.; Steinkühler S.14

2. Beginn und Ende der täglichen Arbeitszeit einschließlich der Pausen sowie Verteilung der Arbeitszeit auf die einzelnen Wochentage;

3. vorübergehende Verkürzung oder Verlängerung der betriebsüblichen Arbeitszeit..."[1].

Dies bedeutet, daß die Lage der Arbeitszeit in vollem Umfang mitbestimmungspflichtig ist. Die Dauer unterliegt der Mitbestimmung, wenn sie vorübergehend verändert werden soll. Der Betriebsrat hat daher bei der Mindest- und Höchstdauer der täglichen Arbeitszeit, bei der Festlegung der Mindest- und Höchstzahl der Arbeitstage in der Woche, bei der Festlegung von Schichten und bei der Entscheidung, ob Teilzeitkräfte zu festen Zeiten oder nach Bedarf beschäftigt werden sollen sowie bei der Pausenfestlegung mitzubestimmen. Mitbestimmungsfrei ist nur die Vereinbarung der Dauer der wöchentlichen Arbeitszeit. Das Mitbestimmungsrecht des Betriebsrats wird nicht dadurch außer Kraft gesetzt, daß der Arbeitnehmer der mitbestimmungspflichtigen Maßnahme zustimmt, es bleibt auch dann bestehen, wenn sie auf den Wunsch des Arbeitnehmers zurückgeht. Eine Weisung des Arbeitgebers in den aufgeführten mitbestimmungspflichtigen Angelegenheiten ist ohne Zustimmung des Betriebsrats unwirksam[2].

Der Betriebsrat trägt kraft der ihm durch das Betriebsverfassungsgesetz eingeräumten Mitbestimmungsrechte entscheidend zur Einführung und Umsetzung flexibler Arbeits- und Betriebszeiten bei. Basierend auf diesen Mitbestimmungsrechten ist der Betriebsrat in Form von Betriebsvereinbarungen an der Gestaltung von Arbeitszeitmodellen im Betrieb beteiligt[3] und kann bei der Arbeitszeitgestaltung sowohl den Variierungsgrad als auch den Individualisierungsgrad einschränken, indem er flexible Arbeitszeitregelungen blockiert.

Da sich die Mitbestimmungsrechte des Betriebsrats in erster Linie auf die Festlegung der Lage der Arbeitszeit beziehen, beschränkt eine restriktive Haltung des Betriebsrats gegenüber flexiblen Arbeits- und Betriebszeiten in erster Linie die Möglichkeiten zur chronologischen Flexibilisierung der Arbeitszeit. Aufgrund seiner Repräsentationsfunktion für die Arbeitnehmer wird der Betriebsrat bei ableh-

---

1 BetrVG § 87 I 2,3
2 vgl. Hromadka 1992, S.308ff.
3 vgl. Niedenhoff 1990, S.22

nender Haltung gegenüber flexiblen Arbeits- und Betriebszeiten versuchen, nicht den Individualisierungsgrad der Arbeitnehmer, sondern den Variierungsgrad der Arbeitgeber zu reduzieren, indem er Anpassungen der Arbeits- und Betriebszeiten an betriebliche Belange wie kurzfristigere Nachfrageschwankungen, saisonale Schwankungen oder Erfordernisse der Ausdehnung der Betriebszeit aufgrund hoher Kapitalkosten einschränkt.

Eine Beschränkung der Arbeitszeitflexibilisierung durch den Betriebsrat kann darüber hinaus aber auch zu einer Reduktion des zeitlichen Dispositionsspielraums der Mitarbeiter führen, da das Mitbestimmungsrecht des Betriebsrats auch dann besteht, wenn Arbeitszeitwünsche der Mitarbeiter in betriebliche Arbeitszeitregelungen umzusetzen sind. Stehen die Arbeitszeitwünsche der Mitarbeiter der gewerkschaftlichen Arbeitszeitpolitik entgegen, ist es vor dem Hintergrund des Einflusses der Gewerkschaften auf den Betriebsrat und dessen Meinungsbildung möglich, daß der Betriebsrat gewerkschaftliche Interessen vor die individuellen Interessen der Mitarbeiter stellt und eine Umsetzung der Arbeitszeitwünsche der Mitarbeiter verhindert. Dies führt dann zu einer Reduktion des Individualisierungsgrades.

Im Rahmen der empirischen Analyse wurde festgestellt, daß der Widerstand des Betriebsrats in den Unternehmen, die ein geringeres zeitliches Flexibilisierungpotential aufweisen, stärker ausgeprägt ist als in Unternehmen mit einem hohen zeitlichen Flexibilisierungspotential (vgl. Abb. 4.3). Dies kann als Indiz für eine Beeinträchtigung des zeitlichen Flexibilisierungspotentials in den befragten Unternehmen interpretiert werden.

4.2 Vorgesetztenverhalten als Determinante des zeitlichen Flexibilisierungspotentials

Neben dem Verhalten der Betriebsräte ist auch das Verhalten der betrieblichen Vorgesetzten für die Umsetzung einer flexiblen Arbeitszeitgestaltung und die Schaffung eines zeitlichen Flexibilisierungspotentials von Bedeutung.

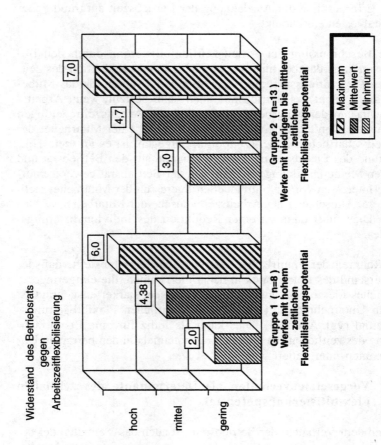

Abb. 4.3 : Verhalten des Betriebsrats als Determinante des zeitlichen Flexibilisierungspotentials

4.2.1 Determinanten des Vorgesetztenverhaltens

Als Determinanten des Vorgesetztenverhaltens werden im Hinblick auf die Arbeits- und Betriebszeitgestaltung die Qualifikation, die Motivation, der Führungsstil und die Leitungsspanne analysiert.

4.2.1.1 Qualifikation der Vorgesetzten

Bei flexibler Arbeits- und Betriebszeitgestaltung erhöhen sich die Anforderungen an die Vorgesetzten im Bereich der kurzfristigen Personaleinsatzplanung[1], der Delegation von Aufgabe, Kompetenz und Verantwortung[2] sowie der Informationsbereitschaft. Das Verhalten des Vorgesetzten in bezug auf die flexible Arbeits- und Betriebszeitgestaltung hängt daher neben anderen Faktoren von seiner Qualifikation ab.

Die Umsetzung von Arbeitszeitformen, die einerseits dem Unternehmen größere Anpassungsfähigkeit an Nachfrageschwankungen und bessere Ressourcennutzungen ermöglichen, andererseits aber den Mitarbeitern höhere Dispositionsspielräume bei der Zeitgestaltung einräumen, verändern die Kooperation zwischen Vorgesetzten und Mitarbeiter. Die Aufgabe der Vorgesetzten besteht bei flexibler Arbeitszeitgestaltung darin, den Mitarbeitern, die bislang in ein festes Zeitreglement eingebunden waren, ihre Verantwortung bei der Inanspruchnahme von Freiheitsrechten bei der Zeitgestaltung zu verdeutlichen. Dies führt zu einer verstärkten vertikalen Kooperation zwischen Vorgesetzten und Mitarbeitern[3]. Hierdurch steigen die Anforderungen an die Kooperationsfähigkeit und Kooperationsbereitschaft des Vorgesetzten[4]. Die Kooperationsbereitschaft erstreckt sich nicht nur auf die eigene Abteilung, sondern auch auf die Zusammenarbeit mit anderen Abteilungen[5]. Neben der Kooperationsfähigkeit steigen insbesondere die Ansprüche an Koordinations- und Planungsfähigkeit der Vorgesetzten. Im Rahmen der flexiblen Personaleinsatzplanung müssen die unterschiedlichen Anwesenheitszeiten mit den Mitarbeitern abgesprochen, geplant und koordiniert werden, ohne daß die ordnungsgemäße und termingerechte Durchführung der Aufgaben gefährdet wird. Diese Anforderungen an die Vorgesetzten

---

1 vgl. Gaugler 1983, S.870
2 vgl. Bühner 1992c, S. 235; Utsch 1981, S.97f.
3 vgl. Marr 1987b, S.263
4 vgl. Roth 1975, S.99f.; Utsch 1981, S.99f.
5 vgl. Endell 1987, S.148f.; Fürstenberg 1986, S.69f.

treten zum Beispiel bei der Abstimmung von betrieblichen Belangen
und Mitarbeiterinteressen beim Kernzeitgleiten oder bei der Absprache von Arbeitsplänen im Rahmen des Job Sharing auf[1]. Bei auftretenden Konflikten aufgrund unterschiedlicher Arbeitszeitinteressen
der Mitarbeiter, die von diesen nicht selbst gelöst werden können, ist
es Aufgabe der Vorgesetzten, zur Konfliktbewältigung beizutragen[2].

Die Anforderungen an die Kommunikationsfähigkeit der Vorgesetzten sind mit den durch flexible Arbeitszeiten veränderten Ansprü-
chen an die Kooperations- und Koordinationsfähigkeit eng verknüpft. Bezüglich der Akzeptanz flexibler Arbeitszeiten ist es Aufgabe der Vorgesetzten, die Mitarbeiter nicht nur zu motivieren, sondern ihnen vor allem die nötigen Informationen über die Gestal-
tungsmöglichkeiten der jeweiligen Arbeitszeitmodelle zu liefern[3].
Darüber hinaus sind die Mitarbeiter über ihr Aufgabengebiet so zu
informieren, daß sie auch während der Abwesenheit ihrer Vorgesetzten die Arbeitsaufgabe zufriedenstellend erledigen können. Ein
Verantwortungsbewußtsein für das Betriebsgeschehen und eine aktive Teilnahme an einer optimalen Personaleinsatzplanung sind nur
dann möglich, wenn die Mitarbeiter über Verflechtungen der einzelnen Arbeitsplätze informiert sind[4]. Die Kommunikationsfähigkeit
der Vorgesetzten trägt daher wesentlich dazu bei, die Zusammenarbeit zwischen den Mitarbeitern bei flexibler Arbeitszeitgestaltung zu
verbessern.

4.2.1.2 Führung

Bei flexibler Arbeits- und Betriebszeitgestaltung stehen die Vorgesetzten flexiblen Mitarbeitern gegenüber. Dementsprechend muß sich
ihr Führungsverhalten von direktiven Führungsformen hin zu par-
tizipativen Führungsformen entwickeln[5]. In diesem Zusammenhang
ist die Bereitschaft der Vorgesetzten, Aufgabenkompetenzen und
Verantwortung auf Arbeitsgruppen oder einzelne Mitarbeiter zu de-
legieren, um eine zieladäquate Durchführung der flexiblen Arbeitszeiten zu gewährleisten, von Bedeutung[6]. Aufgrund der bei flexiblen
Arbeitszeiten entstehenden asynchronen Anwesenheitszeiten von

1 vgl. Marr 1987b, S.262f.; Sigl 1988, S.280
2 vgl. Marr 1987b, S.263
3 vgl. Wildemann 1990a, S.105
4 vgl. Endell 1987, S.161; Fischer 1975, Sp.866
5 vgl. Marr 1987b, S.263
6 vgl. Roth 1975, S.96f.; Utsch 1981, S.96

Vorgesetzten und Mitarbeitern sollten die Mitarbeiter mit Aufgaben und Kompetenzen ausgestattet werden, die es ihnen ermöglichen, einen reibungslosen Betriebsablauf bei Abwesenheit der Vorgesetzten zu gewährleisten. Die Delegation von Aufgabe, Kompetenz und Verantwortung erfordert dementsprechend einen konformen Führungsstil. Aus der Vielzahl möglicher Ausprägungen von Führungsstilen werden nachfolgend der autoritäre und der kooperative Führungsstil, die jeweils Extremausprägungen auf einem Kontinuum von Verhaltensmöglichkeiten darstellen (vgl. Abb. 4.4), im Hinblick auf ihre Anwendung bei flexibler Arbeitszeitgestaltung diskutiert.

Grundlage eines autoritären Führungsstils ist ein Befehls- und Gehorsamkeitsverhältnis zwischen Führendem und Untergebenem, wobei der Vorgesetzte mit hoher Machtfülle ausgestattet ist. Dieser Führungsstil läßt keinen individuellen Entscheidungsspielraum für die Mitarbeiter zu. Ein autoritärer Führungsstil dominierte in 56,5% der befragten Unternehmen. Grundlage des kooperativen Führungsstils ist eine relative Gleichstellung von Vorgesetztem und Untergebenem. Ziel ist es, die bestmögliche Aufgabenerfüllung bei gleichzeitig größtmöglicher Zufriedenheit der Mitarbeiter zu erreichen. Charakteristisch für diesen Führungsstil ist die Delegation von Aufgabe, Kompetenz und Verantwortung. Dies führt dazu, daß Mitarbeiter und Vorgesetzte einen Teil der dispositiven Aufgaben gemeinsam ausführen. Formale Organisationsregelungen liegen nur begrenzt vor[1]. Ein kooperativer Führungsstil kam in 43,5% der Unternehmen überwiegend zur Anwendung. Eine dauerhafte, erfolgreiche Durchführung von flexiblen Arbeitszeitmodellen bedarf einer kooperativen Menschenführung[2]. Ein großer Entscheidungs- und Handlungsspielraum des Mitarbeiters bezüglich der Arbeits- und Betriebszeitgestaltung setzt einen Führungsstil, der von der Grundidee her dem Mitarbeiter weitestgehend selbständiges Handeln zugesteht, voraus. Ein Führungsstil, der keinen Entscheidungsspielraum für den Mitarbeiter vorsieht, läßt sich mit flexiblen Arbeitszeitregelungen, die einen erhöhten Dispositionsspielraum für die Mitarbeiter aufweisen, nicht vereinbaren. Kooperative Führungsstile lassen sich dagegen gut mit flexiblen Arbeitszeitregelungen vereinbaren[3]. Empirisch ließ sich der Zusammenhang zwischen Führungsstil und Verhalten der Vorgesetzten nicht belegen.

---

1 vgl. Tannenbaum/Schmitt, o.J., S.79ff.
2 vgl. Hörning u.a. 1990, S.352; Risse 1984, S.3
3 vgl. Deelen 1988, S.99; Endell 1987, S.160ff.; Roth 1975, S.93ff.

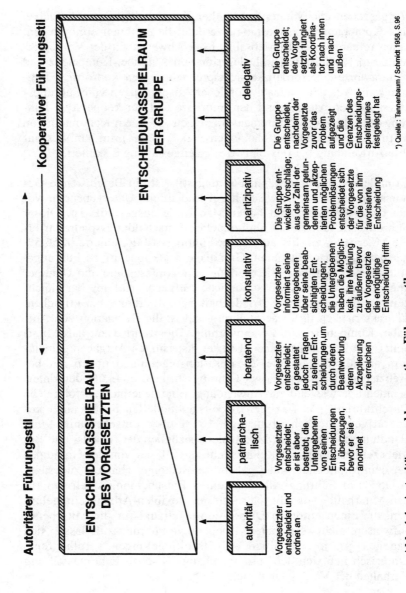

Abb. 4.4 : Autoritärer und kooperativer Führungsstil

4.2.1.3 Einstellung der Vorgesetzten zu flexiblen Arbeitszeiten

Wesentliche Voraussetzung für eine Motivierung der Mitarbeiter zur zieladäquaten Umsetzung flexibler Arbeitszeiten ist eine positive Einstellung des Vorgesetzten zu flexiblen Arbeits- und Betriebszeiten. Eine negative Einstellung des Vorgesetzten führt zu Widerständen gegen die Umsetzung flexibler Arbeits- und Betriebszeiten und zu einer Einschränkung der Wahrnehmung seiner Führungsaufgaben in bezug auf die Arbeits- und Betriebszeitgestaltung. Überzeugungsarbeit bei den Mitarbeitern, optimale Gestaltung der flexiblen Arbeitszeit, Betreuung und Hilfestellung zur geeigneten Nutzung der Arbeitszeitregelungen sowie Sicherung der Unternehmensabläufe sind Aufgabenfelder, die bei fehlender positiver Einstellung des Vorgesetzten vernachlässigt werden; dies kann die Umsetzung flexibler Arbeits- und Betriebszeiten beeinträchtigen[1]. Nur ein von der Notwendigkeit flexibler Arbeits- und Betriebszeiten überzeugter Vorgesetzter kann seinen Mitarbeitern die Notwendigkeit der Arbeitszeitflexibilisierung vermitteln und diese zu einem zieladäquaten Verhalten bewegen[2]. In 35% der befragten Unternehmen waren die Widerstände der Vorgesetzten gegen eine flexible Arbeits- und Betriebszeitgestaltung so stark ausgeprägt, daß sie ein Hindernis für die Einführung flexibler Arbeitszeiten darstellten[3].

Eine negative Haltung der Vorgesetzten gegenüber flexiblen Arbeitszeiten ist häufig darin begründet, daß der Vorgesetzte eine Zunahme von Koordinationstätigkeiten, Planungs- und Organisationsaufgaben, die entweder karrierebezogen unbedeutend sind, oder denen er sich nicht gewachsen fühlt, befürchtet[4]. Daneben können auch die Furcht von Vorgesetzten vor Macht- und Kontrollverlust aufgrund der erhöhten Delegation von Aufgabe, Kompetenz und Verantwortung[5], und die Sorge vor Desorganisation und Mißbrauch flexibler Arbeitszeitregelungen durch die Mitarbeiter[6] zu einer Ablehnung flexibler Arbeitszeiten seitens der Vorgesetzten führen.

---

1 vgl. Baur 1991, S.86f.
2 vgl. Endell 1987, S.137f.
3 vgl. Wildemann 1992a, S.21ff.
4 vgl. Hegner 1989, S.940; Kleinhenz 1992, S.280
5 vgl. Ley/Saxenhofer 1987, S.524; Neifer 1988, S.7
6 vgl. Glaubrecht u.a. 1988, S.197

Die aufgezeigten Ursachen einer ablehnenden Haltung werden auch in anderen empirischen Untersuchungen bestätigt. Im Rahmen einer empirischen Studie untersuchten Kohl u.a. die Einstellung der Vorgesetzten zur Gleitzeitregelung. Befragt wurden dreißig Vorgesetzte - überwiegend im Produktionsbereich - aus 4 Unternehmen. Vorgesetzte mit positiver Einstellung gegenüber der Gleitzeit sehen darin vor allem die Möglichkeiten zu einer besseren Auslastung der Betriebsmittel sowie zu einer höheren Motivation der Mitarbeiter und einer erhöhten Personalflexibilität, allerdings verbunden mit einem organisatorischen Mehraufwand. Befragte mit einer negativen Haltung gegenüber flexiblen Arbeits- und Betriebszeiten befürchten verstärkt diesen höheren Führungs- und Koordinationsaufwand sowie Schwierigkeiten im Bereich der Mitarbeiterkooperation und im Informationswesen[1]. Zur Teilzeitarbeit aus der Sicht der Vorgesetzten führten Gaugler, Gille und Herwig eine Befragung von ca. 40 Vorgesetzten in den Bereichen Produktion, Verwaltung und Dienstleistung durch[2]. Vorgesetzte mit negativer Einstellung begründeten diese mit einer längeren Anlernzeit der Mitarbeiter, zeitlicher Inflexibilität der Mitarbeiter, Nichtbeendigung angefangener Arbeiten bei Arbeitsende, hohen Fehlzeiten und qualitativ schlechten Leistungen. Gegenstand dieser Untersuchung war auch die Mehrbelastung der Vorgesetzten; dabei wurde festgestellt, daß sich im Produktionsbereich erhöhte Planungs- und Koordinationsanforderungen an die Vorgesetzten ergaben.

Das Problem einer ablehnenden Haltung der Vorgesetzten, die in der Befürchtung eines erhöhten organisatorischen Aufwands begründet ist, stellt sich daher insbesondere bei einer hohen Leitungsspanne. Die Leitungsspanne, ist definiert als die Anzahl der einem Vorgesetzten oder einer Instanz direkt unterstellten Stellen[3]. Mit wachsender Anzahl der einem Vorgesetzten unterstellten Mitarbeiter steigen die Anforderungen an die Fähigkeit des Vorgesetzten, sowohl den verschiedenen Interessen der jeweiligen Mitarbeiter hinsichtlich der flexiblen Arbeitszeitgestaltung und gleichzeitig den vorgegebenen betrieblichen Zielen gerecht zu werden[4]. Bei einer niedrigen Leitungsspanne kann den unterstellten Mitarbeitern ein größerer Spielraum für eine eigenständige flexible Zeitgestaltung gegeben werden,

---

1 vgl. Kohl u.a.1985, S.95f.
2 vgl. Gaugler u.a. 1981, S.145ff.
3 vgl. Welge 1987, S.448
4 vgl. Wagner 1989, S.274

da der Vorgesetzte koordinierend eingreifen kann, weil er über die relativ kleine Gruppe einen Überblick behält. Starre Regelungen, die die Zeitautonomie der Arbeitnehmer stark einschränken, sind nicht nötig. Bei einer hohen Leitungsspanne führen flexible Arbeitszeiten dagegen zu einem erhöhten Koordinationsaufwand für die Vorgesetzten. In den befragten Unternehmen wurde der Zusammenhang zwischen der Haltung der Vorgesetzten auf der unteren Führungsebene und der Leitungsspanne mittels Korrelationsanalyse analysiert. Da es problematisch ist, Leitungsspannen zwischen verschiedenen Unternehmungen und hierarchischen Ebenen zu vergleichen[1], wurde die Leitungsspanne von Meistern im Produktionsbereich herangezogen. Diese bewegte sich in einer Spannbreite zwischen zehn und einhundertsechzig Mitarbeitern. Der stark ausgeprägte positive Korrelationskoeffizient (0,5957) stützt die These, daß in den befragten Unternehmen die Widerstände der Vorgesetzten gegen flexible Arbeitszeiten mit steigender Leitungsspanne zunahmen.

4.2.2 Auswirkungen des Vorgesetztenverhaltens auf das zeitliche Flexibilisierungspotential

Das Verhalten der Führungskräfte ist eine wichtige Determinante des zeitlichen Flexibilisierungspotentials, da die Vorgesetzten aufgrund ihrer Weisungsbefugnis und ihrer Aufgaben eine zentrale Rolle bei der Umsetzung flexibler Arbeitszeiten spielen. In bezug auf die Umsetzung flexibler Arbeits- und Betriebszeiten ist insbesondere die Ebene der unteren Führungskräfte von Bedeutung, da diesen die Aufgabe zukommt, zusammen mit den Mitarbeitern kurzfristig die Arbeitszeiten abzustimmen. Die Aufgaben der Vorgesetzten beinhalten sach- und personenbezogene Komponenten. Die personenbezogene Führung bezieht sich auf die Beeinflussung des Mitarbeiterverhaltens im Hinblick auf die angestrebten Ziele und beinhaltet Motivation, Stärkung der Gruppenzusammengehörigkeit, Koordination und Konfliktlösung[2]. Diese Aufgabenbereiche verdeutlichen, daß dem Vorgesetzten eine Koordinationsfunktion zwischen Betriebs- und Mitarbeiterinteressen zukommt. Das Verhalten der Vorgesetzten trägt über die Beeinflussung des Mitarbeiterverhaltens entscheidend zur effizienten Verwirklichung der Arbeitszeitflexibilisierung bei. Dabei spielt die Arbeitszeitgestaltung aufgrund der dezentralen Steuerung der Arbeitsverteilung in Zukunft für die Führungsaufgabe ei-

---

1 vgl. Kieser/Kubicek 1983, S.194
2 vgl. Jakob 1980, S.108

ne wichtige Rolle[1], die effiziente Umsetzung flexibler Arbeitszeiten
hängt stark von der Bereitwilligkeit, Motivation und dem Engage-
ment der Vorgesetzten ab[2].

Ist eine ausreichende Unterstützung durch Vorgesetzte bei der Koordination flexibler Arbeitszeiten aufgrund fehlender Qualifikation,
autoritärer Führung, negativer Einstellung zu flexiblen Arbeitszeiten
oder zu hohen Koordinationsanforderungen bei großen Leitungsspannen nicht gewährleistet, sind negative Auswirkungen auf das
zeitliche Flexibilisierungspotential zu befürchten. Eine unzureichen-
de Koordination der Arbeitszeiten durch die Vorgesetzten stellt eine
an den betrieblichen Zielen orientierte Umsetzung flexibler Arbeitszeitmodelle in Frage und reduziert hierdurch den Variierungsgrad.
Führungskräfte mit ablehnender Haltung gegenüber einer flexiblen
Zeitgestaltung können im Rahmen ihrer Weisungsbefugnis die Möglichkeiten der chronologischen und chronometrischen Flexibilisierung und den zeitlichen Spielraum der Mitarbeiter einschränken und
somit eine Reduktion des Individualisierungsgrades bewirken.

Die empirischen Ergebnisse weisen auf einen Zusammenhang zwischen dem Verhalten der Vorgesetzten und dem zeitlichen Flexibilisierungspotential hin. Die stärkere Ausprägung des Widerstands der
Vorgesetzten gegen eine flexible Arbeitszeitgestaltung bei Unternehmen mit geringem zeitlichen Flexibilisierungspotential (vgl. Abb.
4.5) deuten darauf hin, daß sich ein ablehnendes Verhalten der betroffenen Vorgesetzten gegenüber flexiblen Arbeitszeiten restriktiv
auf das zeitliche Flexibilisierungspotential auswirkt.

4.3 Verhalten der Mitarbeiter als Determinante des zeitlichen Flexibilisierungspotentials

Das Verhalten der von flexiblen Arbeitszeitregelungen betroffenen
Mitarbeiter wirkt sich aufgrund der den Mitarbeitern eingeräumten
Handlungsspielräume direkt auf die Umsetzung flexibler Arbeitszeiten und das zeitliche Flexibilisierungspotential aus. Dies wird auch
durch die Bedeutung, die die befragten Unternehmen der Akzeptanz
flexibler Arbeitszeitmodelle durch die Mitarbeiter zugemessen haben, deutlich (vgl. Abb. 4.1).

---

1 vgl. Klimecki 1987, Sp.61f.
2 vgl. Endell 1987, S.137; Haller 1975, S.520

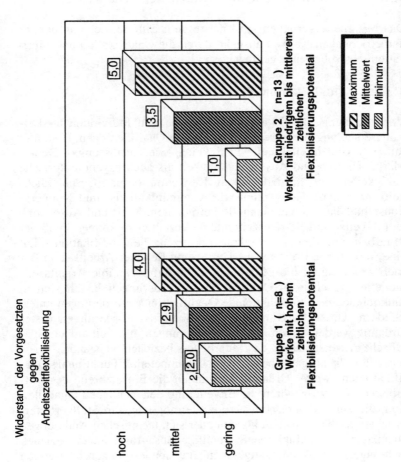

Abb. 4.5 : Verhalten der Vorgesetzten als Determinante des zeitlichen Flexibilisierungspotentials

4.3.1 Determinanten des Mitarbeiterverhaltens

Das Mitarbeiterverhalten wird neben dem Einfluß, der von der innerbetrieblichen Umwelt ausgeht, durch die Qualifikation und Motivation der Mitarbeiter geprägt[1].

4.3.1.1 Qualifikation der Mitarbeiter

Voraussetzung für die aktive Teilnahme von Individuen an Leistungserstellungsprozessen sind bestimmte Qualifikationen. Hierunter fallen sowohl intellektuelle Fähigkeiten wie Auffassungs-, Denk-, Merk-, Urteils- und Ausdrucksfähigkeit als auch psychomotorische Fähigkeiten wie Aufmerksamkeit, Konzentration und Geschicklichkeit und soziale Fähigkeiten wie Kommunikations- und Kooperationsfähigkeiten sowie manuelle Fertigkeiten, Kraft und Ausdauer[2]. Um Arbeits- und Betriebszeiten aktiv gestalten zu können, muß der Mitarbeiter bestimmte Fähigkeiten besitzen; die Qualifikation spielt eine wesentliche Rolle für die Umsetzung flexibler Arbeits- und Betriebszeiten durch die Mitarbeiter[3]. Die durch flexible Arbeitszeitmodelle entstehenden Qualifikationsanforderungen lassen sich in funktionale und extrafunktionale Qualifikationsanforderungen untergliedern. Unter funktionalen Qualifikationsanforderungen erster Ordnung werden Qualifikationsanforderungen, die sich auf die spezifische Arbeitssituation des Mitarbeiters beziehen, verstanden. Hierunter fällt die aufgabenbezogene Fachkompetenz[4]. Funktionale Qualifikationen zweiter Ordnung bestimmen die Einsatzbreite des Mitarbeiters. Hierzu gehören die Erweiterung der fachlichen Qualifikation, die eine größere Einsatzbreite ermöglicht, um Stellvertreterpflichten nachkommen zu können oder sich technischen Änderungen anzupassen[5]. Extrafunktionale Qualifikationsanforderungen beziehen sich dagegen nicht auf Tätigkeitsinhalte, sondern liegen im Bereich der sozialen Kompetenz, die sich auf die Fähigkeit zum Austausch von Wissen, Informationen, Meinungen, Wünschen und Interessen bezieht. Diese Anforderungen sind auf die Bewältigung sozialer Prozesse sowie auf Lernfähigkeit und Lernbereitschaft ausgerichtet. Verantwortungsbewußtsein, Zuverlässigkeit, Kommunikationsfähig-

1 vgl. Endell 1987, S.134; Hill u.a.1989, S.59f.; Schott 1970, S.108ff.
2 vgl. Jakob 1980, S.31
3 vgl. Bühner 1992c, S.233f.; Endell 1987, S.149f.; Marr 1987b, S.257; Utsch 1981, S.107f.
4 vgl. Marr 1987b, S.257
5 vgl. Marr 1987b, S.257

keit und Kooperationsbereitschaft sind unter die extrafunktionalen Qualifikationen zu subsumieren[1].

Der Einsatz flexibler Arbeits- und Betriebszeiten führt teilweise zu einer Veränderung der funktionalen Qualifikationsanforderungen erster und zweiter Ordnung. Dies ist bei chronologischen und kombinierten Arbeitszeitmodellen wie Gleitende Arbeitszeit, Versetzte Arbeitszeit, Mehrfachbesetzung, Freie-Tage-Regelung, Baukastenmodell, Job-Sharing und Zeitautonomen Arbeitsgruppen, die durch eine Veränderung der Lage der Arbeitszeit eine Aufhebung der Gleichzeitigkeit der Arbeitsprozesse bewirken, der Fall[2]. Die Qualifikation der gerade nicht anwesenden Mitarbeiter ist nicht verfügbar. Sind bestimmte Qualifikationen während der gesamten Betriebszeit erforderlich, so entsteht ein zusätzlicher Qualifikationsbedarf. Die jeweils anwesenden Mitarbeiter müssen in der Lage sein, alle anfallenden Aufgaben zu erfüllen und die nicht anwesenden Mitarbeiter zu vertreten, eine Mehrfachqualifikation der Mitarbeiter ist daher beim Einsatz flexibler Arbeitszeiten von Bedeutung[3].

Die extrafunktionalen Qualifikationsanforderungen an die Mitarbeiter steigen mit der Einräumung vergrößerter Handlungs- und Dispositionsspielräume. Die Arbeitszeitmodelle Gleitende Arbeitszeit, Job-Sharing, Baukastenmodell und Zeitautonome Arbeitsgruppen räumen den Mitarbeitern eine hohe Dispositionsfreiheit bei der Arbeitszeitgestaltung ein. Auch bei der Teilzeitarbeit, Mehrfachbesetzungssystemen, Versetzten Arbeitszeiten, Freie-Tage-Regelungen und Jahresarbeitszeitvertrag hat der Mitarbeiter Spielräume bei der Arbeitszeitgestaltung. Dies bewirkt steigende Koordinationserfordernisse, bedingt durch Abstimmung der Arbeitszeiten, Informationsübergabe und zieladäquate, verantwortliche Nutzung der Dispositionsspielräume. Mit der Einräumung größerer Dispositionsspielräume gehen erhöhte Anforderungen an die Kommunikationsfähigkeit, die Kooperationsbereitschaft, das Verantwortungsbewußtsein und die Zuverlässigkeit der Mitarbeiter einher. Die aufgeführten Modelle erfordern eine Weitergabe von Informationen. Die für die Aufgabenerfüllung notwendigen Informationen sind an die entsprechenden Mitarbeiter weiterzugeben. Die Informationsversorgung muß auch bei unter-

---

1 vgl. Brödner/Pekruhl 1991, S.66; König 1992, Sp.2046ff.; Marr 1987b, S.257 u. 262
2 vgl. Wildemann 1992a, 172ff.
3 vgl. Bühner 1992c, S.233f.; Marr 1987b, S.260f.

schiedlichen Anwesenheitszeiten gewährleistet sein. Dies bewirkt erhöhte Anforderungen an die Kommunikationsfähigkeit der Mitarbeiter[1].

Die Kooperationsbereitschaft ist im Hinblick auf den Interessenausgleich und die Konfliktaustragung im Rahmen des Abstimmungsprozesses wesentlich. Die Mitarbeiter müssen sich (teilweise unter Mitwirkung des Vorgesetzten) einigen, wer, wann, wo anwesend sein muß[2]. Daneben erfordert die Abwesenheit der Vorgesetzten bei bestimmten Arbeitszeiten ein erhöhtes Maß an Zuverlässigkeit und Verantwortungsbewußtsein. Darüber hinaus müssen Mitarbeiter in der Lage sein, zu erkennen, welche Konsequenzen sich aus der eigenen Entscheidung über Dauer und Lage der Arbeitszeit ergeben. Von den Mitarbeitern wird ein vorausschauendes Verhalten verlangt, das auch die Auswirkungen der eigenen Arbeitszeiten auf andere Mitarbeiter und auf Vorgesetzte berücksichtigt. Hierzu sind Kenntnisse über die Verflechtung der verschiedenen betrieblichen Leistungprozesse erforderlich[3].

4.3.1.2 Motivation der Mitarbeiter

Die durch flexible Arbeitszeitsysteme höhere Handlungsfreiheit erlaubt dem Mitarbeiter einerseits die Verwirklichung eigener Interessen, erfordert andererseits aber eine stärkere Rücksichtnahme auf Interessen anderer und auf betriebliche Zielsetzungen. Es ist insgesamt ein verantwortungsvolleres Verhalten gegenüber Kollegen, Vorgesetzten und Untergebenen notwendig[4].

Voraussetzung für ein verantwortungsvolles Verhalten ist die Motivation der Mitarbeiter, die zeitlichen Dispositionsspielräume verantwortungsvoll zu nutzen. Neben der Fähigkeit stellt die Motivation eine wichtige Determinante des Mitarbeiterverhaltens dar. Motivation ist die "aktivierte Verhaltensbereitschaft eines Individuums im Hinblick auf die Erreichung bestimmter Ziele[5]", sie liefert Anhaltspunkte zur Erklärung der Beweggründe des menschlichen Handelns und Verhaltens[6]. Die Situationsumstände, die die Motive und somit

---

1 vgl. Endell 1987, S.143ff.; Marr 1987b, S.262f.; Wildemann 1992a, S.172ff.
2 vgl. Löwe 1989, S.61
3 vgl. Endell 1987, S.150; Utsch 1981, S.71f.; Wildemann 1992a, S.177
4 vgl. Endell 1987, S.143f.; Fürstenberg 1986, S.71; Utsch 1981, S.101ff.
5 vgl. Hentze 1991b, S.26
6 vgl. Staehle 1990, S.200

die Verhaltensbereitschaft eines Menschen aktivieren, werden als Anreize bezeichnet[1].

Im Unternehmen führen die durch Anreize aktivierten Motive zur Motivation von Mitarbeitern und bewirken bei entsprechenden Fähigkeiten und geeigneter innerbetrieblicher Situation ein spezielles Verhalten, um die Zielerreichung herbeizuführen[2]. Dieser Sachverhalt wird in Abbildung 4.6 verdeutlicht.

Eine flexible Arbeitszeitgestaltung kann als Anreiz die Motive des Mitarbeiters aktivieren und hierdurch den Mitarbeiter zu höherer Leistung und zur adäquaten Nutzung des durch flexible Arbeitszeiten eingeräumten Dispositionsspielraums motivieren[3]. Hierzu ist zu analysieren, welche Motive durch flexible Arbeitszeiten aktiviert werden können. Flexible Arbeitszeiten kommen verschiedenen Bedürfnissen entgegen, sie können sowohl extrinsische als auch intrinsische Motive aktivieren[4]. Dieser Sachverhalt läßt sich vor dem Hintergrund verschiedener Motivationstheorien verdeutlichen. Zur Beantwortung der Frage, welche Motive menschlichen Handelns durch Arbeitszeitgestaltung angesprochen und welche Bedürfnisse durch flexible Arbeitszeiten befriedigt werden können, werden die Motivationstheorien von Maslow und Alderfer herangezogen, die als Inhaltstheorien untersuchen, welche Faktoren Individuen motivieren[5].

Maslows Modell der Bedürfnishierarchie basiert auf den Grundbedürfnissen der Individuen, diese werden in die fünf Klassen 1. physiologische Bedürfnisse 2. Sicherheitsbedürfnissse 3. Bedürfnisse der Zugehörigkeit und der Zuneigung 4. Bedürfnisse der Achtung und der Wertschätzung und 5. Bedürfnisse der Selbstverwirklichung unterteilt. Maslow geht von einer stufenweisen Abhängigkeit der Befriedigung der Bedürfnisse aus; können die in der unteren Bedürfnisklasse zusammengefaßten Motive als gesättigt betrachtet werden, wird die nächsthöhere Ebene dominant. Dies gilt bis zur 4.Ebene; lediglich die Bedürfnisse der Selbstverwirklichung stellen Wachstumsmotive dar, sie unterliegen keiner Sättigung. Mit Ausnahme dieser Wachstumsmotive motivieren bereits befriedigte Bedürfnisse das In-

1 vgl. Hentze 1991b, S.26
2 vgl. Hentze 1991b, S.26f.; Staehle 1990, S.148f.
3 vgl. Beyer 1989, S.310ff.; Beyer/Henningsen 1990, S.134; Endell 1987, S.138ff.
4 vgl. Beyer 1989, S.310ff.
5 vgl. Weinert 1992, Sp.1430ff.

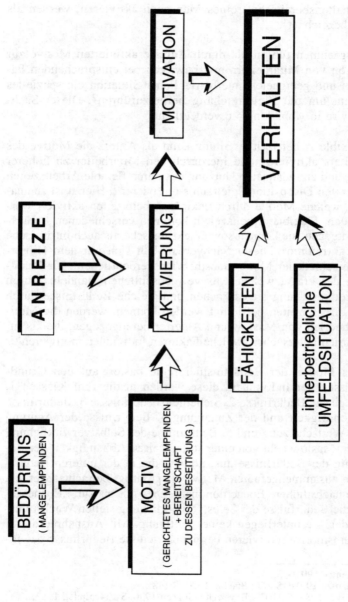

Abb. 4.6 : Zusammenwirken verhaltensbeeinflussender Faktoren

dividuum nicht mehr[1]. Alderfer unterscheidet nur drei Motivklassen "Existence", "Relatedness" und "Growth", die auf einem Kontinuum angeordnet sind. Die Existenzbedürfnisse umfassen sowohl Maslows physiologische Bedürfnisse als auch finanzielle und nichtfinanzielle Be- und Entlohnung sowie die Arbeitsbedingungen; die Beziehungsbedürfnisse (R-Bedürfnisse) beinhalten Maslows soziale Bedürfnisse der Zugehörigkeit und Zuneigung sowie Bedürfnisse der Achtung und Wertschätzung; die Wachstumsbedürfnisse (G-Bedürfnisse) beinhalten das Streben der Person nach Selbstverwirklichung[2]. Im Gegensatz zur Maslowschen Theorie postuliert die "E-R-G-Theorie" nicht, daß zuerst die unteren Bedürfnisebenen erfüllt sein müssen, bevor die Bedürfnisse der oberen Ebenen verhaltenswirksam werden, nach Alderfer können somit auch bereits zufriedengestellte Bedürfnisse motivieren, solange sie noch unbefriedigte Bedürfnisse oder Motive substituieren[3].

Modelle wie Zeitautonome Arbeitsgruppen, Job Sharing oder Gleitzeit ohne lange Kernzeiten ermöglichen dem Mitarbeiter durch Einräumung hoher Zeitautonomie mehr Selbstbestimmung während der Arbeit und räumen ihm eine erhöhte Verantwortung ein[4]. Hierdurch werden intrinsische Motive wie Selbstverwirklichungsbedürfnisse aktiviert[5] (vgl. Abb. 4.7).

Flexible Arbeitszeitmodelle wie Teilzeitarbeit, Gleitzeit, Job Sharing und zeitautonome Arbeitsgruppen, die eine bessere Berücksichtigung von Freizeitinteressen und eine bessere Anpassung an die individuellen, physiologischen Gegebenheiten der Mitarbeiter ermöglicht, können die der extrinsischen Ebene zugeordneten Bedürfnisse aktivieren (vgl. Abb. 4.7). Der gewährte zeitliche Handlungsspielraum wird bei der Aktivierung extrinsischer Motive nicht als Wert an sich, sondern als Mittel zur Erfüllung privater Interessen gesehen[6].

Flexible Arbeitszeiten stellen nicht nur positive Anreize dar, die Motive aktivieren und hierdurch zur Motivationssteigerung beitragen, sie können sowohl in bezug auf das Bedürfnis nach Selbstverwirklichung als auch im Hinblick auf die extrinsischen Motive negative

---

1 vgl. Staehle 1990, S.151f.; Weinert 1981, S.264
2 vgl. Staehle 1990, S.205; Weinert 1981, S.266f.
3 vgl. Weinert 1981, S.267
4 vgl. Wildemann 1992a, S.145 u. S. 148f.
5 vgl. Beyer 1989, S.310; Endell 1987, S.141; Fiedler 1978, S.24
6 vgl. Beyer 1989, S.310; Beyer/Henningsen 1990, S.134

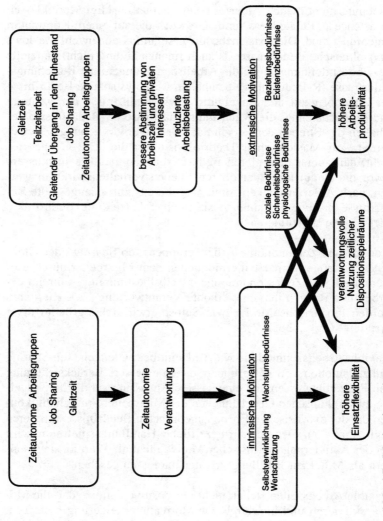

Abb. 4.7 : Motivationswirkungen flexibler Arbeitszeitgestaltung

motivationale Auswirkungen nach sich ziehen. Diese treten zum Beispiel aufgrund einer erhöhten Kontrolle infolge von Zeiterfassungsgeräten, durch eine eingeschränkte Kommunikation infolge zeitlich stark versetzter Arbeitszeiten oder durch negative Auswirkungen auf die privaten Interessen wie bei arbeitsanfallorientierter Arbeitszeitgestaltung auf[1]. Eine flexible Arbeits- und Betriebszeitgestaltung kann somit als Anreiz eingesetzt werden und motivationserhöhend wirken, wenn die verschiedenen extrinsischen und intrinsischen Motive aktiviert werden.

Umgekehrt können sich die flexiblen Arbeits- und Betriebszeitmodelle auch negativ auf die Motivation der Mitarbeiter auswirken, indem sie negativ auf Bedürfnisse einwirken und so die Bedürfnisbefriedigung verhindern[2].

Erfahrungen bei der Einführung und Umsetzung flexibler Arbeitszeiten haben gezeigt, daß negative Motivationswirkungen insbesondere dann zu befürchten sind, wenn:

- die Arbeitszeitregelung und/oder ihre Anwendung durch Vorgesetzte nur betriebliche Interessen berücksichtigt,

- die Mitarbeiter zwar zur geplanten Arbeitszeitregelung befragt werden, ihre Vorschläge aber ohne sachliche Begründung bei der Entscheidung keinerlei Berücksichtigung finden,

- den Mitarbeitern zugesagte Tauschmöglichkeiten nicht gewährt werden,

- vergleichbare Arbeitszeiten am gleichen Standort mit unterschiedlichen Konditionen ausgestattet werden,

- die Belastungsintensität erhöht wird,

- Einkommensverluste oder Anspruchseinschränkungen bezüglich betrieblicher Sozialleistungen entstehen[3].

Dies ist bei der Umsetzung flexibler Arbeitszeiten zu berücksichtigen, da sich die Motivation auf das Verhalten der Mitarbeiter auswirkt. Eine Steigerung der Motivation der Mitarbeiter wirkt sich nicht nur positiv auf die Arbeitszufriedenheit aus, sondern fördert

---

1 vgl. Endell 1987, S.141; Pfeiffer u.a. 1977, S.149
2 vgl. Baur 1991, S.66
3 vgl. Graf/Netta 1990, S.303; Marr 1987c, S.34

auch eine verantwortungsvolle Nutzung der zeitlichen Dispositionsspielräume durch die Mitarbeiter. Deren Bereitschaft, ihre Lei-
stungsstärke bedarfsorientiert bereitzustellen, steigt. Eine erhöhte
Motivation trägt somit zur zieladäquaten Anwendung der Arbeitszeitregelungen bei. Eine mangelnde Motivation der Mitarbeiter kann
dagegen dazu führen, daß die Zielsetzung der flexiblen Arbeitszeitregelungen nur unzureichend erfüllt wird[1]. Darüber hinaus führt
eine eigenverantwortliche Arbeitszeitgestaltung zu einer erhöhten
Leistungsbereitschaft, die sich wiederum positiv auf die Arbeitspro-
duktivität auswirkt[2].

Ob die flexible Arbeitszeitgestaltung eher die intrinsischen oder die
extrinsischen Motive der Mitarbeiter aktiviert, hängt von deren Arbeitszeitpräferenzen und den diesen zugrundeliegenden Wertvorstellungen der Mitarbeiter ab. Bezogen auf die Motivierbarkeit lassen
sich grundsätzlich zwei Gruppen von Mitarbeitern unterscheiden[3].
Die erste Gruppe ist intrinsisch motivierbar, diese Mitarbeiter su-
chen die Befriedigung der Bedürfnisse in der Arbeit selbst. Sie ist
durch eine interessante Arbeitsaufgabe und die übertragene zeitliche
und inhaltliche Verantwortung motivierbar. Bei dieser durch die Arbeit selbst motivierbaren Mitarbeiter, bei denen Selbstentfaltung und
Selbstverwirklichung im Vordergrund stehen, sind durch eine höhere Zeitsouveränität im Sinne von Zeitverantwortung positive Motivationswirkungen zu erzielen. Bei der zweiten Gruppe von Arbeitnehmern dient die berufliche Arbeit als Mittel (Geld, Sicherheit) zur
Erfüllung anderer Interessen. Für diese Mitarbeiter spielt die Möglichkeit einer besseren Abstimmung von Arbeitszeit und privaten Interessen (Familie, Freizeit) eine wichtige Rolle; sie fördert die Motivation.

Eine Analyse der Wertvorstellungen der Mitarbeiter gibt Aufschluß
darüber, ob bei den Mitarbeitern die extrinsische oder die intrinsische Motivation im Vordergrund steht. Die Wertvorstellungen der
Mitarbeiter lassen sich durch empirische Analysen ermitteln[4]. Diese
zeigen, daß Werte wie Individualisierung, Autonomie und Ungebun-
denheit an Bedeutung gewinnen. So ist - nach einer Untersuchung
des BAT-Freizeitforschungsinstituts - die Freude an der Arbeit für

---

1 vgl. Endell 1987, S.135
2 vgl. Bühner 1992c, S.235
3 vgl. Beyer 1989, S.310f.; Beyer/Henningsen 1990, S.134
4 vgl. Beyer/Henningsen 1990, S.134f.

Berufstätige heute nahezu genauso wichtig wie ein höheres Einkommen[1]. Die Wertvorstellungen der Mitarbeiter in den befragten Unternehmen zeigen, daß dabei das Lebensalter einen erheblichen Einfluß hat. In Abbildung 4.8 sind die Wertvorstellungen der Mitarbeiter aufgezeigt. Bei den jüngeren Mitarbeitern steht die Freizeitorientierung an erster Stelle; daneben spielen Einkommensstreben, Familie und Freundeskreis sowie ein attraktiver Arbeitsinhalt eine wichtige Rolle. Den Werten Selbstverwirklichung und Arbeitsplatzsicherheit kommt eine mittlere Bedeutung zu. Bei den Mitarbeitern über 35 Jahre nimmt die Arbeitsplatzsicherheit dagegen eine zentrale Stellung ein. Daneben werden auch Einkommensstreben sowie Familie und Freundeskreis hoch eingestuft. Freizeit und attraktiven Arbeitsinhalten wird von Mitarbeitern über 35 Jahre eine mittlere Bedeutung zugemessen, die Selbstverwirklichung nimmt bei diesen Mitarbeitern den letzten Rang der Werte ein[2]. Aus den Wertvorstellungen der Mitarbeiter lassen sich deren Arbeitszeitpräferenzen ableiten (vgl. Abb. 4.9).

Betrachtet man die Arbeitszeitpräferenzen der Mitarbeiter in den befragten Werken, so ergibt sich ein eindeutiger Trend zum Streben nach Zeitsouveränität. Es wird mehr Dispositionsfreiheit über Dauer und Lage der Arbeitszeit angestrebt. Neben diesem Trend zeigen die Befragungsergebnisse ein Interesse der Mitarbeiter an einer Arbeitszeitverkürzung[3]. Diese Ergebnisse belegen, daß flexible Arbeitszeitmodelle nicht nur extrinsisch motivieren, sondern auch in bezug auf eine intrinsische Motivation von Bedeutung sind. Dies wird durch Ergebnisse weiterer empirischer Untersuchungen bestätigt. Engfer u.a. (1983) untersuchten die Verteilung der Wünsche in bezug auf die Flexibilisierung der Dauer und Lage der Arbeitszeit. Auf die Frage: "Wenn Sie einmal an ihre Arbeitszeit im einzelnen denken, in welchen Punkten wünschen Sie sich am dringendsten Änderungen an Ihren gegenwärtigen Arbeitszeitregelungen?", antworteten 16,5% der befragten Mitarbeiter "mehr Spielraum bei Arbeitsanfang und -ende", 16,3% wollten Zeitpunkt und Aufteilung des Urlaubs selbst bestimmen. Nur der Wunsch nach mehr Jahresurlaub (28,2%) wurde höher eingestuft als ein erweiterter Dispositionsspielraum, 10,7% der Befragten wünschten mehr Arbeitspausen, 8,2% wollten nicht

---

1 vgl. Beyer/Henningsen 1990, S.134
2 vgl. Wildemann 1992a, S.37f.
3 vgl. Wildemann 1992a, S.37f.

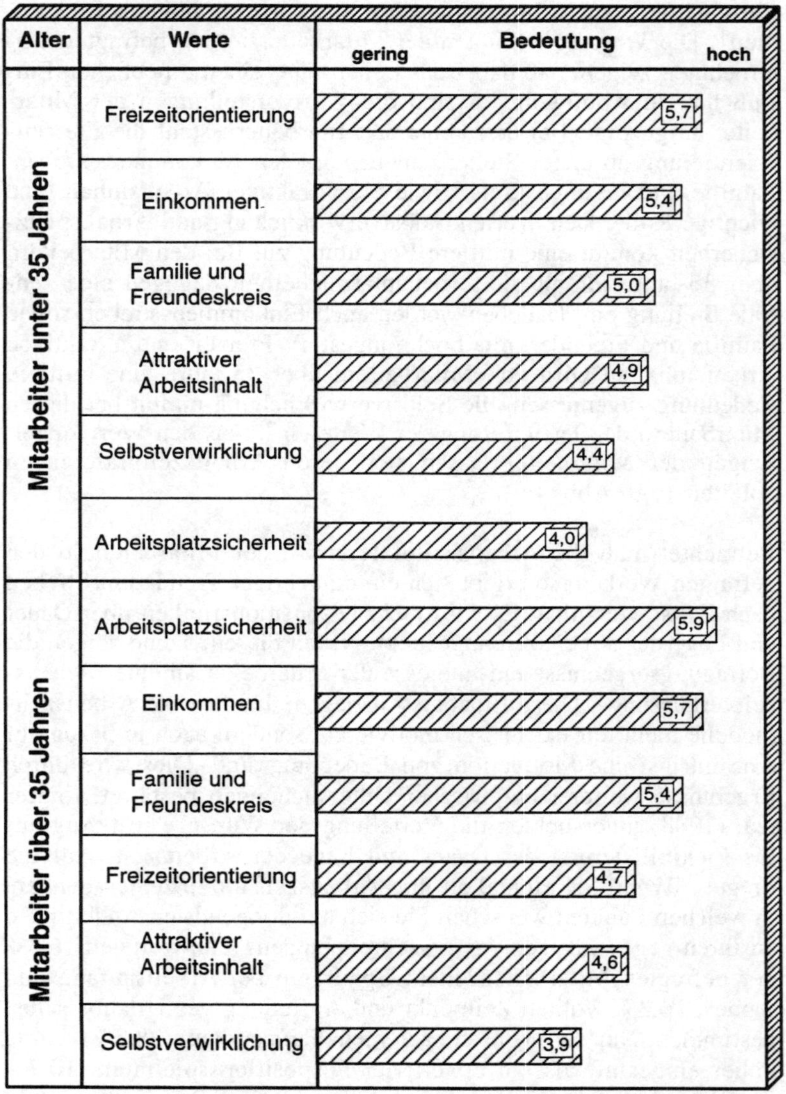

Quelle: Wildemann 1992a, S.38

Abb. 4.8 : Wertvorstellungen der Mitarbeiter

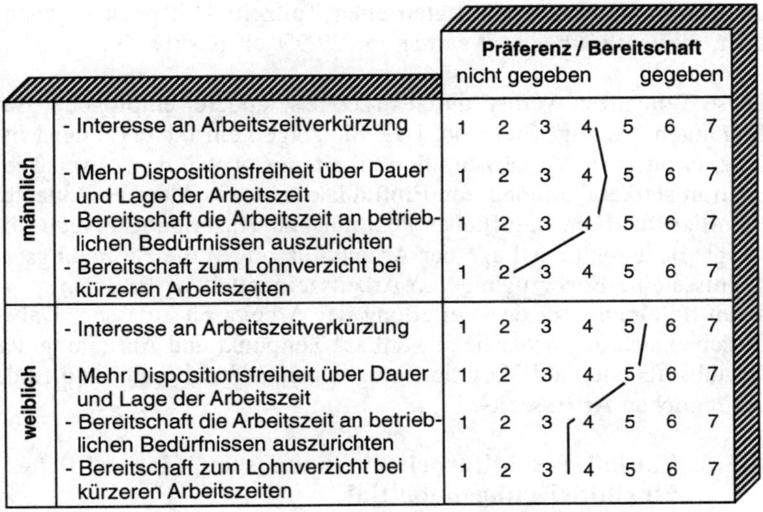

| | | Präferenz / Bereitschaft | | | | | | |
		nicht gegeben				gegeben		
männlich	- Interesse an Arbeitszeitverkürzung	1	2	3	4	5	6	7
	- Mehr Dispositionsfreiheit über Dauer und Lage der Arbeitszeit	1	2	3	4	5	6	7
	- Bereitschaft die Arbeitszeit an betrieblichen Bedürfnissen auszurichten	1	2	3	4	5	6	7
	- Bereitschaft zum Lohnverzicht bei kürzeren Arbeitszeiten	1	2	3	4	5	6	7
weiblich	- Interesse an Arbeitszeitverkürzung	1	2	3	4	5	6	7
	- Mehr Dispositionsfreiheit über Dauer und Lage der Arbeitszeit	1	2	3	4	5	6	7
	- Bereitschaft die Arbeitszeit an betrieblichen Bedürfnissen auszurichten	1	2	3	4	5	6	7
	- Bereitschaft zum Lohnverzicht bei kürzeren Arbeitszeiten	1	2	3	4	5	6	7

in Anlehnung an Wildemann 1990b, S.134

Abb. 4.9 : Arbeitszeitpräferenzen der Mitarbeiter

mehr samstags arbeiten, 6,9% wünschten besser im voraus zu wissen, wann und wie lange sie arbeiten müssen[1].

Zu ähnlichen Ergebnissen führte eine Umfrage von Beyer/Henningsen in der Leiterplattenfertigung eines deutschen Elektronikkonzerns mit 192 Arbeitnehmern. Die Ergebnisse zeigen, daß die Mitarbeiter in erster Linie mehr Spielraum bei der Bestimmung von Arbeitsanfang und Arbeitsende erwarten (52,2%/43,9%). Darin spiegelt sich das wachsende Bedürfnis der Mitarbeiter nach Selbstverständnis und Eigenverantwortung durch eine höhere Zeitsouveränität wider. Das Interesse der Arbeitnehmer an einer Erweiterung der Dispositionsspielräume durch flexible Arbeitszeitgestaltung mit dem Ziel, Beruf, Familie und Freizeit sowie soziale und kulturelle Bedürfnisse besser vereinbaren zu können, zeigt sich auch in der Bewertung verschiedener Arbeitszeitformen durch die Mitarbeiter. So interessierten sich die meisten Befragten (78,2%) für die Gleitende Arbeitszeit, daneben hatten 58,7% Interesse am Gleitenden Ruhestand und 57,5% am bezahlten Langzeiturlaub. Von den Teilzeitbeschäftigten standen

---

1 vgl. Engfer u.a. 1983, S.91ff.

90,9% der Teilzeitbeschäftigten einer Teilzeitarbeit positiv gegenüber, die Jahresarbeitszeit wurde von 29,9% als positiv eingestuft[1].

Diese Tendenzen werden durch Ergebnisse anderer empirischer Befragungen bestätigt (vgl.Abb. 1.1). Sie zeigen ein Interesse der Mitarbeiter an einer Verkürzung der Arbeitszeit, wobei das Ausmaß jedoch in starkem Umfang von Einflußfaktoren wie Alter, Geschlecht,
Familiensituation, beruflicher Position und Ausbildungsniveau abhängt. Bezüglich der Lage der Arbeitszeit zeigen die Befragungsergebnisse eine Bevorzugung von Arbeitszeitmodellen, die einen grös-
seren Spielraum bei der Verteilung der Arbeitszeit zulassen. Dabei
beziehen sich die Wünsche sowohl auf Zeitpunkt und Aufteilung des
Urlaubs als auch auf Variationsmöglichkeiten bei Beginn und Ende
der täglichen Arbeitszeit[2].

4.3.2 Einfluß des Mitarbeiterverhaltens auf das zeitliche Flexibilisierungspotential

Flexible Arbeitszeitregelungen eröffnen den Mitarbeitern - in unterschiedlichem Umfang - die Möglichkeit, innerhalb eines definierten
Rahmens über die Dauer und Lage ihrer Arbeitszeit frei zu entscheiden. In den befragten Unternehmen wurde ein deutlicher Anstieg der
Zeitsouveränität der Mitarbeiter bei Anwendung der Modelle Gleitende Arbeitszeit, Versetzte Arbeitszeit, Teilzeitarbeit, Job Sharing
und Mehrfachbesetzungssystemen verzeichnet[3] (vgl. Abb. 4.10).

Gleitzeitregelungen ermöglichen eine bewegliche Gestaltung der Arbeitszeitlage, der Mitarbeiter kann Beginn und Ende der Arbeitszeit
innerhalb vorgegebener Gleitzeitspannen selbst wählen[4]. Versetzte/
Gestaffelte Arbeitszeiten gestatten den Arbeitnehmern Abweichungen von der starren Arbeitszeitlage mit festem Arbeitsbeginn und
-ende. Bei Versetzten Arbeitszeiten stimmen sich die Gruppenmit-
glieder untereinander darüber ab, welche der angebotenen Zeitpunk-
te des Arbeitsbeginns und -endes für die Gruppe gelten sollen. Diese

---

1 vgl. Beyer/Henningsen 1990, S.135ff.
2 vgl. Bundesministerium für Arbeit und Sozialordnung 1981; Landenberger
   1983, S.11ff.; Kleinhenz 1990b, S.454; Mertens 1983, S.207ff.;
   Brinkmann 1983, S.54ff.; Engfer/Hinrichs/Offe/Wiesenthal 1983, S.91ff.;
   Nerb 1986, S.6ff.; Groß/Thoben/Bauer 1989, S.170ff.;
   Groß/Pekruhl/Thoben 1987, S.92ff.
3 vgl. Wildemann 1992a, S.145 u. S.149
4 vgl. Bittelmeyer u.a. 1987, S.33; Glaubrecht u.a. 1988, S.189

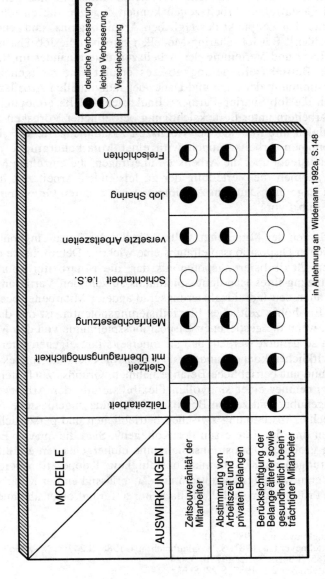

Abb. 4.10 : Auswirkungen flexibler Arbeits- und Betriebszeiten auf Mitarbeiterinteressen

in Anlehnung an Wildemann 1992a, S.148

Absprachen werden im Rahmen festgelegter Intervalle neu getroffen. Bei Gestaffelten Arbeitszeiten können dagegen die einzelnen
Mitarbeiter den Zeitpunkt des täglichen Arbeitsbeginns und -endes
selbst wählen[1]. Bei Job-Sharing-Modellen sprechen die Job-Sharing-
Partner Lage und Verteilung der Arbeitszeit untereinander im Rahmen der Betriebszeitregelung ab[2], es erfolgt eine weitgehende
Selbstbestimmung der Lage und Dauer der individuellen Arbeitszeiten durch die Job-Sharing-Partner[3]. Baukastenmodelle ermöglichen
den Mitarbeitern unter Berücksichtigung betrieblicher Vorgaben aus
den Modulen ihre individuelle Arbeitszeit zusammenzustellen[4]. Bei
Zeitautonomen Arbeitsgruppen wird einer Mitarbeitergruppe das
Dispositionsrecht über die Arbeitszeit übertragen, die einzelnen Mitarbeiter nehmen die Verteilung der zu leistenden Arbeitszeit hinsichtlich Lage und Dauer in Abstimmung mit anderen Gruppenmitgliedern selbst vor[5].

Das Verhalten der Mitarbeiter stellt aufgrund des ihnen eingeräumten zeitlichen Dispositionsspielraums eine wichtige Determinante des
zeitlichen Flexibilisierungspotentials dar, die Mitarbeiter können
durch Nutzung ihres Handlungsspielraums sowohl den Variierungsgrad als auch den Individualisierungsgrad anderer Mitarbeiter beeinflussen. Ein hohes zeitliches Flexibilisierungspotential ist nur dann
gegeben, wenn die gestiegenen Dispositionsspielräume von den Mitarbeitern so genutzt werden, daß sie einerseits ihre eigenen Interessen verwirklichen können, andererseits aber Rücksicht auf Interessen
anderer und auf betriebliche Belange nehmen. Grundsätzlich stehen
die Arbeitnehmer einer sinnvollen Flexibilisierung der Arbeitszeit
offen gegenüber und zeigen Bereitschaft für eine angemessene und
sachgerechte Abstimmung zwischen betrieblichen und persönlichen
Interessen und den Interessen der Kollegen[6]. Sind die mit der Einräumung größerer Dispositionsspielräume einhergehenden erhöhten
Anforderungen an Kommunikationsfähigkeit, Kooperationsbereitschaft, Verantwortungsbewußtsein und Zuverlässigkeit der Mitarbeiter nicht erfüllt, oder sind die Mitarbeiter aufgrund einer ablehnen-

---

1 vgl. Bittelmeyer u.a. 1987, S.30f.
2 vgl. Bittelmeyer u.a. 1987, S.28; Glaubrecht u.a. 1988, S.247ff.; May/Mohr
    1985, S.34ff.; Teriet 1979b, S.424
3 vgl. Bittelmeyer u.a. 1987, S.28; Schanz 1984, S.16
4 vgl. Ritter 1985, S.92ff.
5 vgl. Gmelin 1988, S.229; Metzger 1989, S.50; Ritter 1985, S.99; Schuh u.a.
    1987, S.110
6 vgl. Beyer/Henningsen 1990, S.139; Stubbe 1986, S.114

den Haltung gegen flexible Arbeits- und Betriebszeiten nicht bereit, die Arbeitszeit auch an betrieblichen Bedürfnissen auszurichten und Interessen von Kollegen zu berücksichtigen, reduziert sich das zeitliche Flexibilisierungspotential.

Eine geringe Akzeptanz flexibler Arbeitszeitregelungen bei Teilen der Belegschaft, fehlende Kooperationsbereitschaft und mangelnde Rücksichtnahme auf Kollegen bei der Arbeitszeitgestaltung können dazu führen, daß Mitarbeiter mit geringerer Durchsetzungsfähigkeit in ihren Möglichkeiten zur flexiblen Zeitgestaltung beschnitten werden oder diesen die unattraktiven Arbeitszeiten zugewiesen werden. Hierdurch fehlt den betroffenen Mitarbeitern die Möglichkeit, die Arbeitszeit auf ihre Interessen und ihren Tagesrhythmus abzustimmen, so daß es zu einer Reduktion des Individualisierungsgrades kommt.

Widerstände der Mitarbeiter gegen flexible Arbeitszeitregelungen, mangelnde Kommunikationsfähigkeit und fehlende Zuverlässigkeit führen dazu, daß Absracheregelungen nicht funktionieren und betriebliche Zielsetzungen einer flexiblen Arbeitszeitgestaltung, wie verbesserte Anpassung an Nachfrageschwankungen oder Erhöhung der Betriebsmittelnutzung, nicht realisiert werden können. Ein entsprechendes Verhalten der Mitarbeiter wirkt sich somit restriktiv auf die Möglichkeiten zur chronologischen Flexibilisierung und den Variierungsgrad und damit auf das zeitliche Flexibilisierungspotential aus.

Die empirischen Ergebnisse bestätigen diese Hypothesen. Die stärkere Ausprägung der Widerstände der Mitarbeiter gegen eine flexible Arbeitszeitregelung bei den Unternehmen, die ein geringes zeitliches Flexibilisierungspotential aufweisen (vgl. Abb. 4.11), deutet auf einen negativen Einfluß zwischen dem Widerstand der Mitarbeiter und dem zeitlichen Flexibilisierungspotential hin.

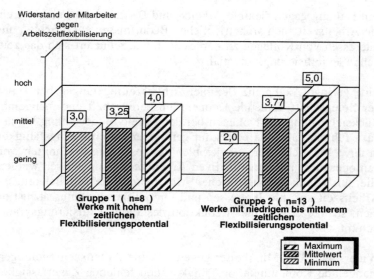

**Abb. 4.11 : Verhalten der Mitarbeiter als Determinante des
zeitlichen Flexibilisierungspotentials**

Zusammenfassung zu Kapitel 4

In Abbildung 4.12 findet sich eine Zusammenstellung der Ergebnisse der Wirkungsanalyse des Verhaltens von Organisationsmitgliedern bezüglich der zeitlichen Flexibilisierung. Dabei ist festzuhalten, daß sich in den befragten Werken nicht nur die Widerstände von Mitarbeitern und Betriebsrat, sondern insbesondere die Widerstände von Vorgesetzten negativ auf das zeitliche Flexibilisierungspotential auswirkten.

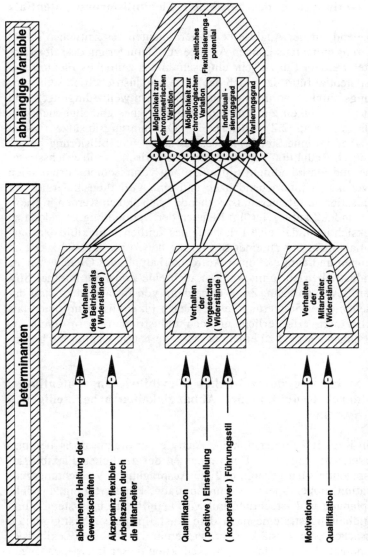

Abb. 4.12 : Verhalten der Organisationsmitglieder als Determinante des zeitlichen Flexibilisierungspotentials

5 Optimierung des zeitlichen Flexibilisierungspotentials

Aufbauend auf der Analyse der Determinanten des zeitlichen Flexibilisierungspotentials können Ansätze zur Optimierung desselben abgeleitet werden. Ein zu sehr eingeschränktes zeitliches Flexibilisierungspotential führt dazu, daß das System Industriebetrieb seine Anpassungsfähigkeit an die sich wandelnden Umweltbedingungen und damit die Fähigkeit zur Aufrechterhaltung eines Gleichgewichtszustands (vgl. Kap. 2.2) verliert. Die Optimierungsansätze richten sich daher auf eine Steigerung des zeitlichen Flexibilisierungspotentials durch Reduktion der durch organisatorische, teilbereichsstrategische und marktbedingte Einflußgrößen verursachten horizontalen und vertikalen Interdependenzen und eine Verhaltensänderung der Organisationsmitglieder; entsprechende Maßnahmen werden in Kapitel 5.1 und 5.2 aufgezeigt. Im Rahmen der Optimierung ist jedoch zu berücksichtigen, daß eine Erhöhung des zeitlichen Flexibilisierungspotentials nicht nur zu einer Steigerung der Anpassungsfähigkeit an Störungen und damit zu einer Aufrechterhaltung des Gleichgewichts im Industriebetrieb führt, sondern auch eine Zunahme interner Störungen bewirken kann. Zur Vermeidung von Instabilitäten sind daher neben einer Steigerung des zeitlichen Flexibilisierungspotentials Stabilisatoren erforderlich, um den Industriebetrieb in einem arbeitsfähigen Zustand zu erhalten; diese werden in Kapitel 5.3 behandelt.

5.1 Steigerung des zeitlichen Flexibilisierungspotentials durch Reduktion der Abhängigkeiten arbeitsteiliger Systeme

Die in Kapitel 3 vorgenommene Analyse der organisatorischen und teilbereichsstrategischen Determinanten des zeitlichen Flexibilisierungspotentials hat gezeigt, daß die Ausprägungen Verrichtungszentralisation, hoher Spezialisierungsumfang, Fließfertigung, Produktionsplanung und -steuerung mit MRP- und Leitstandsystemen und Instandhaltungsstrategie nach dem Ausfallprinzip Abhängigkeiten verursachen oder verstärken, die wiederum das zeitliche Flexibilisierungspotential einschränken. Die Reduktion dieser Interdependenzen durch Entkopplung und strukturelle Maßnahmen stellt einen Ansatz zur Steigerung des zeitlichen Flexibilisierungspotentials dar.

Horizontale Interdependenzen, die auf eine konsekutive Kopplung vor- und nachgelagerter Arbeitsplätze oder Abteilungen oder auch vor- und nachgelagerter Betriebe zurückzuführen sind, lassen sich durch einfache Entkopplungsmaßnahmen reduzieren, da die Kopplung nicht auf technischen Sachzwängen beruht, sondern nachträglich aus ökonomischen Gründen geschaffen wurde[1]. Innerbetrieblich kann eine Entkopplung vor- und nachgelagerter Arbeitsplätze bzw. Abteilungen durch Bildung von Zwischenlagern und Puffern erfolgen. Darüber hinaus ist eine Entkopplung auch durch den Einsatz von Springern und Arbeitsplatzwechsel sowie durch Automatisierung möglich[2]. Überbetrieblich lassen sich die horizontalen Abhängigkeiten durch Beschaffungslager verringern (vgl. Abb. 5.1).

Vertikale Interdependenzen, denen eine Trennung ausführender und dispositiver Tätigkeiten zugrundeliegt, sind kooperativer Art und erfordern aufgrund der zeitlichen Kohäsion eine gleichzeitige Anwesenheit des Personals der interdependenten Bereiche (vgl. Kap. 3). Diese Interdependenzen lassen sich nicht durch einfache Entkopplungsmaßnahmen reduzieren, sie erfordern den Einsatz struktureller Maßnahmen wie Job Enrichment und teilautonome Arbeitsgruppen, teilweise kann eine Reduktion der kooperativ bedingten Abhängigkeiten auch durch Automatisierung erfolgen (vgl. Abb. 5.1).

Abbildung 5.2 zeigt die Umsetzung einzelner Maßnahmen in Zusammenhang mit flexibler Arbeitszeitgestaltung in den befragten Unternehmen.

Die Ergebnisse zeigen, daß neben einer Entkopplung durch Automatisierung und Lager, die in 70% bzw. 61% der Unternehmen zu beobachten war, die strukturellen Maßnahmen, die auf eine Reduktion der Abhängigkeiten durch Verringerung der Arbeitsteilung zielen, einen weiteren Schwerpunkt bilden.

---

1 vgl. Staudt 1982, S.184f.
2 vgl. Rademacher 1990, S.132f.; Staudt 1982, S.184

Maßnahmen zur Inter-dependenzen-reduktion / Interdependenzen	Horizontale Interdependenzen - innerhalb der Produktion	- zwischen Produzent und Lieferant	Vertikale Interdependenzen - zwischen Produktion und indirekten Bereichen
teilautonome Arbeitsgruppen	X		X
Job Enlargement	X		
Job Enrichment			X
Automatisierung	X		X
Arbeitsplatzwechsel	X		
Stellvertretung Springer	X		
RHB - Lager Beschaffungslager		X	
Zwischenlager Puffer	X		

Abb. 5.1 : Maßnahmen zur Reduktion horizontaler und vertikaler Interdependenzen

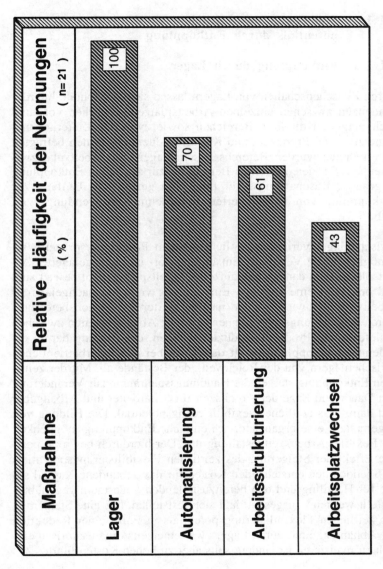

Abb. 5.2 : Maßnahmen zur Reduktion von Interdependenzen

5.1.1   Steigerung des zeitlichen Flexibilisierungs- potentials durch Entkopplung

5.1.1.1 Entkopplung durch Lager

Durch Zwischenschalten von Lagern lassen sich horizontale Interde- pendenzen zwischen einzelnen Arbeitsplätzen, zwischen vor- und nachgelagerten direkten Bereichen sowie zwischen Lieferant und Abnehmer und Produzent und Kunden reduzieren. In den befragten Unternehmen wurden Bereichszwischenlager und Arbeitsplatzzwi- schenlager in vielen direkten Bereichen zur zeitlichen Entkopplung eingesetzt; Beschaffungslager fanden in geringerem Umfang zur Entkopplung von vorgelagerten Unternehmen Anwendung (vgl. Abb. 5.3).

Zwischenlager verlaufen zeitlich mit dem Produktionsprozeß[1], sie ermöglichen die Ver- bzw. Entsorgung vor- und nachgelagerter Ar- beitsplätze auch dann, wenn einzelne Arbeitsplätze nicht besetzt sind und bewirken eine zeitliche Entkopplung vor- und nachgelagerter Arbeitsplätze sowie vor- und nachgelagerter Produktionsbereiche[2]. Durch Beschaffungslager können zeitliche Abhängigkeiten zwischen Zulieferer und Produzent reduziert werden, der Umfang der zu er- zielenden Entkopplung hängt dabei wie bei den innerbetrieblichen Zwischenlägern von der Reichweite der Bestände ab. Mit der zeitli- chen Entkopplung steigen die Handlungsspielräume zur Veränderung von Dauer und Lage der Arbeitszeit für Mitarbeiter und Arbeitgeber und damit das zeitliche Flexibilisierungspotential. Die Bildung von Lagern stellt eine organisatorisch einfache Entkopplungsmöglichkeit bei flexibler Arbeitszeitgestaltung dar. Der hierdurch bewirkte posi- tive Effekt der Steigerung des zeitlichen Flexibilisierungspotentials muß jedoch den entstehenden Kosten für das gebundene Kapital so- wie für Handling und den bereitzustellenden Lagerraum gegenüber- gestellt werden[3]. Insgesamt läßt sich feststellen, daß eine Steigerung des zeitlichen Flexibilisierungspotentials in Form einer Reduktion der Abhängigkeiten durch Lager zwar einerseits organisatorisch ein- fach zu realisieren ist, andererseits aber zu hohen Kosten führt.

---

1 vgl. Hartmann 1986, S.428
2 vgl. Allenspach 1975, S.44f.
3 vgl. Josten 1973b, S.99; Staudt 1982, S.184

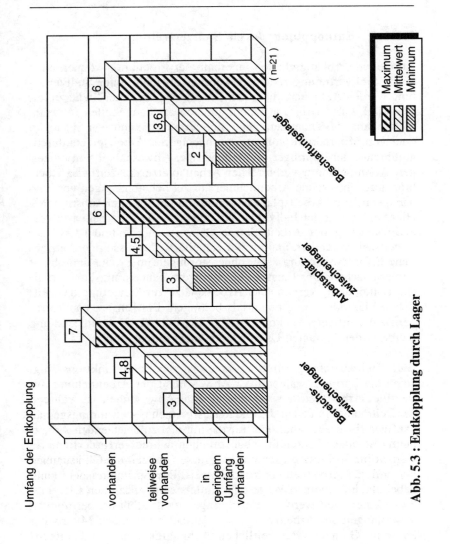

Abb. 5.3 : Entkopplung durch Lager

5.1.1.2 Entkopplung durch Stellvertretung

Horizontale Abhängigkeiten innerhalb der Produktion können auch durch Stellvertretung reduziert werden. Im Falle einer Stellvertretung werden Aufgaben, die an einem Arbeitsplatz/einer Stelle zu leisten sind, kurzfristig von einem anderen als dem Stellen-/Arbeitsplatzinhaber übernommen[1]. Die Stellvertretung kann von Springern oder von Mitarbeitern vor- und nachgelagerter Arbeitsplätze durchgeführt werden. Springer ermöglichen bei Abwesenheit von einzelnen Arbeitnehmern verbundener Arbeitsplätze die zeitliche Überbrückung, abwesende Arbeitnehmer auf zeitlich abhängigen vor- und nachgelagerten Arbeitsplätzen werden durch Springer substituiert[2]. Hierdurch steigt der Individualisierungsgrad, die Mitarbeiter an vor- und nachgelagerten Arbeitsplätzen können Dauer und/oder Lage der Arbeitszeit verändern und an individuelle Bedürfnisse oder betriebliche Erfordernisse anpassen, ohne Störungen im Produktionsablauf zu verursachen. Der Einsatz von Springern kann somit durch zeitliche Entkopplung verbundener Arbeitsplätze zur Steigerung des zeitlichen Flexibilisierungspotentials beitragen. Ein Einsatz von Springern zur zeitlichen Entkopplung bei flexibler Arbeitszeitgestaltung wurde in den befragten Unternehmen nicht durchgeführt.

Eine Stellvertretung durch Springer ist nur dann funktionsfähig, wenn die Springer während der Abwesenheit der Arbeitnehmer mit flexibler Arbeitszeit anwesend sind. Ihre Anwesenheit ist während der Zeiträume, in denen die anderen Arbeitnehmer erfahrungsgemäß häufiger abwesend sind, oder für die mit den zu ersetzenden Arbeitnehmern eine Vertretung abgesprochen wurde, erforderlich. So werden für Springer bei Anwendung einer Gleitzeit die Gleitspannen der anderen Arbeitnehmer zur Kernzeit. Der Springereinsatz kann dabei auf informellem Wege oder mittels einer speziellen Clearing-Stelle koordiniert werden[3]. Der Springereinsatz stößt bei bestimmten Verteilungen der Arbeitszeiten der flexibel arbeitenden Mitarbeiter an seine Grenzen. Bei zeitlichen Abhängigkeiten von Gleitzeit-Arbeitsplätzen während der Gleitspannen ist ein überproportional hoher Springereinsatz erforderlich[4]. Die Beschäftigung einer Vielzahl von Springern, die aufgrund ihrer hohen Einsatzflexibilität eine

---

1 vgl. Blümle 1975, Sp.1888
2 vgl. Heinrich 1990, S.16; Utsch 1981, S.221
3 vgl. Utsch 1981, S.220f.
4 vgl. Böckle 1979, S.166f.; Heinrich 1990, S.16

hohe funktionale Qualifikation aufweisen müssen, ist daher als Instrument zur Reduktion horizontaler Interdependenzen zwischen vor- und nachgelagerten Arbeitsplätzen nur begrenzt einzusetzen. Die Abhängigkeit wird nur kompensiert, indem eine Substitution nicht anwesender Arbeitnehmer an zeitlich abhängigen Arbeitsplätzen durch Springer erfolgt. Die eigentliche zeitliche Abhängigkeit wird wie beim Einsatz von Puffern, bei dem die nicht anwesenden Arbeitnehmer durch entsprechend dimensionierte Pufferläger ersetzt werden, nicht aufgehoben. Eine Entkopplung durch Springer stellt wie eine Entkopplung durch Puffer nur eine kompensatorische, nicht aber eine strukturelle Lösung dar. Eine Beseitigung der horizontalen Abhängigkeiten erfolgt nicht, die Abhängigkeiten zwischen vor- und nachgelagerten Arbeitsplätzen bleiben bestehen. Um die durch Springer entstehenden zusätzlichen Personalkosten gering zu halten und eine Planbarkeit des Springereinsatzes zu ermöglichen, sind begleitend weitere Maßnahmen wie Koordination durch eine übergeordnete Stelle oder Absprachen zwischen Arbeitnehmern und Springern erforderlich.

Probleme entstehen, wenn bei mangelnder Abstimmung die Flexibilisierung der Arbeitszeit der Arbeitskräfte an den verbundenen Arbeitsplätzen zu einer fremdbestimmten Arbeitszeitgestaltung bei den Springern führt und damit die Arbeitszeit bei den Springern in dem Maße starrer und fremdbestimmter wird, in dem die Arbeitszeit der übrigen Arbeitskräfte in ihrer Flexibilität steigt[1]. Eine begleitende Koordination ist daher auch erforderlich, um die Fremdbestimmung der Springer in zeitlicher Hinsicht gering zu halten und Zeitverluste und Störungen durch Anlauf des Springereinsatzes bei nicht abgestimmten flexiblen Arbeitszeiten zu vermeiden.

5.1.1.3 Entkopplung durch Arbeitsplatzwechsel

Durch eine Kombination von Arbeitsplatzwechsel und niedrig dimensionierten Zwischenlagern können horizontale Abhängigkeiten zwischen vor- und nachgelagerten Arbeitsplätzen in der Produktion reduziert werden[2], ohne daß die negativen ökonomischen Auswirkungen einer ausschließlichen Entkopplung durch Puffer oder des Einsatzes von Springern auftreten. Unter Arbeitsplatzwechsel versteht man einen systematischen regelmäßigen oder unregelmäßigen

---

1 vgl. Böckle 1979, S.169
2 vgl. Utsch 1981, S.222

Tausch von Arbeitsplätzen mit unterschiedlichen Arbeitsaufgaben der Mitarbeiter untereinander, ohne daß eine Änderung des Arbeitsinhaltes eines einzelnen Arbeitsplatzes auftritt[1]. Der Wechsel ist entweder unter den betroffenen Mitarbeitern frei vereinbar oder erfolgt in einem bestimmten Rhythmus. In 43% der untersuchten Fälle wurden in Zusammenhang mit der Arbeitszeitflexibilisierung Arbeitsplatzwechsel durchgeführt (vgl. Abb. 5.2). Abhängigkeiten zwischen vor- und nachgelagerten Arbeitsplätzen lassen sich durch Arbeitsplatzwechsel reduzieren. Bei zeitlich abhängigen Arbeitsplätzen, zwischen denen sich fest dimensionierte Zwischenlagerbestände befinden, wird durch die dem Arbeitsplatz nachgelagerten Zwischenlager die Versorgung des nachgelagerten Arbeitsplatzes bei Abwesenheit des Arbeitnehmers des vorgelagerten Arbeitsplatzes erfüllt. Ist es aufgrund des Leerlaufens eines Puffers oder des Erreichens des Maximalbestandes eines Puffers erforderlich, bestimmte Arbeitsplätze zu besetzen, kann durch Arbeitsplatzwechsel der Produktionsablauf ordnungsgemäß fortgesetzt werden, indem die Mitarbeiter einen Arbeitsplatzwechsel durchführen. Dabei können jeweils bestimmte Arbeitsplätze stillgelegt werden, so daß der Fertigungsablauf auch bei nicht vollzähliger Anwesenheit der Mitarbeiter an den einzelnen Arbeitsplätzen ungestört bleibt. Die am Arbeitsplatzwechsel beteiligten Mitarbeiter vertreten jeweils die abwesenden Mitarbeiter[2].

Durch einen Arbeitsplatzwechsel erhöht sich somit die Zeitautonomie der Mitarbeiter an den zeitlich voneinander abhängigen Arbeitsplätzen[3]. Zusätzlich zur gesteigerten Zeitautonomie bewirkt ein Arbeitsplatzwechsel durch Überwindung einer tayloristischen Arbeitsteilung und der damit einhergehenden Monotonie eine Steigerung der Arbeitszufriedenheit der Mitarbeiter durch den vergrößerten Arbeitsinhalt und damit eine höhere Motivation[4]. Hierdurch kann ein verantwortungsvolleres Verhalten der Mitarbeiter bewirkt werden, durch bewußte Nutzung der Flexibilitätspotentiale zur Erfüllung betrieblicher und individueller Ziele durch die Mitarbeiter kann das zeitliche Flexibilisierungspotential zusätzlich gesteigert werden.

---

1 vgl. Doerken 1979, Sp.128; Seiwert 1979a, S.130
2 vgl. Utsch 1981, S.223f.
3 vgl. Utsch 1981, S.228
4 vgl. Seiwert 1979a, S.130

5.1.1.4 Entkopplung durch Automatisierung

Die aufgezeigten Entkopplungsmaßnahmen Pufferlager, Einsatz von Springern und Arbeitsplatzwechsel können nur zur Reduktion von Abhängigkeiten bei horizontaler Arbeitsteilung, die auf eine konsekutive Abhängigkeit zurückzuführen sind, führen[1] und hierdurch eine Vergrößerung des zeitlichen Flexibilisierungspotentials bewirken.

Durch Automatisierung ist dagegen neben der Reduktion horizontaler Interdependenzen auch eine Reduktion vertikaler Interdependenzen möglich. Die Möglichkeit der Interdependenzreduktion hängt dabei vom Automatisierungsgrad ab. Während eine konventionelle, auf Mechanisierung ausgerichtete Teilautomatisierung nicht zu einer Reduktion der Abhängigkeiten zwischen Arbeitsplätzen, sondern aufgrund der für den Menschen verbleibenden Regelungs-, Steuerungs- und Handhabungsfunktionen zu einer Mensch-Maschine-Kopplung und damit zu einer neuen zeitlichen Abhängigkeit führt, eröffnen neue, flexibel automatisierte Technologien Potentiale zur Reduktion zeitlicher Abhängigkeiten[2].

Durch Substitution der zeitlich verbundenen Aufgaben wird bei einem sehr hohen Automatisierungsgrad die Abhängigkeit zwischen vor- und nachgelagerten Arbeitsplätzen durch Übertragung der Funktionen auf Anlagen reduziert oder sogar aufgehoben. Die Automatisierung der Handhabungsfunktionen und Transportfunktionen ermöglicht einen störungsfreien Produktionsablauf auch bei zeitweiser Nichtanwesenheit von Mitarbeitern. Mit steigendem Automatisierungsgrad der bisher an den Materialfluß gebundenen Tätigkeiten im Bereich der Handhabung und Maschinenbedienung wird die Abhängigkeit von Mensch und Maschine reduziert, es ist möglich, den Menschen von der Maschinenbedienung und Montagebestückungs-, Informationsbearbeitungs- und Informationsverarbeitungsaufgaben zu entlasten, sowohl Steuerung und Regelung als auch Handhabung werden automatisierbar. Die konsekutiven Abhängigkeiten auf horizontaler Ebene sind somit durch einen hohen Automatisierungsgrad zu reduzieren. Die Entkopplung kann soweit führen, daß eine Programmierung, Beschickung oder Entnahme nur noch einmal pro Schicht durchzuführen ist, so daß eine ständige Anwesenheitszeit der Mitarbeiter während der Betriebszeit der Produk-

---

1 vgl. Staudt 1982, S.184
2 vgl. Staudt 1982, S.184ff.

tion nicht erforderlich ist, und die horizontalen Abhängigkeiten zwischen vor- und nachgelagerten Arbeitsplätzen sowie die Kopplung des Menschen an die Maschine weitgehend aufgelöst werden[1].

Darüber hinaus gestattet eine Automatisierung auch die Reduktion vertikaler Interdependenzen, die auf kooperativen Abhängigkeiten beruhen. Die vertikale Arbeitsteilung zwischen Personen läßt sich durch neue Kommunikations- und Automatisierungssysteme, die entsprechende Speichermedien zur Automatisierung des Informationsflusses besitzen, reduzieren. Eine Automatisierung unter Nutzung der Mikroelektronik gestattet durch Automatisierung von Informationsflüssen und die Speicherung von Informationen und Programmen auch eine Reduktion der vertikalen Abhängigkeiten. Der Einsatz der Mikroelektronik in der industriellen Produktion führt somit durch die Möglichkeiten Informationen zu speichern, zu einer zeitlichen Entkopplung[2]. Die Automatisierung von Steuerungs- und Regelungsfunktionen bewirkt nicht nur eine Entkopplung der Maschinenbediener und -führer von den technischen Aggregaten, sondern auch eine Reduktion der vertikalen Interdependenzen zwischen Arbeitsvorbereitung und Qualitätssicherung sowie der Fertigung. Steuerungs- und Regelungfunktionen können zeitlich aufgrund der numerischen Steuerung von Werkzeugmaschinen völlig von der Produktion abgetrennt werden, Ausführung und Erstellung von Steuerungs- und Regelungssoftware können zeitlich vollständig entkoppelt werden, der Maschinenführer kann auf die benötigten NC-Programme selbst zurückgreifen, eine gleichzeitige Anwesenheit von Arbeitsvorbereitungspersonal ist nicht erforderlich[3]. Eine Automatisierung von Prüffunktionen durch automatisierte Qualitätsprüfung wie computer aided quality assurance ermöglicht eine Reduktion der vertikalen Interdependenzen zwischen Qualitätssicherung und Produktion. Die Prüffunktionen werden automatisiert durchgeführt, ohne daß eine gleichzeitige Anwesenheit von Qualitätssicherungspersonal erforderlich wäre. Die Substitution der Prüffunktion durch eine automatisierte Qualitätssicherung führt somit durch Reduktion bisher kooperativer Abhängigkeiten von Mitarbeitern in Fertigung und Qualitätssicherung ebenfalls zu einer Steigerung des zeitlichen Flexibilisierungspotentials.

---

1 vgl. Staudt 1982, S.186f.
2 vgl. Neifer 1988, S.7; Staudt 1982, S.187ff.
3 vgl. Staudt 1982, S.188

Die neuen Technologien ermöglichen durch eine Substitution bisher zeitlich abhängiger Tätigkeiten eine Entkopplung zwischen vor- und nachgelagerten Arbeitsplätzen auf horizontaler Ebene eine Verringerung konsekutiver Abhängigkeiten. Durch die Reduktion von vertikalen kooperativen Abhängigkeiten zwischen indirekten Bereichen und Produktionsbereich, insbesondere durch die Möglichkeit zur Speicherung von Informationen, auf die zeitversetzt zurückgegriffen werden kann, werden Optionen für eine Individualisierung von Arbeitszeitstrukturen eröffnet[1]. Die entstehenden Freiheitsgrade zur chronometrischen und chronologischen Variation von Arbeits- und Betriebszeiten können sowohl zur Steigerung des zeitlichen Dispositionsspielraums der Mitarbeiter als auch zur Erfüllung betrieblicher Erfordernisse wie Ausdehnung von Betriebszeiten oder Anpassung an Nachfrageschwankungen genutzt werden. Eine Verringerung von Abhängigkeiten mittels Automatisierung erfolgte in 70 % der untersuchten Fälle im Einsatzbereich flexibler Arbeitszeiten (vgl. Abb. 5.2). Der höchste Automatisierungsgrad war bei den Bearbeitungsfunktionen zu verzeichnen, weitere Schwerpunkte der Automatisierung bildeten die Funktionen Handhabung, Steuerung und Qualitätskontrolle (vgl. Abb. 5.4).

Die Reduktion von Materialabhängigkeiten und informatorischen Abhängigkeiten durch neue Technologien sind jedoch nur dort zu verwirklichen, wo eine Lösung des Menschen aus automatisierten maschinellen Prozessen vollständig gelingt, eine Teilautomatisierung führt dagegen zu einer stärkeren Einbindung des Menschen in den Produktionsablauf und damit zu höheren horizontalen und vertikalen Abhängigkeiten, die das zeitliche Flexibilisierungspotential beschränken.

5.1.2 Steigerung des zeitlichen Flexibilisierungspotentials durch Arbeitsstrukturierung

Im Gegensatz zu den Maßnahmen, die über eine Reduktion der Kopplung vor- und nachgelagerter Arbeitsplätze die Möglichkeiten zur zeitlichen Flexibilisierung erweitern, zielen strukturelle Maßnahmen auf eine Reduktion der Interdependenzen durch Verringerung arbeitsteiliger Schritte und Bildung unabhängiger Arbeitssysteme ab[2] und bewirken hierdurch eine Steigerung des zeitlichen Flexibili-

---

1 vgl. Staudt 1982, S.189
2 vgl. Rademacher 1990, S.133

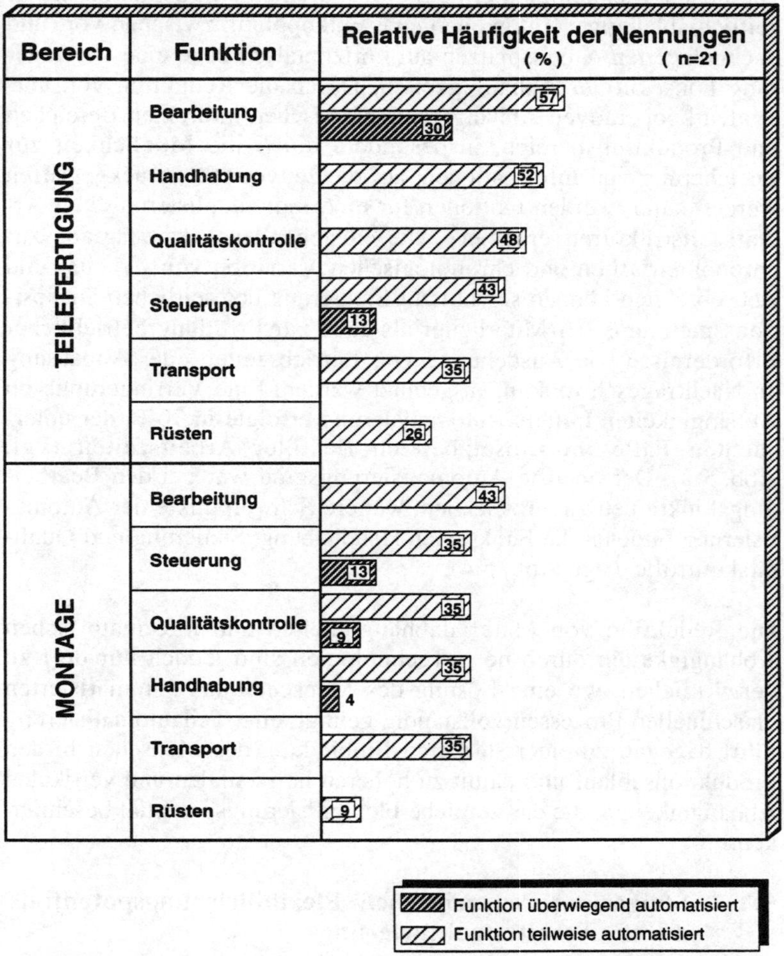

Bereich	Funktion	Relative Häufigkeit der Nennungen (%) (n=21)
TEILEFERTIGUNG	Bearbeitung	57 / 30
	Handhabung	52
	Qualitätskontrolle	48
	Steuerung	43 / 13
	Transport	35
	Rüsten	26
MONTAGE	Bearbeitung	43
	Steuerung	35 / 13
	Qualitätskontrolle	35 / 9
	Handhabung	35 / 4
	Transport	35
	Rüsten	9

Funktion überwiegend automatisiert
Funktion teilweise automatisiert

Abb. 5.4 : Automatisierungsgrad direkter und indirekter Funktionen

sierungspotentials. Im Rahmen der Arbeitsstrukturierung erfolgt eine Überwindung tayloristischer Prinzipien durch Neustrukturierung von Arbeitsinhalten und Arbeitsabläufen. Diese lassen sich in Maßnahmen individueller oder kollektiver Aufgabenerweiterung unterteilen. Maßnahmen der individuellen Aufgabenerweiterung sind Job Enrichment und Job Enlargement. Teilautonome/autonome Arbeitsgruppen werden der kollektiven Aufgabenerweiterung zugerechnet[1].

5.1.2.1 Individuelle Aufgabenerweiterung durch Job Enlargement und Job Enrichment

Unter Job Enlargement wird ein der Spezialisierung entgegengesetzter Prozeß im Rahmen der Arbeitsstrukturierung verstanden. Durch Job Enlargement wird der Arbeitsinhalt einer Arbeitsstelle horizontal und quantitativ erweitert, indem strukturell gleichartige oder ähnliche Teilaufgaben zu den bisherigen Teilaufgaben der Stelle hinzugefügt oder die Aufgaben verschiedener Stellen zur Gesamtaufgabe einer Stelle zusammengefaßt werden[2]. Beim Job Enrichment werden dagegen strukturell verschiedenartige vor- und nachgelagerte Tätigkeitselemente in einer Aufgabe integriert, so daß eine vertikale und qualitative Bereicherung des Arbeitsinhalts erfolgt[3]. Im Rahmen eines Job Enrichment werden ausführenden Mitarbeitern neben den Ausführungsaufgaben auch Einrichtung und Instandhaltung von Anlagen, Festlegung der Ausbringungsmenge sowie die Qualitätskontrolle übertragen. Diese Kompetenzverlagerung auf die ausführenden Mitarbeiter führt über eine erhöhte Verantwortung zur Verbesserung der Arbeitsmoral und Zunahme der Arbeitszufriedenheit[4].

Im Gegensatz zu den in Kap.5.1.1 und 5.1.2 dargestellten Maßnahmen der Entkopplung, die sich nur kompensatorisch auf die horizontalen und vertikalen Interdependenzen auswirken, führt die individuelle Aufgabenerweiterung durch Job Enrichment und Job Enlargement als strukturelle Maßnahme zu einer tatsächlichen Reduktion der Abhängigkeiten innerhalb der Produktion sowie zwischen Produktion und indirekten Bereichen.

---

1 vgl. Ulich 1992, Sp.374ff.
2 vgl. Kupsch 1975, Sp.1077; Seiwert 1979a, S.130
3 vgl. Reisch 1975, Sp.1084; Seiwert 1979a, S.130; Ulich 1992, Sp.375f.
4 vgl. Bühner 1992c, S.235; Seiwert 1979a, S.131

Durch die Zusammenfassung der Arbeitsaufgaben von vor- und nachgelagerten Stellen/Arbeitsplätzen, die vorher voneinander abhängig waren, verringert sich die Zahl arbeitsteiliger Einheiten, zwischen denen Abhängigkeiten bestehen. Daneben reduziert sich aufgrund einer längeren Bearbeitungsdauer bei größerem Aufgabenumfang auch die Häufigkeit der Beziehungen zwischen vor- und nachgelagerten Arbeitsplätzen, da der einzelne Mitarbeiter längere Zeit ohne Kontakt zu diesen arbeiten kann[1], so daß die Zahl der horizontalen Interdependenzen abnimmt. Durch die Übertragung dispositiver, indirekter Aufgaben auf die direkten Mitarbeiter können auch die vertikalen Interdependenzen zu Qualitätssicherung, Instandhaltung und Arbeitsvorbereitung reduziert[2] und die Spielräume für eine flexible Arbeits- und Betriebszeitgestaltung erhöht werden.

In 57% der befragten Unternehmen wurde in Zusammenhang mit der zeitlichen Flexibilisierung eine Arbeitsbereicherung durchgeführt, 43% nahmen eine Arbeitserweiterung vor (vgl. Abb. 5.5).

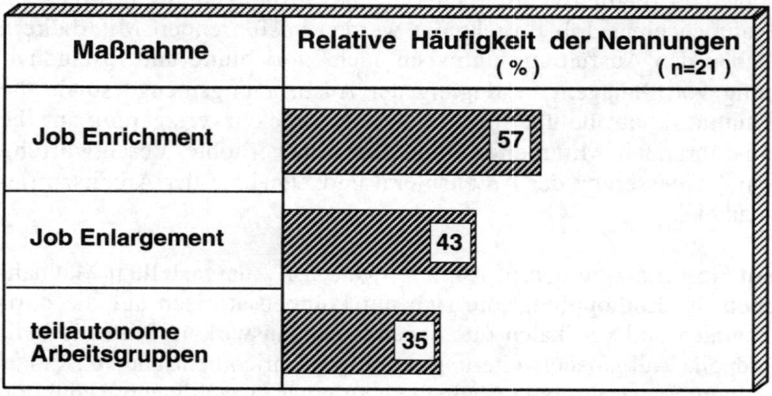

Maßnahme	Relative Häufigkeit der Nennungen (%) (n=21)
Job Enrichment	57
Job Enlargement	43
teilautonome Arbeitsgruppen	35

Abb. 5.5 : Reduktion von Interdependenzen bei flexibler Arbeitszeitgestaltung durch individuelle und kollektive Aufgabenerweiterung

---

1 vgl. Böckle 1979, S.173; Rademacher 1990, S.133
2 vgl. Böckle 1979, S.173

5.1.2.2 Kollektive Aufgabenerweiterung durch Arbeits-gruppen

(Teil-)autonome Arbeitsgruppen sind dadurch gekennzeichnet, daß ihnen ein weitgehend geschlossener Aufgabenbereich zur Bearbeitung übertragen wird; dabei sind unterschiedliche Grade von Autonomie realisierbar[1]. Kennzeichnend für die autonome Arbeitsgruppe ist die teamorientierte Organisationsform, die durch Verzicht auf die Eingliederung einer formalen Leitung und der daraus resultierenden Gleichordnung der personalen Elemente oder Basissysteme entsteht. Arbeitsgruppen leiten und strukturieren sich somit selbst[2]. In Arbeitsgruppen wird dabei keine Unterscheidung in Führungs- und Ausführungsaufgaben getroffen, den Gruppen werden zusammengehörige und zeitlich eng miteinander verknüpfte Arbeitsaufgaben als Aufgabengesamtheit gemeinsam übertragen, die arbeitsorganisatorische Planung und Durchführung der Aufgaben wird von den Mitarbeitern selbständig durchgeführt. Dies führt zu organisatorischen Freiräumen und erfordert daher eine Selbstorganisation der Mitarbeiter. Autonome Arbeitsgruppen gestatten ein hohes Maß persönlicher Freiheit und Eigenverantwortung im Arbeitsprozeß und bieten die Grundlage für eine größere Selbstentfaltung und Selbstverwirklichung der Mitarbeiter. Im Gegensatz zu Trennung von Verantwortung zwischen Planung und Durchführung bei tayloristischen Arbeitsstrukturen ist Gruppenarbeit durch eine verstärkte Verantwortungszentrierung bei den direkten Mitarbeitern gekennzeichnet. Die Gruppenarbeit wirkt sich als aufgabenorientierter Anreiz positiv auf die Leistungsmotivation aus[3].

Die Autonomie der Arbeitsgruppen, die sich in der Übertragung eines weitgehend geschlossenen Aufgabenbereichs konkretisiert, führt zu einer Reduktion horizontaler und vertikaler Interdependenzen zwischen den in der Arbeitsgruppe zusammengefaßten Arbeitsplätzen und dem betrieblichen Umsystem. Die Durchführung zeitlich eng miteinander verknüpfter Arbeitsaufgaben durch Komplettbearbeitung von Teilen und Produkten reduziert die horizontalen Interdependenzen zwischen Arbeitsgruppe und vor- und nachgelagerten Arbeitsplätzen[4]. Die Mehrfachqualifikation der Mitarbeiter und die

---

1 vgl. Heeg/Lichtenberg 1990, S.112; Seiwert 1979b, S.185; Ulich 1992, Sp.376
2 vgl. Bleicher 1991, S.113; Heeg/Lichtenberg 1990, S.112
3 vgl. Bleicher 1991, S.113f.; Bühner 1985, S.172; Seiwert 1979b, S.185f.
4 vgl. Böckle 1979, S.170f.; Rademacher 1990, S.133

Möglichkeit des flexiblen Personaleinsatzes innerhalb der Gruppe gestattet darüber hinaus aufgrund der Möglichkeit einer gegenseitigen Stellvertretung der Mitarbeiter eine deutliche Verringerung der horizontalen Abhängigkeiten zwischen den Arbeitsplätzen in der Arbeitsgruppe.

Die Rückverlagerung von Entscheidungs- Kontroll- und Koordinationsbefugnissen in die Gruppe durch die Übertragung von Qualitätskontrolle, Steuerungsfunktionen und Instandhaltungsaufgaben auf die direkten Mitarbeiter bewirkt eine Reduktion der vertikalen Interdependenzen zwischen Arbeitsgruppe und den indirekten Bereichen Qualitätssicherung, Instandhaltung und Arbeitsvorbereitung. Die Übernahme von indirekten Funktionen wie ausfallbedingten Reparaturen, Qualitätsprüfung und Produktionssteuerungsaufgaben, die aufgrund mangelnder Planbarkeit oder enger zeitlicher Verknüpfung mit den ausführenden Tätigkeiten bei strikter Trennung von ausführenden und dispositiven Tätigkeiten eine gleichzeitige Anwesenheit von indirekten Mitarbeitern während der Betriebszeit in der Produktion erfordern, hebt den Zwang einer gleichzeitigen Anwesenheit des indirekten Personals auf und eröffnet Potentiale zur zeitlichen Flexibilisierung. Teilautonome Arbeitsgruppen kamen in einem Drittel der ausgewerteten Fälle in Zusammenhang mit der zeitlichen Flexibilisierung zur Anwendung (vgl. Abb. 5.5).

Individuelle und kollektive Aufgabenerweiterung führt in zweifacher Hinsicht zu einer Steigerung des zeitlichen Flexibilisierungspotentials. Die Reduzierung der Abhängigkeiten innerhalb der Produktion sowie zwischen Produktion und indirekten Bereichen erhöht die Freiheitsgrade zur chronologischen und chronometrischen Variation für Mitarbeiter und Unternehmen. Dies gestattet in einem gewissen Umfang eine Anpassung der Arbeits- und Betriebszeiten in einzelnen Bereichen an betriebliche Erfordernisse und Interessen der Mitarbeiter, ohne eine Störung der betrieblichen Abläufe zu verursachen.

Darüber hinaus eröffnet die Arbeitsstrukturierung Potentiale zur Beeinflussung des Verhaltens der Mitarbeiter. Die Aufgabenerweiterung fördert die soziale Interaktion und die gemeinsame Bewältigung von Schwierigkeiten, indem die Mitarbeiter durch Aufgaben, deren Bewältigung gegenseitige Unterstützung erfordert, zur Kooperation motiviert werden. Eine erhöhte Autonomie durch Einräumung von Aufgaben mit Dispositions- und Entscheidungsmöglichkeiten erhöht Motivation und Selbstbewußtsein der Mitarbeiter und deren Verantwortungsgefühl[1]. Kooperation und Verantwortungsbewußtsein der Mitarbeiter gestatten eine Vergrößerung der zeitlichen Dispositionsspielräume und deren Nutzung zur Realisierung betrieblicher Ziele und individueller Interessen durch die Mitarbeiter.

5.2 Steigerung des zeitlichen Flexibilisierungspotentials durch Verhaltensänderung

Neben der Reduktion von Abhängigkeiten durch Entkopplungsmaßnahmen und Verringerung der Arbeitsteilung liefert das Verhalten der Organisationsmitglieder Ansatzpunkte zur Steigerung des zeitlichen Flexibilisierungspotentials. Zur Erzielung einer Verhaltensänderung der Organisationsmitglieder im Sinne einer gegenseitigen Gewährung von zeitlichen Dispositionsspielräumen und einer verantwortungsvollen Nutzung derselben kommt einer Information und Schulung von Mitarbeitern, Vorgesetzten und Betriebsrat eine hohe Bedeutung zu. Abbildung 5.6 zeigt die Determinanten des Verhaltens der Organisationsmitglieder und die Ansatzpunkte zur Verhaltensänderung durch Information, Partizipation und Schulung.

5.2.1 Steigerung des zeitlichen Flexibilisierungspotentials durch Information und Partizipation der betroffenen Organisationsmitglieder

Eine gezielte, ausführliche und rechtzeitige Information der direkt von der Arbeitszeitregelung Betroffenen ist eine wesentliche Voraussetzung für die erfolgreiche Einführung und Umsetzung flexibler Arbeitszeitsysteme[2]. Direkt Beteiligte sind Vorgesetzte der betroffenen Abteilung, Mitarbeiter der betroffenen Abteilung, die Personalabteilung und der Betriebsrat.

Die Information von Mitarbeitern, Vorgesetzten und Betriebsrat dient der Erläuterung der Ziele und der geplanten Arbeitszeitmodelle. Die frühzeitige Information ist ein wichtiger Faktor für die Überwindung von Widerständen und Akzeptanzproblemen gegen flexible Arbeits- und Betriebszeiten[3]. Die Ergebnisse der empirischen Befragung in den am Arbeitskreis beteiligten Unternehmen bestäti-

---

1 vgl. Bühner 1992c, S. 235
2 vgl. Wildemann 1992a, S. 219
3 vgl. Bühner 1992c, S. 236; Kleinhenz 1990a, S.283; Siemens AG 1989, S.15

Maßnahmen / Determinanten des Verhaltens		Information Partizipation	Schulung
Verhalten des Betriebsrats	Repräsentationsfunktion	X	
	Schlichtungsfunktion		
	Informationsfunktion		
	Überwachungsfunktion		
	Zeitmanagementfunktion		
der Vorgesetzten	Qualifikation		X
	Führungsstil		X
	Einstellung	X	
der Mitarbeiter	Qualifikation		X
	Motivation	X	

Abb. 5.6 : Ansatzpunkte zur Steigerung des zeitlichen Flexibilisierungspotentials durch Verhaltensänderung

gen dies. Die Betriebsräte wurden in den befragten Unternehmen
früh informiert und in die Gestaltung und Umsetzung flexibler Arbeitszeiten einbezogen, die frühzeitige Information der betroffenen
Mitarbeiter war dagegen nicht in vollem Umfang gegeben[1]. Der
Zeitpunkt, zu dem die Information der Mitarbeiter und des Betriebsrats erfolgte[2], wies in den befragten Unternehmen einen deutlichen
Zusammenhang mit deren Mitarbeiterorientierung bei der Arbeits-
und Betriebszeitgestaltung auf. Die Mehrzahl der Unternehmen, die
bei der Arbeits- und Betriebszeitgestaltung eine starke Mitarbeiterorientierung anstrebten, informierten die Betroffenen frühzeitig. Bei
den Unternehmen, die mit der flexiblen Arbeits- und Betriebszeitgestaltung in erster Linie eine Wettbewerbsorientierung anstrebten,
und die die Mitarbeiterorientierung als weniger wichtig einstuften,
erfolgte dagegen die Information der Mitarbeiter zu einem späteren
Zeitpunkt[3].

Die Analyse der Korrelationen zwischen der Akzeptanz flexibler Arbeitszeitgestaltung durch Mitarbeiter und Betriebsräte und dem Zeitpunkt der Information bzw. Einbeziehung derselben zeigt einen positiven Zusammenhang auf (vgl. Abb. 5.7), dies deutet darauf hin,
daß durch frühzeitige Information und Einbeziehung der Betroffenen Akzeptanzprobleme überwunden werden können.

Die Information reicht aber alleine nicht aus, um eine Partizipation
der von der flexiblen Arbeitszeitgestaltung Betroffenen zu gewährleisten. Neben einer schriftlichen Bekanntmachung ist zur Information und Einbeziehung eine mündliche Unterrichtung der Betroffenen durch Einzel- oder Gruppengespräche[4], die eine stärkere Beteiligung der Betroffenen am Willensbildungs- und Gestaltungsprozeß
ermöglichen, von Bedeutung. Insbesondere Gruppengespräche gestatten neben einer ausführlichen Information auch eine intensive Re-
flexion der Interessen der Betroffenen in bezug auf die Arbeitszeitgestaltung[5].

Neben Gruppen- und Einzelgesprächen kommt dem Instrument der
Mitarbeiterbefragung zur Erfassung der Arbeitszeitpräferenzen eine

---

1 vgl. Wildemann 1990a, S.107f.
2 zum Zeitpunkt der Information der betroffenen Vorgesetzten liegen keine
   Ergebnisse vor
3 vgl. Wildemann 1992a, S.224 u. S.227
4 vgl. Hegner 1987, S.20; Holenweger 1989, S.493
5 vgl. Kleinhenz 1990a, S.283

Faktoren	Akzeptanz		
	Mitarbeiter	Betriebsrat	Vorgesetzte
frühzeitige Information der Mitarbeiter	+		
frühzeitige Information des Betriebsrats	++	++	
Schulung der Mitarbeiter	+++	+++	
Schulung der Vorgesetzten	++		
Erfassung der Arbeitszeitpräferenzen der Mitarbeiter durch Umfrage			++
Beteiligung bei der Planung des Personaleinsatzes	++		
Dispositionsspielraum bei der Personaleinsatzsteuerung	++		++

+++   starke positive Korrelation
++   mittlere positive Korrelation
+   geringe positive Korrelation
(n=21)

Abb. 5.7 : Information und Schulung als akzeptanzfördernde Faktoren

wichtige Bedeutung zu[1]. Eine systematische Mitarbeiterbefragung wurde in 26% der befragten Unternehmen durchgeführt. Mitarbeiterbefragungen erhöhen die Partizipation der Mitarbeiter, den Mitarbeitern wird gezeigt, daß ihre Belange ernst genommen werden und sie zu Wort kommen[2]. Eine erfolgreiche Partizipation der Mitarbeiter mittels Befragung ist jedoch an die Erfüllung bestimmter Voraussetzungen geknüpft[3]. Bei einer Mitarbeiterbefragung zur Arbeits- und Betriebszeitgestaltung müssen die Mitarbeiter über das Ziel und Ablauf der Befragung, die Verwertung der Ergebnisse sowie die Frageninhalte ausreichend informiert werden. Die Befragung der Mitarbeiter zu geplanten Arbeitszeitregelungen alleine reicht nicht zur Entscheidung aus. Eine Befragung ohne eine Berücksichtigung der Vorschläge, die die Mitarbeiter zur Arbeitszeitgestaltung eingebracht haben, mindert dagegen die Akzeptanz neuer Arbeitszeitregelungen[4]. Eine sachgerechte Information und eine umfangreiche Partizipation der Betroffenen durch Gespräche, Diskussionen und Befragungen beeinflussen aufgrund der akzeptanzfördernden Wirkung Motivation und Einstellung der Organisationsmitglieder zu flexiblen Arbeitszeiten und tragen damit zu einer zieladäquaten Nutzung der zeitlichen Dispositionsspielräume durch die betroffenen Mitarbeiter und Vorgesetzten bei[5]. Information und Partizipation stellen daher einen wichtigen Ansatzpunkt zur Steigerung des zeitlichen Flexibilisierungspotentials durch eine Verhaltensänderung der betroffenen Organisationsmitglieder dar, da Motivation und Einstellung wichtige Einflußfaktoren des Verhaltens von Betriebsräten, Vorgesetzten und Mitarbeitern in bezug auf eine zeitliche Flexibilisierung bilden.

5.2.2 Steigerung des zeitlichen Flexibilisierungspotentials durch Entlohnung

Die Lohnform kann die Nutzung des Dispositionsspielraums bei der Arbeitszeitgestaltung zur Erreichung betrieblicher Ziele unterstützen[6]. Für eine Nutzung des Instruments Entlohnung zur Steigerung des zeitlichen Flexibilisierungspotentials durch eine Beeinflussung des Verhaltens der Mitarbeiter stehen verschiedene Entlohnungskon-

---

1 vgl. Holenweger 1989, S.493f.; Wildemann 1991, S.28
2 vgl. Domsch/Schneble 1992, Sp.1377
3 vgl. Graf/Netta 1990, S.303; Wildemann 1991, S.29
4 vgl. Graf/Netta 1990, S.303
5 vgl. Bühner 1992c, S.236
6 vgl. Endell 1987, S. 164f.; Wildemann 1992a, S.176

zepte zur Verfügung. Ergebnisse einer Befragung von 14 der am
Arbeitskreis beteiligten Unternehmen zeigen, daß auf diesem Feld
noch Defizite bestehen, 53% dieser Unternehmen stuften ihr beste-
hendes Lohnsystem im Hinblick auf die Anwendung bei flexibler Arbeitszeitgestaltung nur als bedingt geeignet ein[1].

Der reine Zeitlohn bietet keine Möglichkeit zur Verhaltensbeeinflus-
sung. Beim Zeitlohn mit Leistungszulage wird im Gegensatz zum
reinen Zeitlohn der Grundlohn durch eine variable Leistungszulage
ergänzt. Als Basis einer Leistungszulage können neben sachlichen
Leistungsmerkmalen auch persönliche Leistungsmerkmale wie Beachten von Vorschriften, Bereitschaft zu vielseitigem Einsatz und
Verhalten gegenüber anderen herangezogen werden[2]. Der Zeitlohn
mit Leistungszulage bietet daher Ansatzpunkte, ein Verhalten der
Mitarbeiter, das durch Berücksichtigung von Abstimmungserforder-
nissen mit Kollegen und Vorgesetzten und verantwortungsvoller
Nutzung der zeitlichen Dispositionsspielräume die Möglichkeiten des
Unternehmens zur Anpassung der Arbeits- und Betriebszeiten an betriebliche Erfordernisse erhöht und die zeitlichen Handlungsspielräume der Kollegen berücksichtigt, durch entsprechende Zulagen zu
honorieren.

Lohnsysteme wie Akkordlohn oder akkordnahe Lohnformen[3], die
ausschließlich die Mengenleistung honorieren, bieten dagegen keine
Ansatzpunkte, das Verhalten der Mitarbeiter auf eine verantwortungsvolle Nutzung zeitlicher Dispositionsspielräume auszurichten.
Prämienlöhne gestatten durch Auswahl entsprechender Prämienbe-
zugsgrößen eine gezielte Ausrichtung des Verhaltens der Mitarbeiter
auf betriebliche Ziele, die durch eine flexible Arbeits- und Betriebszeitgestaltung unterstützt werden können[4], wie eine verbesserte Anlagennutzung. Die Einführung von Prämien- und Bonussystemen zur
Unterstützung einer flexiblen Arbeitszeitgestaltung wurde von einem
Teil der befragten Unternehmen als sinnvoll erachtet[5].

Die Motivation der Mitarbeiter zur verstärkten Nutzung zeitlicher
Dispositionsspielräume im Sinne betrieblicher Zielsetzungen ist bei
Anwendung dieser Lohnkonzepte begrenzt. Der Mitarbeiter hat kei-

---

1 vgl. Bühner 1992c, S.237
2 vgl. Reisch 1992, Sp.2359ff.
3 zu diesen Lohnformen vgl. Bühner 1986b, S.77f.; Busch 1985, S.27ff.
4 vgl. Endell 1987, S.164f.
5 vgl. Bühner 1992c, S.237

nen Einfluß auf die festgelegten Bezugsgrößen der Entlohnung, seine Leistung wird an der Erfüllung einer fremdbestimmten Vorgabe, deren Einhaltung durch Fremdkontrolle ermittelt wird, gemessen. Diese Fremdbestimmung steht im Gegensatz zu den bei flexibler Arbeitszeitgestaltung eingeräumten Handlungsspielräumen.

Zur Unterstützung einer verantwortungsvollen Nutzung zeitlicher Dispositionsspielräume ist daher ein Entlohnungskonzept, das den Mitarbeiter auch an der Festlegung der entlohnungsrelevanten Bezugsgrößen beteiligt, besser geeignet. Einer Entlohnung nach Zielvereinbarung liegt die Sichtweise zugrunde, daß Entlohnung in Zusammenhang mit anderen Faktoren dann einen Motivationsfaktor darstellt, wenn der Mitarbeiter die an ihn gestellten entgeltrelevanten Anforderungen kennt, an der Festlegung der zu erreichenden Ziele und ihrer Höhe beteiligt ist und sich mit den Zielen identifiziert. Im Rahmen einer Entlohnung nach Zielvereinbarung erhalten die Mitarbeiter zusätzlich zum tariflichen Grundlohn einen Bonus, der sich am Erfüllungsgrad bestimmter Ziele orientiert[1]. Die Besonderheit dieses Konzeptes liegt darin, daß die Ziele den Mitarbeitern nicht vorgegeben werden, sondern diese aktiv in die Zielvereinbarung miteinbezogen werden. Die Zielvereinbarung erfolgt periodisch zwischen Mitarbeitern und Vorgesetzten (vgl. Abb. 5.8), durch die Einbeziehung der Mitarbeiter soll erreicht werden, daß diese die Zielerreichung nicht nur wegen des damit verbundenen Bonus anstreben, sondern sich auch mit diesen identifizieren. Im Gegensatz zu einer konventionellen Leistungsentlohnung, die an feste Bezugsgrössen geknüpft ist, die im Zeitablauf nicht geändert werden, gestattet eine Entlohnung nach Zielvereinbarung durch die periodisch wiederkehrende Neufestlegung eine Veränderung der entgeltrelevanten Ziele. Durch Vereinbarung von Zielen wie Anlagennutzung, Termintreue, Durchlaufzeitsenkung und Bestandssenkung können die Mitarbeiter dazu motiviert werden, die ihnen eingeräumten zeitlichen Handlungsspielräume zur Erreichung der vereinbarten Ziele zu nutzen.

---

1 vgl. Geiger 1992, S.288ff

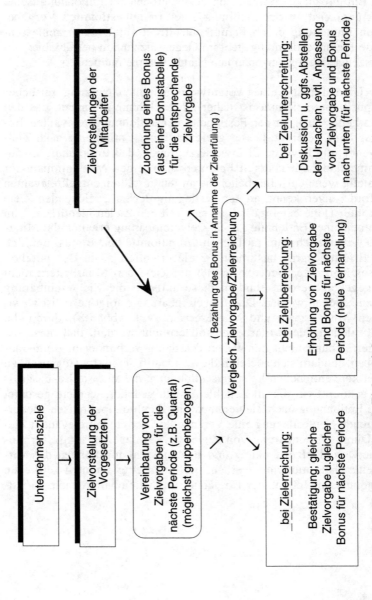

Abb. 5.8 : Entlohnung nach Zielvereinbarung

5.2.3 Steigerung des zeitlichen Flexibilisierungspotentials durch Qualifizierung

Die Deckung des flexibilisierungsbedingten Qualifizierungsbedarfs stellt einen weiteren Ansatz zur Steigerung des zeitlichen Flexibilisierungspotentials durch eine Verhaltensänderung der Organisationsmitglieder dar. Durch eine entsprechende Aus- Fort- und Weiterbildung von Vorgesetzten und Mitarbeitern ist den in Kapitel 4 aufgezeigten Qualifikationsanforderungen, die sich aus dem Einsatz flexibler Arbeitszeiten ergeben, Rechnung zu tragen[1].

Die Fortbildung umfaßt als Teilbereich der Personalentwicklung die Vermittlung von Fähigkeiten, Kenntnissen und Verhaltensweisen zur Erhaltung oder Steigerung der Qualifikation der Mitarbeiter und der Vorgesetzten[2], sie dient neben der Sicherung des Bestandes an Fach- und Führungskräften im Unternehmen der Verbesserung des Leistungs- und Sozialverhaltens und der Anpassung der Qualifikationen an geänderte Anforderungen[3]. Bei technischen und organisatorischen Innovationen kommt der Qualifizierung die Aufgabe zu, Vorgesetzte und Mitarbeiter nicht nur zur Bewältigung der Neuerungen zu befähigen, sondern ihnen auch die Fähigkeiten zu vermitteln, die zur aktiven Teilnahme an der Gestaltung der Innovationen erforderlich sind[4]. Die Fortbildung darf sich dabei nicht nur auf die reine Wissensvermittlung beschränken, sondern muß gleichzeitig auch den Verhaltensaspekt miteinbeziehen[5].

Zur Ableitung und Umsetzung der Qualifizierungsmaßnahmen bei flexibler Arbeitszeitgestaltung empfiehlt sich eine Vorgehensweise in mehreren Schritten[6]. Abbildung 5.9 zeigt die Veränderung der Qualifikationsanforderungen an die Mitarbeiter durch den Einsatz flexibler Arbeitszeiten in den befragten Unternehmen. Die Ergebnisse zeigen einen deutlichen Anstieg der Anforderungen an die sozialen Kompetenzen der Mitarbeiter. Aus den erhöhten Anforderungen an Verantwortungsbewußtsein, Kooperationsbereitschaft, Einsatzflexibilität, Kommunikationsfähigkeit, Zuverlässigkeit, fachliche Qualifikation und Lernfähigkeit lassen sich als Ziele der Personalentwick-

---

1 vgl. Bühner 1992c, S.233f. u. 245
2 vgl. Berthel 1989, S.219 u. dgl. 1992, Sp.883f.
3 vgl. Berthel 1992, Sp.886; Bisani 1983, S.163; Meier/Schindler 1992, Sp.512
4 vgl. Berthel 1992, Sp.885
5 vgl. Bisani 1983, S.164
6 vgl. Wildemann 1992a, S.220f.

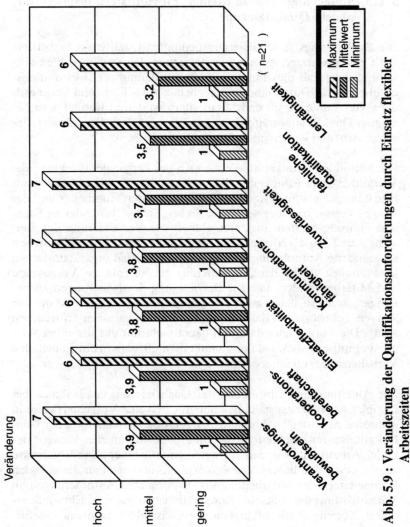

Abb. 5.9 : Veränderung der Qualifikationsanforderungen durch Einsatz flexibler Arbeitszeiten

lung bei flexibler Arbeitszeitgestaltung die Mehrfachqualifikation der Mitarbeiter, Vermittlung von Teamfähigkeit, Qualitätskenntnissen und technischem Spezialwissen sowie Sicherstellung der Personaleinsatzflexibilität ableiten (vgl. Abb. 5.10)[1]. Bei der Ermittlung des Fortbildungsbedarfs ist zu beachten, daß der durch zeitliche Flexibilisierung entstehende Qualifikationsbedarf nicht direkt auf individuelle Defizite zurückgeführt und daher auch nicht durch einen Vergleich von arbeitsplatzspezifischen Anforderungen und Mitarbeiterqualifikationen ermittelt werden kann[2].

Die erhöhten Qualifikationsanforderungen an die Mitarbeiter wurden in 87% der Unternehmen durch Schulungsmaßnahmen gedeckt. Hinsichtlich der Intensität der Schulung zeigten sich deutliche Unterschiede zwischen den einzelnen Unternehmen. Dabei ließ sich ein positiver Zusammenhang zwischen der Intensität der Mitarbeiterschulung und der Mitarbeiterorientierung der Unternehmen bei der flexiblen Arbeitszeitgestaltung feststellen. Die Unternehmen mit stark ausgeprägter Mitarbeiterorientierung führten eine intensive Schulung durch, die Unternehmen, die mit der flexiblen Arbeits- und Betriebszeitgestaltung ausschließlich wettbewerborientierte Zielsetzungen verfolgten, beschränkten sich dagegen auf eine Kurzinformation. Eine Schulung der Vorgesetzten wurde bei allen Unternehmen, die einen systematischen Einführungsprozeß durchführten, vorgenommen; eine intensive Schulung der Vorgesetzten fand nur in wenigen Fällen statt[3]. Die erforderlichen Qualifikationen sind durch arbeitsplatzgebundene und arbeitsplatzferne Qualifizierungsmaßnahmen zu vermitteln. Die Schulung kann dabei einzeln oder in Gruppen durchgeführt werden, es können sowohl aktive als auch passive Lehrmethoden eingesetzt werden[4]. Im Rahmen der arbeitsplatzbezogenen Ausbildung werden in erster Linie fachliche Kenntnisse, Fertigkeiten und Fähigkeiten, die der Mitarbeiter zur Durchführung seiner Aufgaben braucht, durch die Vorgesetzten vermittelt[5]. Zur arbeitsplatzbezogenen Qualifizierung können neben der bereits in Kap. 5.1 behandelten Job Rotation die Unterweisung am Arbeitsplatz, die Leittextmethode und der Einsatz als Assistent oder Stellvertreter sowie die multiple Führung eingesetzt werden[6]. Ziel des "training-off-the-

---

1 vgl. Bühner 1992c, S.233f.
2 vgl. Berthel 1992, Sp.888f.
3 vgl. Wildemann 1992a, S.224 u. 227
4 vgl. Berthel 1992, Sp.890ff.; Meier/Schindler 1992, Sp.518ff.
5 vgl. Staudt/Rehbein 1988, S.124
6 vgl. Berthel 1992, Sp.892f.

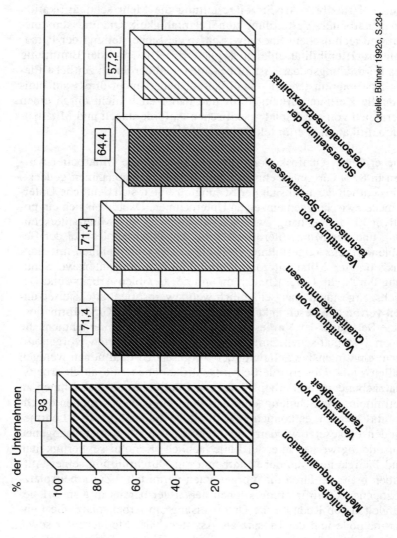

% der Unternehmen

Quelle: Bühner 1992c, S.234

Abb. 5.10 : Ziele der Qualifizierung der Mitarbeiter

job" ist die Vermittlung von theoretischem Wissen, fachübergreifenden Grundlagenkenntnissen und sozialen Qualifikationen[1]. Für die Fortbildung außerhalb des Arbeitsplatzes stehen die Methoden Vortrag, Fallstudie, Planspiel, Rollenspiel, Action Learning und gruppendynamische Trainingsformen zur Verfügung[2]. Die Qualifizierungsmethoden sind im Einzelfall auf den Qualifikationsbedarf und die Zielgruppe abzustimmen. Dabei ist zu berücksichtigen, daß der Schwerpunkt der Qualifizierung nicht in der Vermittlung von Informationen über Arbeitszeitmodelle liegen sollte, sondern bei Mitarbeitern und Vorgesetzten Verständnis für betriebliche Zusammenhänge geweckt, soziale Kompetenzen und fachliche Kenntnisse vermittelt und notwendige Verhaltensänderungen trainiert werden sollte[3]. Zur Deckung des durch zeitliche Flexibilisierung verursachten Qualifizierungsbedarfs kommt daher neben arbeitsplatzbezogenen Qualifizierungsmaßnahmen und Vorträgen, die sich zur Vermittlung fachlicher Kenntnisse eignen, Methoden wie Rollenspielen oder gruppendynamischen Trainingsformen, die auf eine Veränderung des Verhaltens abzielen, eine besondere Bedeutung zu.

Am Qualifizierungsprozeß sollten aufgrund der unternehmensweiten Ausstrahlungseffekte flexibler Arbeits- und Betriebszeiten neben der jeweiligen Zielgruppe die Personalabteilung, die Fachabteilungen, die direkten Vorgesetzten und unternehmenseigene sowie ggf. externe Bildungsstätten beteiligt werden. In der Mehrzahl der befragten Unternehmen wirkten Vorgesetzte und Personalabteilung an der Fort- und Weiterbildung mit, die Zusammenarbeit mit außerbetrieblichen Weiterbildungsinstitutionen hing vom Inhalt der Qualifizierungsmaßnahmen ab, zur Vermittlung von fachlichen Kenntnissen und Verhaltenskenntnissen wurden in großem Umfang externe Weiterbildungsinstitutionen eingeschaltet[4].

Eine Qualifizierung, die Mitarbeitern und Vorgesetzten die fachlichen und überfachlichen Qualifikationen vermittelt, die zur Umsetzung flexibler Arbeitszeitgestaltung und zur Partizipation an der Gestaltung neuer Arbeitszeitmodelle erforderlich sind, kann über den Abbau von Qualifikationsdefiziten hinaus auch Widerstände gegen flexible Arbeitszeiten abbauen[5], da eine Partizipation der Be-

---

1 vgl. Meier/Schindler 1992, Sp.519f.; Staudt/Rehbein 1988, S.129f.
2 vgl. Berthel 1992, Sp.894ff.; Conradi 1983, S.99ff.
3 vgl. Bühner 1992c, S.233f. u. 237; Marr 1987b, S.264
4 vgl. Bühner 1992c, S.240ff.
5 vgl. Wildemann 1992a, S.220

troffenen eine erhöhte Zufriedenheit und eine höhere Akzeptanz von Neuerungen bewirken kann[1], und im Rahmen der Schulung über die Deckung des arbeitszeitspezifischen Qualifizierungsbedarfs hinaus auch die Möglichkeit besteht, Akzeptanzprobleme und Ängste der Mitarbeiter hinsichlich einer flexiblen Arbeitszeitgestaltung abzubauen[2].

Da die Qualifikation eine wichtige Determinante des Verhaltens von Vorgesetzten und Mitarbeitern in bezug auf eine zeitliche Flexibilisierung bildet, stellt neben der Information und Partizipation auch eine intensive Schulung von Mitarbeitern und Vorgesetzten, die den Qualifikationsanforderungen einer zeitlichen Flexibilisierung Rechnung trägt, einen wichtigen Ansatzpunkt zur Steigerung des zeitlichen Flexibilisierungspotentials durch eine Verhaltensänderung der betroffenen Organisationsmitglieder dar.

5.3 Optimierung des zeitlichen Flexibilisierungspotentials durch Stabilisatoren

Ein hohes zeitliches Flexibilisierungspotential beinhaltet sowohl für die Mitarbeiter als auch für das Unternehmen große zeitliche Dispositionsspielräume (vgl. Kap.3). Die Dispositionsspielräume ermöglichen einerseits eine Optimierung der Betriebszeiten einzelner Arbeitsplätze oder ganzer Bereiche im Hinblick auf betriebliche Zielsetzungen wie Kapitalkostensenkung oder Anpassung an Kapazitätsschwankungen, andererseits erhalten die Mitarbeiter die Möglichkeit, die Arbeitszeit an ihre Bedürfnisse anzupassen. Eine Vielzahl möglicher Arbeits- und Betriebszeiten führt - bei fehlender Abstimmung der Arbeitszeiten - in arbeitsteiligen Systemen wie Industriebetrieben zu einer erhöhten Varietät und bewirkt so eine Steigerung der Instabilität (vgl. Kap. 2.2). Um zu verhindern, daß eine Ausschöpfung der Dispositionsspielräume durch Anwendung flexibler Arbeitszeitregelungen zu einer Instabilität führt, sind neben den bestehenden rechtlichen Stabilisatoren organisatorische Stabilisatoren erforderlich.

---

1 vgl. Berthel 1992, Sp.885; Rosenstiel 1987, S.4f.
2 vgl. Hegner 1987, S.21

5.3.1 Rechtliche Rahmenbedingungen als Stabilisatoren der zeitlichen Flexibilisierung

Die Arbeitszeitgestaltung erfolgt innerhalb eines Rahmens öffentlichrechtlicher und kollektivrechtlicher Regelungen. Gesetzliche Arbeitszeitvorschriften sind in der Arbeitszeitordnung (AZO), in der Gewerbeordnung (GewO), im Beschäftigungsförderungsgesetz (BeschFG) sowie im Jugendarbeitsschutzgesetz (JArbSchG) und im Mutterschutzgesetz (MuSchG) enthalten. Gesetze und Verordnungen stellen als ranghöchste rechtliche Ebene den Rahmen für Tarifverträge, Betriebsvereinbarungen und Arbeitsverträge dar[1]. Tarifverträge zwischen Arbeitgeberverbänden und Gewerkschaften zählen zu den kollektivrechtlichen Regelungen, sie beinhalten Rechtsnormen, die Inhalt, Abschluß und Beendigung von Arbeitsverhältnissen sowie betriebliche Fragen und damit auch die Arbeitszeit betreffen. In Betriebsvereinbarungen, die zwischen Arbeitgeber und Betriebsrat geschlossen werden, sind auf betrieblicher Ebene Normen für Arbeitsverhältnisse sowie betriebliche und betriebsverfassungsrechtliche Fragen festgelegt. Arbeitszeitregelungen, die durch Tarifvertrag geregelt werden, können Gegenstand einer Betriebsvereinbarung sein, wenn der Tarifvertrag eine entsprechende Öffnungsklausel enthält[2].

Die Arbeitszeit einzelner Arbeitnehmer kann kürzer oder länger sein als die Normalarbeitszeit, d.h. die tarifliche Arbeitszeit. Tarifverträge können eine Spanne für Vollzeitarbeitsverhältnisse vorsehen, z.B. zwischen 37 und 40 Stunden im Manteltarifvertrag der Bayerischen Metallindustrie. Die tarifliche Arbeitszeit pro Woche beträgt nach dem Manteltarifvertrag der Metallindustrie in Bayern 37 Stunden, für max. 13% der Arbeitnehmer kann sie bis auf 40 Stunden ausgedehnt werden. Die tägliche Arbeitszeit umfaßt nach dem MTV Bayern bis zu 8 Stunden, falls keine andere Regelung vorliegt[3].

Arbeitsverhältnisse mit Arbeitszeiten unterhalb der regelmäßigen Wochenarbeitszeit vollzeitbeschäftigter Arbeitnehmer sind Teilzeitarbeitsverhältnisse. Diese sind unbeschränkt erlaubt, nach § 2 BeschFG darf der Arbeitgeber einen teilzeitbeschäftigten Arbeitnehmer nicht wegen der Teilzeitarbeit gegenüber vollzeitbeschäftigten

---

1 vgl. Haupt/Hartung 1988, S.467; Zmarzlik 1989, S.10
2 vgl. Haupt/Hartung 1988, S.468
3 vgl. Hromadka 1992, S.289ff.; MTV 1992 § 2 Ziff 1 I, III, V

Arbeitnehmern unterschiedlich behandeln, soweit keine sachlichen
Gründe für die unterschiedliche Behandlung bestehen[1].

Umstritten ist die Frage nach der Zulässigkeit einer längeren als der
tariflichen Arbeitszeit. Nach dem BAG ist sie zulässig, wenn sie gün-
stiger ist als die tarifliche.im Manteltarifvertrag der Bayerischen
Metallindustrie liegt für den Teilbereich zwischen 37 und 40 Stunden
eine Lösung vor, 13% (ohne AT-Angestellte usw.) bzw. 18% der
Arbeitnehmer können auf vertraglicher Basis bis zu 40 Stunden wö-
chentlich arbeiten. Die Frage nach der Günstigkeit stellt sich im Gel-
tungsbereich dieses Tarifvertrags erst dann, wenn mehr als 13%
bzw. 18% von der Überzeit betroffen sind, oder die Überzeit 40
Stunden überschreitet[2]. Die gesetzliche Obergrenze der Arbeitszeit
bildet die Höchstgrenze der AZO von 48 Stunden pro Woche und 8
Stunden pro Tag für männliche und weibliche Mitarbeiter, sie ist
verbindlich, Ausnahmen sind in §§ 4 ff. AZO geregelt[3]. Darüber
hinaus wird die Obergrenze der Arbeitszeit für besonders schutzwürdige Personen in speziellen Gesetzen geregelt[4].

Eine einseitige Veränderung der Dauer der Arbeitszeit durch den
Arbeitgeber ist gesetzlich nicht zulässig. Wird eine Arbeitsleistung
entsprechend dem Arbeitsanfall vereinbart, so ist gem. § 4 Abs. 1
BeschFG eine wöchentliche Arbeitszeit von 10 Stunden vereinbart.
Der Arbeitnehmer hat in diesem Fall Anspruch auf Entgelt für 10
Stunden, unabhängig davon, ob ihn der Arbeitgeber beschäftigt oder
nicht. Daneben sind auch Vereinbarungen, die dem Arbeitgeber einräumen, eine fest vereinbarte Arbeitszeit auf Dauer zu verändern,
wie die Umwandlung von Teilzeit- in Vollzeitarbeit, unzulässig. Im
Gegensatz dazu sind Vereinbarungen, die es dem Arbeitnehmer ermöglichen, die Dauer der Arbeitszeit neu zu bestimmen, unbeschränkt zulässig[5].

In bezug auf gesetzliche Bestimmungen kann die Lage der Arbeitszeit zwischen Arbeitgeber und Arbeitnehmer grundsätzlich frei
vereinbart werden, es sind jedoch die in AZO, GewO und speziellen
Gesetzen für besonders schutzwürdige Personen festgelegten Grenzen hinsichtlich Pausen, Ruhepausen zwischen zwei Schichten, Nacht-

---

1 vgl. Hromadka 1992, S.290; BeschFG § 2 II
2 vgl. Hromadka 1992, S.290ff.; MTV 1992 § 2 Ziff 1 I, III
3 vgl AZO § 3ff.
4 vgl. Haupt/Hartung 1988, 467ff.; Zmarzlik 1989, S.12
5 vgl. Hromadka 1992, S.298 u. 303

arbeit, Samstagsarbeit sowie Sonn- und Feiertagsarbeit zu berücksichtigen. Aus gesetzlicher Sicht kann die Arbeitszeit männlicher Arbeitnehmer und männlicher und weiblicher Angestellter auf die Wochentage Montag bis Samstag ohne Einschränkung verteilt werden[1].
Die Sonntagsarbeit ist dagegen nach § 105b GewO grundsätzlich ver-
boten, Ausnahmen sind in §§ 105c ff. GewO geregelt[2]. Für Arbeiterinnen galt bisher das in § 19 I AZO festgelegte Nachtarbeitsverbot.
Nach § 19 I AZO durften Arbeiterinnen nicht zwischen 20.00 und
6.00 Uhr und nicht nach 17.00 Uhr vor Sonn- und Feiertagen arbeiten[3].

Nach dem Tarifvertrag der Metallindustrie in Bayern ist die Arbeitszeit gleichmäßig oder ungleichmäßig auf die Werktage Montag bis
Freitag zu verteilen[4]. Eine andere Verteilung, die den Samstag ein-
bezieht, ist zulässig, setzt aber die Abstimmung mit dem Betriebsrat
und eine Abwägung betrieblicher Erfordernisse und der Interessen
der Arbeitnehmer voraus[5].

Zusätzliche Probleme ergeben sich allerdings, wenn die Arbeitszeit
über den Ausgleichszeitraum der AZO (3 Wochen, § 4 Abs. 1) hinaus anderweitig verteilt wird[6]. Der Rahmen für die Verteilung der
Arbeitszeit ist durch AZO, JArbSchG und GewO sowie die geltenden
Tarifverträge vorgegeben. Neben den Grenzen, die sich aus den
aufgeführten Regelungen täglicher Höchstarbeitszeit, Ruhepausen,
Nachtarbeit, Arbeit an Samstagen, Sonn- und Feiertagen ergeben, ist
der Ausgleichszeitraum bei ungleichmäßiger Verteilung der Arbeitszeit zu berücksichtigen. § 4 Abs. 1 AZO schreibt einen Ausgleichszeitraum von 3 Wochen vor. Strittig ist, ob der Ausgleichszeitraum
neben der in § 8 I AZO vorgesehenen behördlichen Ausnahmegeneh-
migung auch durch Tarifvertrag verlängert werden kann[7]. In dem
für die Metallindustrie Bayern geltenden Manteltarifvertrag ist ein
Ausgleichszeitraum von 6 Monaten vorgesehen[8].

---

1 vgl. Hromadka 1992, S.297ff.
2 vgl. GewO §§ 105bff.
3 vgl. AZO § 19 I; im Urteil des Bundesverfassungsgerichts vom 28.01.1992
   wurde § 19 I AZO allerdings aufgrund der Unvereinbarkeit mit Artikel 3
   I,II des Grundgesetzes für verfassungswidrig erklärt (1 BvR 1025/82; 1
   BvL 16/83; 1/BvL 10/91)
4 vgl. MTV 1992 § 2 Ziff.1 IV
5 vgl. Hromadka 1992, S.299ff.; MTV 1992 § 2 Ziff.1 IV
6 vgl. Hromadka 1992, S.304
7 vgl. Zmarzlik 1989, S.11
8 vgl. MTV 1992 § 2 Ziff.1 IV

Die aufgeführten Regelungen und Gesetzesbestimmungen zeigen, daß die Freiheitsgrade zur chronometrischen und chronologischen Variation durch gesetzliche und tarifliche Regelungen begrenzt sind, eine Flexibilisierung kann nur innerhalb dieses vorgegebenen Rahmens erfolgen. Dabei wird der Variierungsgrad stärker eingeschränkt als der zeitliche Dispositionsspielraum der Arbeitnehmer. Die rechtlichen Rahmenbedingungen geben eine Bandbreite vor, die das zeitliche Flexibilisierungspotential und damit auch die durch zeitliche Flexibilisierung induzierte Komplexität nach oben begrenzt. Die rechtlichen Rahmenbedingungen wirken somit einer durch zu weitgehende zeitliche Flexibilisierung verursachten Instabilität entgegen.

5.3.2 Koordination als Stabilisator der zeitlichen Flexibilisierung

Ein hohes zeitliches Flexibilisierungspotential ist durch große zeitliche Dispositionsspielräume für Unternehmen und Mitarbeiter gekennzeichnet, die in Kombination mit einer Vielzahl möglicher Arbeits- und Betriebszeiten die Komplexität steigert und damit einen Koordinationsbedarf verursacht.

Unter Koordination wird "die wechselseitige Abstimmung von Elementen eines Systems zwecks Optimierung desselben verstanden[1]. Überträgt man diese Definition auf die Arbeits- und Betriebszeitgestaltung, ist eine Koordination der Arbeits- und Betriebszeitgestaltung im Sinne einer Abstimmung der Arbeitszeiten einzelner Mitarbeiter und der Betriebszeiten einzelner Arbeitsplätze und Bereiche zur Ausrichtung auf die (gesamt-) betrieblichen Ziele und die Mitarbeiterinteressen erforderlich.

Als Koordinationsinstrumente kommen personenorientierte Koordinationsmechanismen wie die Abstimmung über Vorgesetzte oder die Selbstabstimmung der Mitarbeiter, technokratische Koordinationsmechanismen in Form von generellen Regelungen sowie ein übergeordnetes Arbeitszeitmanagement als strukturelles Koordinationsinstrument in Betracht[2]. Personenorientierte Koordination erfolgt

---

1 Rühli 1992, Sp.1165
2 Im Rahmen der vorliegenden Arbeit werden nur die Koordinationsinstrumente behandelt, die für die Koordination von Arbeits- und Betriebszeiten in Betracht kommen. Eine allgemeine Darstellung der Koordinationsinstrumente findet sich bei Kieser/Kubicek 1983, S.112ff. sowie bei Welge 1987, S.412ff.

durch persönliche Kommunikation zwischen den Organisationsmitgliedern. Bei der technokratischen Koordination werden Koordinationsmedien eingesetzt, die für den Betroffenen zu einer verselbständigten Institution werden. Die strukturelle Koordination erfolgt dagegen durch strukturell institutionalisierte Mechanismen[1]. Abbildung 5.11 zeigt die Anwendung der verschiedenen Koordinationsmechanismen in den analysierten Unternehmen.

5.3.2.1 Personenorientierte Koordinationsinstrumente

Hinsichtlich der personenorientierten Koordinationsinstrumente lassen sich zentrale und dezentrale Koordinationsmechanismen unterscheiden.

Die zentrale Koordination ist dadurch gekennzeichnet, daß eine übergeordnete Person, i.d.R. der Vorgesetzte, die Koordination vornimmt[2]. Die Abstimmung erfolgt durch persönliche Weisungen. Es findet eine vertikale Kommunikation zwischen Vorgesetzten und Mitarbeitern in Form von mündlicher Kommunikation, durch zwischengeschaltete Übermittler oder durch schriftlich formulierte Weisungen statt[3]. Die Abstimmung durch Vorgesetzte wurde bei den befragten Unternehmen am häufigsten als Koordinationsinstrument flexibler Zeitgestaltung eingesetzt (vgl. Abb. 5.11).

Der Vorgesetzte muß im Spannungsfeld zwischen betrieblichen Interessen und Einzel- und Gruppeninteressen der Mitarbeiter die unterschiedlichen Anwesenheitszeiten mit den Mitarbeitern so planen und absprechen, daß durch die flexible Arbeitszeitgestaltung die ordnungsgemäße und zieladäquate Erfüllung der Aufgaben gewährleistet wird[4]. Der Vorgesetzte kann diesbezüglich mittels persönlicher Weisungen den Mitarbeitern die bei der Arbeitszeitgestaltung einzuhaltenden betrieblichen Anforderungen wie Endtermine von Aufträgen, einzuhaltende Betriebs- und Ansprechzeiten in bestimmten Bereichen und an bestimmten Arbeitsplätzen vorgeben. Die Weisungen sind von den Mitarbeitern bei der Umsetzung der jeweiligen Arbeitszeitregelungen zu beachten, hierdurch wird gewährleistet, daß die betrieblichen Anforderungen bei der flexiblen Arbeitszeitgestaltung

---

1 vgl. Welge 1987, S.490
2 vgl. Welge 1987, S.415
3 vgl. Kieser/Kubicek 1983, S.114; Welge 1978, S.416
4 vgl. Marr 1987b, S.262f.

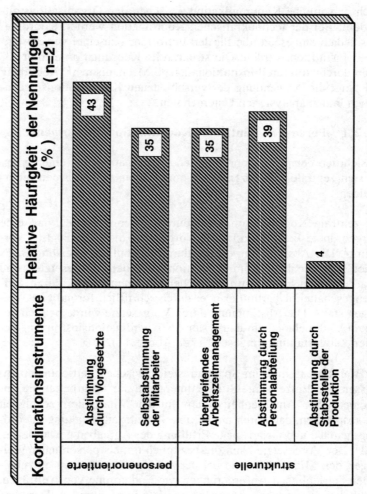

Abb. 5.11 : Instrumente zur Koordination der zeitlichen Flexibilität

der Mitarbeiter berücksichtigt werden. Zusätzlich ist es Aufgabe des Vorgesetzten, bei Auswirkungen der Arbeits- und Betriebszeitgestaltung auf andere Bereiche eine Abstimmung mit diesen vorzunehmen. Neben der Vorauskoordination ist eine Feedbackkoordination durch den Vorgesetzten[1] notwendig, um Konflikte, die durch kollidierende Arbeitszeitinteressen der Mitarbeiter oder durch mangelnde Vereinbarkeit von betrieblichen Zielen und Arbeitszeitpräferenzen der Mitarbeiter entstehen[2], zu lösen. Bei auftretenden Diskrepanzen hinsichtlich der Arbeitszeitgestaltung wird der Vorgesetzte von den Mitarbeitern informiert. Er hat dann unter Berücksichtigung der Interessen der betroffenen Mitarbeiter und der betrieblichen Ziele in Abstimmung mit den betroffenen Mitarbeitern einen Ausgleich herbeizuführen und eine Entscheidung zu treffen. Ein Ausgleich durch den Vorgesetzten ist beispielsweise dann erforderlich, wenn die Mitarbeiter aufgrund persönlicher Interessen im Rahmen einer Selbstabstimmung nicht bereit sind, ihre Arbeitszeiten so abzustimmen, daß die betrieblich notwendigen Ansprech- oder Betriebszeiten realisiert werden können, oder wenn Mitarbeitern mit geringerer Durchsetzungskraft stets unattraktive Arbeitszeiten zugewiesen werden. Die getroffene Entscheidung ist durch eine entsprechende Weisung des Vorgesetzten an die betroffenen Mitarbeiter umzusetzen.

Bei der Koordination der Arbeitszeiten ist darauf zu achten, daß die zeitliche Koordination nicht ausschließlich vom Vorgesetzten vorgenommen wird, sondern eine Absprache der Arbeitszeiten zwischen Mitarbeitern und Vorgesetzten erfolgt, die den Mitarbeitern innerhalb eines durch betriebliche Interessen und Interessen anderer Mitarbeiter vorgegebenen Rahmens Zeitautonomie gewährt. Die Koordination der Arbeitszeit durch den Vorgesetzten sollte sich daher auf die Vorgabe der Ziele und Anforderungen und Eingriffe bei Abstimmungsproblemen, die aufgrund des bereichsübergreifenden Charakters oder kollidierender Arbeitszeitinteressen der Mitarbeiter durch Selbstabstimmung nicht lösbar sind, beschränken. Andernfalls besteht die Gefahr, daß der zeitliche Dispositionsspielraum der Mitarbeiter und damit auch das zeitliche Flexibilisierungspotential durch häufige Eingriffe der Vorgesetzten zu stark eingeschränkt werden und eine Überlastung der vertikalen Kommunikationswege entsteht[3].

---

1 zu Feedbackkoordination und Vorauskoordination vgl. Kieser/Kubicek 1983, S.113f.
2 vgl. Marr 1987b, S.263
3 vgl. Welge 1987, S.417

Die Koordination der Arbeitszeiten durch die Vorgesetzten ist daher nur als Ergänzung zu anderen Koordinationsmechanismen sinnvoll.

Vertikale Kommunikationskanäle müssen daher durch Arbeitszeitabsprachen nicht zusätzlich belastet werden, wenn den Mitarbeitern ein vertretbares Maß an "Zeitsouveränität" zugestanden wird und die Abstimmung der Arbeitszeiten durch die Mitarbeiter selbst erfolgt. Als personenorientiertes Koordinationsinstrument mit dezentraler Kompetenzverteilung steht die Selbstabstimmung der Mitarbeiter zur Verfügung. Dieses dezentrale Koordinationsinstrument kam in einem Drittel der Unternehmen zur Koordination flexibler Arbeitszeiten zur Anwendung (vgl. Abb. 5.11). Die Koordination erfolgt im Wege der horizontalen Kommunikation durch die Mitarbeiter[1]. Bei der horizontalen Kommunikation lassen sich "bilaterale" Absprachen von zwei Mitarbeitern und "multilaterale" Absprachen innerhalb einer Gruppe unterscheiden[2]. Im Rahmen flexibler Arbeitszeitregelungen sind Absprachen bezüglich des gemeinsamen Arbeitsbeginns/ -endes, bei der Zuordnung von Mitarbeitern zu Arbeitsstationen und bei individuell unterschiedlichen Zeiten für Arbeitsbeginn/-ende vorzunehmen[3].

Die Koordination durch Selbstabstimmung ist insbesondere bei hohem zeitlichen Dispositionsspielraum der Mitarbeiter erforderlich, um einen störungsfreien Arbeitsablauf zu gewährleisten[4]. Mit zunehmendem zeitlichen Dispositionsspielraum der Mitarbeiter wird eine größere Verantwortung gegenüber den eigenen Kollegen und dem Unternehmen notwendig. Durch weitgehende Selbstkoordination der Arbeitszeiten sollen die Mitarbeiter Freiräume nutzen können, ohne dabei Pflichten gegenüber dem Unternehmen und den Kollegen zu vernachlässigen. Die Absprachen zwischen den Mitarbeitern beruhen auf einer Kompromißbereitschaft und Notwendigkeit, die mit wachsendem Dispositionsspielraum steigen muß[5]. Eine Koordination durch Selbstabstimmung setzt daher gute soziale Beziehungen bei gegenseitigem Vertrauen voraus[6].

---

1 vgl. Frese 1991a, S.167; Kieser/Kubicek 1983, S.115; Welge 1987, S.423
2 vgl. Bullinger/Weber 1982, S.143
3 vgl. Bullinger/Remmler 1990, S.392
4 vgl. Bittelmeyer,u.a. 1987, S.29f.
5 vgl. Utsch 1981, S.103ff.
6 vgl. Likert 1967, S.47

Trotz Kompromißbereitschaft nehmen Zielkonflikte und Koordinationsaufwand mit steigender Zahl der Mitarbeiter, mit denen sich der
Einzelne zu arrangieren hat, zu[1]. Zur Vermeidung dieser Nachteile
bietet sich die Möglichkeit, die Selbstkoordination der Mitarbeiter
durch strukturelle Regelungen zu unterstützen, an[2]. Mittels struktureller Regelungen kann festgelegt werden, bei welchen Entscheidun-
gen über die Arbeitszeit eine Selbstabstimmung der Mitarbeiter erforderlich ist, und welche Probleme mit Vorgesetzten oder anderen
Instanzen abzustimmen sind. Auf diese Weise wird die Selbstabstimmung nicht dem eigenen Ermessen der Mitarbeiter überlassen, es
wird gewährleistet, daß notwendige Abstimmungen erfolgen und bei
zeitlichen Abstimmungsproblemen, die nicht auf dem Wege der
Selbstabstimmung zu lösen sind, der Vorgesetzte oder eine andere
übergeordnete Instanz in die Koordination einbezogen wird. Die
Selbstabsprache der Mitarbeiter hat dort ihre Grenzen, wo Arbeitszeitregelungen über eine Vielzahl von Arbeitsplätzen oder über Un-
ternehmensgrenzen hinaus abgestimmt werden müssen. Selbstabspra-
chen der Mitarbeiter sind daher durch Absprachen zwischen Mitarbeitern und Vorgesetzten und durch ein abteilungsübergreifendes
Arbeitszeitmanagement zu ergänzen.

5.3.2.2 Strukturelle Koordination

Arbeitszeitspezifische Koordinationsaufgaben können neben den betroffenen Vorgesetzten und Mitarbeitern im Rahmen einer strukturellen Koordination einem speziellen Koordinationsorgan übertragen
werden. Unter struktureller Koordination versteht man die in der
Aufbaustruktur der Unternehmung vorgesehenen und implementier-
ten Regelungen zur Abstimmung arbeitsteiliger Prozesse[3]. Einem
übergreifenden Arbeitszeitmanagement wird die Aufgabe übertragen, die Vorgesetzten und Mitarbeiter bei der Koordination der Arbeitszeiten zu unterstützen, um die optimale Gestaltung bzw. Nutzung der flexiblen Arbeitszeitregelungen zu ermöglichen[4]. Durch
das Arbeitszeitmanagement sind abteilungsübergreifende Koordinationsaufgaben zu erfüllen, die aufgrund von Zeitrestriktionen oder
mangelnder Transparenz über das betriebliche Geschehen nicht von
Vorgesetzten oder Mitarbeitern wahrgenommen werden können.

---

1 vgl. Utsch 1981, S.231; Welge 1987, S.423f.
2 vgl. Kieser/Kubicek 1983, S.116ff.; Welge 1987, S.424
3 vgl. Welge 1987, S.432f.
4 vgl. Linnenkohl 1985, S.1924

Hierzu zählt die Abstimmung der Betriebszeiten zwischen verschiedenen Unternehmensbereichen, aber auch die Lösung von Konflikten bei der Regelung der Arbeitszeiten, die nicht im Wege der Selbstabstimmung oder der Abstimmung mit dem Vorgesetzten gelöst werden können. In 35% der analysierten Fälle wurde zur Koordination der flexiblen Zeitgestaltung ein bereichsübergreifendes Arbeitszeitmanagement eingesetzt (vgl. Abb. 5.11).

Entsprechend der Konzeption der Arbeitszeitmodelle sollte durch das Arbeitszeitmanagement festgelegt werden, in welcher Art und zwischen welchen Personen (hierarchisch gleichgestellt und/oder untergestellt) Abspracheregelungen als Abstimmungsmittel flexibler Arbeitszeiten getroffen werden sollten. Neben der verbalen Abstimmung durch persönliche Absprache bei Arbeitsübergabe kann die Abstimmung auch durch mündliche Kommunikationsarten wie Nachrichtenübermittlung durch Telefon oder durch neue Kommunikationssysteme sowie schriftlich, z.B. mittels teilweise standardisierter Formblätter, erfolgen.

Darüber hinaus ist bei ausgeprägten zeitlichen Abhängigkeiten mit vor- und nachgelagerten Unternehmen (z.B. bei produktionssynchroner Anlieferung oder Beschaffung) eine Abstimmung der Arbeits- und Betriebszeiten mit den entsprechenden Zulieferern und Kunden notwendig. Diese bezieht sich sowohl auf eine mittel- bis langfristige Abstimmung der Betriebszeiten der zeitlich verbundenen Unternehmen als auch auf die Koordination kurzfristiger Arbeits- und Betriebszeitänderungen. Kurzfristige Änderungen setzen voraus, daß die notwendigen Informationen zu jeder Zeit in kurzen Intervallen ausgetauscht werden können. Zur Informationsübertragung sind neben einer telefonischen Abstimmung auch insbesondere neue Kommunikationstechnologien geeignet.

Neben der Einrichtung einer Koordinationsstelle kann die Organisation eines Arbeitszeitmanagements auch in Anlehnung an ein Projektmanagement erfolgen[1]. Im Projektteam sollten zur Gewährleistung der Erfüllung übergreifender Koordinationsaufgaben die Personalabteilung sowie Mitarbeiter aus den von der Arbeitszeitregelung betroffenen Bereichen vertreten sein.

---

1 vgl. Endell 1987, S.154f.

Alternativ zu einem bereichsübergreifenden Arbeitszeitmanagement kann eine strukturelle Koordination flexibler Arbeitszeiten auch in Form einer Abstimmung durch die Personalabteilung erfolgen. Diese Form der Koordination wurde in 39% der Unternehmen gewählt. In 4% der Fälle erfolgte eine Koordination der zeitlichen Flexibilisierung durch eine Stabsstelle der Produktion (vgl. Abb. 5.11).

Zusammenfassung zu Kapitel 5

Aufbauend auf der Analyse der Determinanten des zeitlichen Flexibilisierungspotentials konnte aufgezeigt werden, daß durch Entkopplungsmaßnahmen, Arbeitsstrukturierung und Beeinflussung des Verhaltens von Organisationsmitgliedern durch Information, Partizipation, Entlohnung und Qualifizierung eine Steigerung des Handlungsspielraums zur flexiblen Arbeitszeitgestaltung möglich ist. Darüber hinaus wird deutlich, daß eine Optimierung des zeitlichen Flexibilisierungspotentials neben flexibilitätssteigernden Maßnahmen über die bestehenden rechtlichen Rahmenbedingungen hinaus den Einsatz personenorientierter und struktureller Koordinationsinstrumente erfordert. Im Gegensatz zu den rechtlichen Rahmenbedingungen, die einer durch zeitliche Flexibilisierung bedingten Instabilität durch Beschränkung des zeitlichen Flexibilisierungspotentials entgegenwirken, bewirkt die Koordination eine Stabilisierung durch Bewältigung der entstehenden Komplexität. Strukturelle und personenorientierte Koordinationsinstrumente verhindern, daß die durch große zeitliche Dispositionsspielräume hervorgerufene Vielzahl unterschiedlicher Arbeits- und Betriebszeiten zu einer Instabilität, die Störungen der Abläufe in arbeitsteiligen Systemen verursacht, führt. Erst der kombinierte Einsatz von flexibilitätssteigernden Maßnahmen und Stabilisatoren führt zu einer Optimierung des zeitlichen Flexibilisierungspotentials und bildet damit die Basis, durch eine zieladäquate Nutzung flexibler Arbeitszeitmodelle die Realisierung und Aufrechterhaltung eines Gleichgewichtszustands im Industriebetrieb zu unterstützen.

6   Zusammenfassung

Die wachsende Dynamik der Umwelteinflüsse und der Markterwartungen an die betriebliche Leistungsbereitschaft führen dazu, daß die Steigerung der zeitlichen Reaktionsfähigkeit von Industriebetrieben immer mehr an Bedeutung gewinnt. Ein offenes System wie der Industriebetrieb kann bei einer dynamischen Umwelt einen Gleichgewichtszustand zwischen Kapazitätsangebot und -nachfrage, der die Voraussetzung für die Aufgabenerfüllung des Industriebetriebs darstellt, nur dann erreichen und erhalten, wenn er über eine entsprechende Regulationsfähigkeit, die eine Reaktion auf kurz- und längerfristige Störungen ermöglicht, verfügt.

In Analogie zu einem makroökonomischen Gleichgewicht wird als Gleichgewichtszustand auf der Ebene des Produktionsbetriebs eine Deckung der Kapazitätsnachfrage durch das Kapazitätsangebot angenommen. Wird das Gleichgewicht durch saisonale oder auftragsbedingte Nachfrageschwankungen gestört, ist eine Anpassung der Produktionskapazität an die Nachfragekurve erforderlich, um Gleichgewicht zu erhalten bzw. zum Gleichgewichtszustand zurückzukehren. Neben den Möglichkeiten zur intensitätsmäßigen und quantitativen Anpassung gestatten flexible Arbeits- und Betriebszeiten eine zeitliche Anpasssung durch Anpassung der Produktionskapazität an die Nachfrage und damit eine Rückkehr zum Gleichgewichtszustand im Sinne einer Übereinstimmung von Kapazitätsangebot und Nachfrage. Voraussetzung für die zeitliche Anpassung mittels flexibler Arbeits- und Betriebszeiten ist ein zeitliches Flexibilisierungspotential im Industriebetrieb, das Spielraum für die Umsetzung flexibler Arbeitszeitmodelle läßt.

Das zeitliche Flexibilisierungspotential wird als die Summe aller Freiheitsgrade, die benötigt werden, um zielabträgliche Wirkungen eines zeitlichen Flexibilitätsbedarfs zu kompensieren und zielfördernde Wirkungen zu nutzen, definiert. Die Aktionsmöglichkeiten zur Anpassung des Kapazitätsangebots an die Nachfrageentwicklung vergrößern sich mit steigendem zeitlichen Flexibilisierungspotential.

Im Rahmen der vorliegenden Untersuchung wurden die Determinanten des zeitlichen Flexibilisierungspotentials analysiert und darauf aufbauend Ansätze zur Optimierung des zeitlichen Flexibilisierungspotentials aufgezeigt, um einen Beitrag zur Lösung der Realisierung des Systemgleichgewichts in Industriebetrieben zu leisten.

Abhängigkeiten arbeitsteiliger Systeme, die auf drei Ebenen, innerhalb des direkten Bereichs (Teilefertigung und Montage), zwischen den einzelnen Subsystemen des Industriebetriebs, d.h. zwischen direkten und indirekten Bereichen sowie zwischen dem Industriebetrieb und seinen Zulieferern auftreten, und ihre Einflußfaktoren sowie das Verhalten der Organisationsmitglieder stellen Determinanten des zeitlichen Flexibilisierungspotentials dar. Die Analyse dieser Determinanten bildete den Schwerpunkt der Untersuchung.

Die theoretische und empirische Analyse der organisatorischen Determinanten des zeitlichen Flexibilisierungspotentials führte zu folgenden Ergebnissen:

Aufbau- und Ablauforganisation wirken sich über ihren Einfluß auf die Abhängigkeiten innerhalb der Produktion sowie zwischen Produktion und indirekten Bereichen auf das zeitliche Flexibilisierungspotential aus. Eine Verrichtungszentralisation und ein hoher Spezialisierungsumfang reduzieren durch Verstärkung der Abhängigkeiten die zeitlichen Dispositionsspielräume von Unternehmen und Mitarbeitern und erschweren damit eine wettbewerbs- und mitarbeiterorientierte Arbeits- und Betriebszeitgestaltung. Eine Fließfertigung wirkt sich durch eine starke zeitliche Kopplung negativ auf die Meßgrößen des zeitlichen Flexibilisierungspotentials aus, während eine Gruppen- und Werkstattfertigung zu einer deutlichen Reduktion der Abhängigkeiten innerhalb des direkten Bereichs führen und damit das zeitliche Flexibilisierungspotential erhöhen. Die Produktionsplanung und -steuerung beeinflußt die Spielräume der zeitlichen Flexibilisierung über die zeitliche Fixierung der Prozesse in der Produktion. Eine Steigerung des zeitlichen Flexibilisierungspotentials wurde bei Anwendung einer Produktionssteuerung nach Kanban festgestellt, während die Anwendung von MRP - Systemen und Leitstandssystemen die Möglichkeiten der zeitlichen Flexibilisierung einschränkt.

Die Analyse der Teilbereichsstrategien als Determinanten des zeitlichen Flexibilisierungspotentials zeigt folgende Resultate:

In bezug auf die Qualitätssicherung konnte ein theoretisch hergeleiteter negativer Einfluß einer Prüfstrategie auf das zeitliche Flexibili-

sierungspotential nicht bestätigt werden, dies läßt sich mit der weitgehenden Übertragung der Prüffunktionen auf die direkten Mitarbeiter erklären.

Hinsichtlich der Instandhaltungsstrategien wurde festgestellt, daß sich
diese über ihren Einfluß auf die Planbarkeit der Reparatur- bzw. Instandsetzungsmaßnahmen auf die Kopplung von Instandhaltung und
direkten Bereichen auswirken und hierdurch die Spielräume von Unternehmen und Mitarbeitern zur zeitlichen Flexibilisierung in Produktion und Instandhaltung beeinflussen. Die Abwarte - oder Ausfallstrategie führt durch Steigerung der Kopplung zwischen Produktion und Instandhaltung zu einer Reduktion der zeitlichen Handlungsspielräume, während die Inspektions- und Vorbeugestrategie
das zeitliche Flexibilisierungspotential erhöhen.

Die Beschaffungsstrategie wirkt sich über das Bereitstellungsprinzip
auf die Abhängigkeiten zwischen Produktion und Zulieferer aus und
beeinflußt hierdurch das zeitliche Flexibilisierungspotential. Die empirische Analyse zeigte, daß das zeitliche Flexibilisierungspotential
beim Abnehmer bei einer produktionssynchronen Beschaffung trotz
geringerer Liefermengen und einer geringeren Bestandsreichweite
steigt; dies ist auf die höhere Flexibilität des Lieferanten und eine
verbesserte Abstimmung mit diesem im Rahmen einer flexiblen Abrufsystematik, die in ein mehrstufiges Planungskonzept integriert ist,
zurückzuführen.

Als Fazit der Analyse der organisatorischen und teilbereichsstrategischen Determinanten kann festgehalten werden, daß Ausprägungen,
die Abhängigkeiten auf den genannten drei Ebenen verstärken, das
zeitliche Flexibilisierungspotential und damit die Möglichkeit des
Unternehmens sich in zeitlicher Hinsicht an veränderte Marktbedin-
gungen anzupassen, begrenzen und die zeitlichen Dispositionsspielräume der Mitarbeiter einschränken.

Im Rahmen der Untersuchung wurden neben organisatorischen und
strategischen Determinanten das Verhalten der Organisationsmitglieder - Betriebsrat, Vorgesetzte und Mitarbeiter - als weitere Einflußfaktoren des zeitlichen Flexibilisierungspotentials analysiert.

Der Betriebsrat wird im Rahmen der Erfüllung seiner Funktionen
von Arbeitnehmern und Gewerkschaften beeinflußt, die Einstellung

der Mitarbeiter und die Haltung der Gewerkschaften stellt daher eine wichtige Determinante des Betriebsratsverhaltens gegenüber einer flexiblen Zeitgestaltung dar. Der Betriebsrat hat aufgrund der ihm durch das Betriebsverfassungsgesetz eingeräumten Mitbestimmungs-rechte bei der Arbeitszeitgestaltung die Möglichkeit, den Spielraum für die flexible Arbeits- und Betriebszeitgestaltung und damit das zeitliche Flexibilisierungspotential zu begrenzen und kann bei der Arbeitszeitgestaltung sowohl die chronologische Variation und den Variierungsgrad als auch den Individualisierungsgrad einschränken, indem er flexible Arbeitszeitregelungen blockiert. Ein negativer Einfluß des Betriebsratsverhaltens auf das zeitliche Flexibilisierungs-potential konnte im Rahmen der empirischen Analyse festgestellt werden.

Das Verhalten der Führungskräfte ist eine weitere Determinante des zeitlichen Flexibilisierungspotentials, da die Vorgesetzten aufgrund ihrer Weisungsbefugnis und ihrer Aufgaben eine zentrale Rolle bei der Umsetzung flexibler Arbeitszeiten spielen. Das Verhalten der Vorgesetzten wurde daher im Rahmen der Untersuchung als weitere Determinante des zeitlichen Flexibilisierungspotentials untersucht. Wichtige Einflußfaktoren des Vorgesetztenverhaltens im Hinblick auf die Arbeits- und Betriebszeitgestaltung stellen die Qualifikation, die Motivation, der Führungsstil und die Leitungsspanne dar. Die Bedeutung des Führungskräfteverhaltens für das zeitliche Flexibili-sierungspotential wurde in den befragten Unternehmen bestätigt, zwischen der Höhe des Widerstands der Vorgesetzten und dem zeitli-chen Flexibilisierungspotential wurde ein negativer Zusammenhang ermittelt.

Auch das Verhalten der von flexiblen Arbeitszeitregelungen betrof-fenen Mitarbeiter wirkt sich aufgrund der den Mitarbeitern einge-räumten Handlungsspielräume direkt auf die Umsetzung flexibler Arbeitszeiten und das zeitliche Flexibilisierungspotential aus. Ein-flußgrößen des Mitarbeiterverhaltens bezüglich der flexiblen Zeitge-staltung stellen die Qualifikation und die Motivation der Mitarbeiter dar. Sind die mit der Einräumung größerer Dispositionsspielräume einhergehenden erhöhten Qualifikationsanforderungen an die Mitar-beiter nicht erfüllt, oder sind die Mitarbeiter aufgrund einer ablehnen-den Haltung gegen flexible Arbeits- und Betriebszeiten nicht be-reit, die Arbeitszeit auch an betrieblichen Bedürfnissen auszurichten und Interessen von Kollegen zu berücksichtigen, reduziert sich das

zeitliche Flexibilisierungspotential. Empirisch konnte ein negativer
Einfluß der Widerstände von Mitarbeitern gegen flexible Arbeitszeiten auf die Meßgrößen des zeitlichen Flexibilisierungspotentials
belegt werden.
Aufbauend auf der Analyse und Systematisierung der Determinanten
des zeitlichen Flexibilisierungspotentials kann eine Optimierung desselben erfolgen. Ein zu sehr eingeschränktes, also zu kleines zeitliches Flexibilisierungspotential führt zu einem starren System, das
seine Anpassungsfähigkeit an die sich wandelnden Umweltbedingungen verliert. Optimierungsansätze richten sich daher auf eine Steigerung des zeitlichen Flexibilisierungspotentials durch Reduktion horizontaler und vertikaler Interdependenzen und eine Verhaltensänderung der Organisationsmitglieder.

Als Maßnahmen zur Steigerung des zeitlichen Flexibilisierungspotentials durch eine Reduktion horizontaler Interdependenzen, die auf
eine konsekutive Kopplung vor- und nachgelagerter Arbeitsplätze
bzw. Abteilungen oder auch vor- und nachgelagerter Betrieben zurückzuführen sind, wurden einfache Entkopplungsmaßnahmen wie
Bildung von Lagern und Puffern sowie Einsatz von Springern und
Arbeitsplatzwechsel, Job Enlargement und Automatisierung aufgezeigt. Vertikale Interdependenzen, denen eine Trennung ausführender und dispositiver Tätigkeiten zugrundeliegt, sind kooperativer
Art und lassen sich nicht durch einfache Entkopplungsmaßnahmen
reduzieren. Zur Reduktion vertikaler Interdependenzen wurden neben Job Enlargement weitere strukturelle Maßnahmen wie Job Enrichment und teilautonome Arbeitsgruppen aufgezeigt.

Den Maßnahmen Information und Qualifizierung kommt Bedeutung
zur Steigerung des zeitlichen Flexibilisierungspotentials durch Beeinflussung des Mitarbeiterverhaltens mittels Abbau von Qualifikationsdefiziten und Überwindung von Widerständen gegen eine zeitliche Flexibilisierung zu.

Bei der Optimierung des zeitlichen Flexibilisierungspotentials ist zu
berücksichtigen, daß eine zu große Flexibilisierung zu einer Zunahme interner Störungen führen kann. Es wurde daher auch untersucht, welche Stabilisatoren eingefügt werden können, um die Zunahme interner Störungen zu verhindern. Als Stabilisatoren sind -
neben den durch gesetzliche Regelungen zwingend vorhandenen -
personenorientierte Koordinationsinstrumente und ein übergreifen-

des Arbeitszeitmanagement von Bedeutung, um Instabilitäten zu vermeiden. Erst dann ist eine Optimierung des zeitlichen Flexibilisierungspotentials als Grundlage für ein Systemgleichgewicht im Industriebetrieb möglich.

Literaturverzeichnis

Ackermann, K.-F. 1986	Arbeitszeitmanagement, Planungskonzepte für flexible Arbeitszeitregelungen, in: Personalführung, 19. Jg., 1986, Nr. 8/9, S. 328-335
Ackermann, K.-F./ Hofmann, M. 1988	Systematische Arbeitszeitgestaltung, Köln 1988
Albach, H./ Gabelin, T. 1977	Mitarbeiterführung, Text und Fälle, in: Albach, H.u.a.(Hrsg.): USW-Schriften für Führungskräfte, Bd. 9, Wiesbaden 1977
Allensbach, H. 1975	Die gleitende Arbeitszeit, 1. Aufl., Genf 1975
Ashby, W.R. 1974	Einführung in die Kybernetik, Frankfurt/M. 1974
AWF (Hrsg.) 1984	Flexible Fertigungsorganisation am Beispiel von Fertigungsinseln, Eschborn 1984
Bäcker, G. 1990	Teilzeitarbeit und soziale Sicherung, in: Teilzeitarbeit: Probleme - Perspektiven - Praxiserfahrungen, Tagungsunterlage, 8. Feb. 1990, Essen, o.S.
Baillod, J. 1986	Arbeitszeit - Humanisierung der Arbeit durch Arbeitszeitgestaltung, Stuttgart 1986
Bartölke, K. 1980	Hierarchie, in: Grochla, E.(Hrsg.): HWO, 2. Aufl., Stuttgart 1980, Sp. 830-837
Bauer, F. 1986	Datenanalyse mit SPSS, 2. Aufl., Berlin 1986
Baur, H. 1991	Analyse des Verhaltens von Organisationsmitgliedern bei flexibler Arbeitszeitgestaltung, München 1991
Behrbohm, P. 1985	Flexibilität in der industriellen Produktion: Grundüberlegungen zur Systematisierung und Gestaltung der produktionswirtschaftlichen Flexibilität, Diss., Frankfurt/M., Bern, New York 1985

Bellgardt, P. 1987	Flexible Arbeitszeitsysteme, Entwicklung und Einführung, Heidelberg 1987
Bellgardt, P. 1990	Ansatzmöglichkeiten des Arbeits- und Betriebszeitmanagement, in: Ackermann, K.-F./Hofmann, M.(Hrsg.): Innovatives Arbeits- und Betriebszeitmanagement Frankfurt/M., New York 1990, S. 85-104
Bertalanffy, L.v. 1976	Zu einer allgemeinen Systemlehre, in: Grochla, E.(Hrsg.): Organisationstheorie, 2. Teilband, Stuttgart 1976, S. 542-553
Berthel, J. 1989	Personal-Management, Grundzüge für Konzeptionen betrieblicher Personalarbeit, 2. Aufl., Stuttgart 1989
Berthel, J. 1992	Fort- und Weiterbildung, in: Gaugler, E./Weber, W.(Hrsg.) HWP, 2. Aufl., Stuttgart 1992, Sp. 883-898
Beyer, H.-T. 1989	Das zeitflexible Beschäftigungsmix als strategischer Erfolgsfaktor, in: Hax, H. (Hrsg.)/Kern, W./Schröder, H.-H.: Zeitaspekte in betriebswirtschaftlicher Theorie und Praxis, Stuttgart 1989, S. 299-313
Beyer, H.-T./ Hennigsen, J. 1990	Mitarbeiterorientiertes Zeitmanagement, in: Personal, 42. Jg., 1990, Nr. 4, S. 134-139
Bisani, F. 1983	Personalwesen: Grundlagen, Organisation, Planung, 3. Aufl., Wiesbaden 1983
Bittelmeyer, G./ Hegner, F./ Kramer, U. 1987	Bewegliche Zeitgestaltung im Betrieb, 2. Aufl., Köln 1987
Bleicher, K. 1980	Zentralisation und Dezentralisation, in: Grochla, E.(Hrsg.): HWO, 2. Aufl., Stuttgart 1980, Sp. 2405-2418
Bleicher, K. 1991	Organisation; Strategien - Strukturen - Kulturen, 2. Aufl., Wiesbaden 1991
Blümle, E.-B. 1975	Stellvertretung, in: Gaugler, E.(Hrsg.): HWP, Stuttgart 1975, Sp. 1887-1893

Böckle, F. 1979   Flexible Arbeitszeit im Produktionsbereich
                           - Möglichkeiten und Grenzen der Modifi-
                           zierung von Arbeitszeitstrukturen im indu-
                           striellen Produktionsbereich unter beson-
                           derer Berücksichtigung der zeitlichen Bin-
                           dung von Fertigungsabläufen, Diss., Frank-
                           furt/M., Bern 1979

Brinkmann, Ch. 1983   Arbeitszeitpräferenzen: Wünsche von Ar-
                           beitnehmern und nichterwerbstätigen Per-
                           sonen, in: Institut für Arbeitsmarkt und
                           Berufsforschung (Hrsg.): Arbeitszeit und
                           flexible Altersgrenze - Aspekte und Fakten
                           zur aktuellen Diskussion, Nürnberg 1983,
                           S. 54-67

Brödner ,P./   Rückkehr der Arbeit in die Fabrik, Wett-
Pekruhl, U. 1991   bewerbsfähigkeit durch menschenzentrierte
                           Erneuerung kundenorientierter Produktion,
                           unter Mitarbeit von Henning, J. u. Mal-
                           berg, M., hrsg.v. Institut Arbeit und Tech-
                           nik, Wissenschaftszentrum NRW, Gelsen-
                           kirchen 1991

Brooks, R. 1985   MRP: The Right Stuff for Just-In-Time, in:
                           Quality, Bd. 24, 1985, Nr. 5, S. 20

Brumberg, C. 1992   Organisatorisch bedingte Abhängigkeiten in
                           der Produktion als Restriktionen flexibler
                           Arbeits- und Betriebszeitgestaltung, in:
                           Hadamitzky, M.C./Lauermann, A./Slomka,
                           M.(Hrsg.): Kontinuierliche Innovation in
                           Produktion und Logistik, Festschrift für
                           Horst Wildemann zum 50. Geburtstag,
                           St. Gallen 1992, S. 377-403

Bühner, R. 1985   Moderne Arbeitsplatzorganisation: Fabrik-
                           beispiele in Japan, in: VDI-Z, 127 Jg.,
                           1985, Nr. 6, S. 171-173

Bühner, R. 1986a   Flache Strukturen sind flexibler, in: io Ma-
                           nagement Zeitschrift, 55. Jg., 1986, Nr. 9,
                           S. 391-393

Bühner, R. 1986b   Personalentwicklung für neue Technologien
                           in der Produktion, Stuttgart 1986

Bühner, R. 1992a   Betriebswirtschaftliche Organisationslehre, München, Wien, 6. verb. u. erg. Aufl., 1992

Bühner, R. 1992b   Partnerschaft ersetzt Aufsicht - Arbeitsorganisation bei flexiblen Arbeitszeiten, in: Wildemann, H.(Hrsg.): Zeitmanagement, Frankfurt/M. 1992, S. 64-71

Bühner, R. 1992c   Personalwirtschaftliche Aspekte des Einsatzes flexibler Arbeits- und Betriebszeiten, in: Wildemann, H.(Hrsg.): Arbeitszeitmanagement, Einführung und Bewertung flexibler Arbeits- und Betriebszeiten, St. Gallen 1992, S. 231-246

Bullinger, H.-J. 1990   Wechselwirkungen zwischen Arbeitsorganisation und Arbeitszeitmanagement, in: Wildemann, H.(Hrsg.): Flexible Arbeits- und Betriebszeiten, Tagungsbericht, 23./24. Jan. 1990, München, S. 319-358

Bullinger, H.-J./ Remmler, M. 1990   Arbeits- und Betriebszeitmanagement und die Flexibilität von Systemen, in: Ackermann, K.-F./Hofmann, M.(Hrsg.): Innovatives Arbeitszeit- und Betriebszeitmanagement, Frankfurt/M., New York 1990, S. 379-397

Bullinger, H.-J./ Weber, G. 1982   Job Sharing und flexible Arbeitszeitformen aus der Sicht der Produktion, in: Heymann, H.-H./Seiwert, L.J.(Hrsg.): Job Sharing, Flexible Arbeitszeit durch Arbeitsplatzteilung, Grafenau, Stuttgart, Zürich 1982, S. 135-153

Bundesministerium für Arbeit und Sozialordnung (Hrsg.) 1981   Lage, Dauer, Tatsachen, Entwicklungen, Erwartungen und Verteilung der Arbeitszeit - Untersuchung des EMNID-Instituts, Bonn 1981

Burghardt, A. 1978:   Betriebs- und Arbeitssoziologie, Wien, Köln, Graz 1978

Busch, E. 1985   Entlohnung bei moderner Technik, in: angewandte Arbeitswissenschaft, Bd. 104, 1985, S. 2-38

Buscholl, F./ Hemmers, K.o.J.	Marktanalyse eingesetzter Verfahren zur Planung von Personalbedarf, Verrichtungszeiten, Kosten; Arbeitspapier, fir Aachen, o.Jg.
Conradi, W. 1983	Personalentwicklung, Stuttgart 1983
Cubasch, F. 1971	Gleitende Arbeitszeit am Fertigungsband, in: Die Aussprache, 21. Jg., 1971, S. 14-16
Danzer, H.H. 1990	Quality-Denken stärkt die Schlagkraft des Unternehmens, Zürich, Köln 1990
Deelen, H.v. 1987	Kostenoptimale Arbeits- und Betriebszeiten: Zusammenhänge, Methoden und Anwendungsbeispiele, Diss., Berlin 1987
Deelen, H.v. 1988	Betriebswirtschaftliche Bewertung flexibler Arbeitszeiten, in: Loseblattzeitschrift, PdA, Nr. 3, v. 25.08.1988, Gruppe 9, S. 49-100
DGQ 1974	Begriffe und Formelzeichen im Bereich der Qualitätssicherung, 2. Aufl., Berlin, Köln, Frankfurt/M. 1974
Döding, G. 1987	Arbeitszeitflexibilisierung aus der Sicht der Gewerkschaften, in: Marr, R.(Hrsg.): Arbeitszeitmanagement - Grundlagen und Perspektiven der Gestaltung flexibler Arbeitszeitsysteme, Berlin 1987, S. 45-53
Doerken, W. 1979	Arbeitsgestaltung, in: Kern, W.(Hrsg.): HWProd., Stuttgart 1979, Sp. 115-130
Doleschal, R. 1990	Entwicklungstrends und Mitbestimmungsperspektiven, Just-in-time-Konzepte in der Automobilindustrie - Risiken und Gestaltungschancen, in: Die Mitbestimmung, 37. Jg., 1990, Nr. 6/7, S. 389-395
Domsch, M./ Schneble, A. 1992	Mitarbeiterbefragungen, in: Gaugler, E./ Weber, W.(Hrsg.) HWP, 2. Aufl., Stuttgart 1992, Sp. 1375-1387
Eidenmüller, B. 1989	Die Produktion als Wettbewerbsfaktor: Herausforderung an das Produktionsmanagement, Zürich, Köln 1989

Ellinger, Th. 1974   Betriebswirtschaftlich-technologische Aspekte zur Fließbanddiskussion, in: Rationalisierung 25. Jg., 1974, Nr. 1, S. 24

Ellinger, Th./
Wildemann, H. 1985   Planung und Steuerung der Produktion aus betriebswirtschaftlicher-technologischer Sicht, 2. Aufl., München 1985

Endell, B. 1987   Analyse der wechselseitigen Beziehungen zwischen flexiblen Arbeitszeitregelungen und moderner Produktion - eine flexibilitätstheoretische Betrachtung, Düsseldorf 1987

Engfer, U./
Hinrichs, K./
Offe, C./
Wiesenthal, H. 1983   Arbeitszeitsituation und Arbeitszeitverkürzung in der Sicht der Beschäftigten; Ergebnisse einer Arbeitnehmerbefragung, in: MittAB, 16. Jg., 1983, Nr. 2, S. 91-105

Erdlenbruch, B. 1984   Belastungsorientierte Auftragsfreigabe - Grundlagen, Verfahren, Weiterentwicklung, Voraussetzungen für den praktischen Einsatz, in: Statistisch orientierte Fertigungssteuerung, IFA-Tagungsband zum IFA-Fachseminar, 16./17. Febr. 1984, Hannover, S. 20-45

Eversheim, W. 1980   Organisation in der Produktionstechnik, Bd. 3 Arbeitsvorbereitung, Düsseldorf 1980

Eversheim, W. 1989   Organisation in der Produktionstechnik, Bd. 4: Fertigung und Montage, 2. Aufl., Düsseldorf 1989

Faßbender, S. 1975   Führungskräfte, in: Gaugler, E.(Hrsg.): HWP, Stuttgart 1975, Sp. 876-889

Fiedler, H. 1978   Wie motiviere ich meine Mitarbeiter? Eine Darstellung aus der Praxis, in: Personal, 30. Jg., 1978, Nr. 1, S. 23-26

Fischer, G. 1975   Führungsdelegation, in: Gaugler, E.(Hrsg.): HWP, Stuttgart 1975, Sp. 855-866

Freitag, W. 1990   Flexible Arbeitszeiten in Fertigungssegmenten, in: Wildemann, H.(Hrsg.): Flexible Arbeits- und Betriebszeiten, Gestaltung und Einführung, Tagungsbericht, 23./24. Jan. 1990, München, S. 305-318

Frese, E. 1990   Entwicklungstendenzen in der organisatorischen Gestaltung, in: Bleicher, K./Gomez, P.(Hrsg.): Zukunftsperspektiven der Organisation, Festschrift zum 65. Geburtstag von Staerkle, R., Bern 1990, S. 81-97

Frese, E. 1991a   Grundlagen der Organisation: die Organisationsstruktur der Unternehmung, 4. Aufl., Nachdr., Wiesbaden 1991

Frese, E. 1991b   Organisationstheorie - Stand und Aussagen aus betriebswirtschaftlicher Sicht, Wiesbaden 1991

Frey, H. 1985   Flexible Arbeitszeit. Zeitgemäße Vertragsformen bei wachsendem betrieblichen Personalbedarf, München 1985

Fuchs, H. 1973   Systemtheorie und Organisation. Die Theorie offener Systeme als Grundlage zur Erforschung und Gestaltung betrieblicher Systeme, Wiesbaden 1973

Fürstenberg, F. 1958   Der Betriebsrat - Strukturanalyse einer Grenzsituation, in: Kölner Zeitschrift für Soziologie und Sozialpsychologie, 10. Jg., 1958, S. 418-430

Fürstenberg, F. 1986   Arbeitszeitflexibilisierung in der Industrie, in: Buttler, G./Oettle, O./Winterstein, H. (Hrsg.): Flexible Arbeitszeit gegen starres Sozialsysteme, Baden-Baden 1986, S. 57-76

Gagsch, S. 1980   Subsystembildung, in: Grochla, E.(Hrsg.): HWO, 2. Aufl., Stuttgart 1980, Sp. 2156-2171

Gaugler, E. 1983   Flexibilisierung der Arbeitszeit, in: zfbf, 35. Jg., 1983, Nr. 10, S. 858-872

Gaugler, E./ Gille, G./ Herwig, P. 1981	Teilzeitarbeit, Studie im Auftrag des Ministers für Soziales, Gesundheit und Umwelt, Rheinland Pfalz, 2. Aufl., Ludwigshafen 1981
Geiger, W. 1992	Eine neue Form der Zusammenarbeit - Pilotprojekt zur Realisierung von Gruppenarbeit mit Zielvereinbarung bei der Carl Schenk AG, in: Wildemann, H. (Hrsg.): Lean Management. Der Weg zur schlanken Fabrik, Tagungsbericht 17./18. März 1992, München, S. 285-292
Gesekus, J. 1980	Qualitätskosten, in: Masing, W. (Hrsg.): Handbuch der Qualitätssicherung, München, Wien 1980, S. 903-914
Girndt, C./ Hasel, M. 1990	Die Angst des Material-Controllers vor dem Bandstopp, in: Die Mitbestimmung, 37. Jg., 1990, Nr. 6/7, S. 434-437
Glaubrecht, H./ Wagner, D./ Zander, E. 1988	Arbeitszeit im Wandel: Möglichkeiten und Formen der Arbeitszeitgestaltung, 3. Aufl., Freiburg 1988
Gmelin, V. 1988	Zeitautonome Arbeitsgruppen in der Fertigung, in: Personal, 40. Jg., 1988, Nr. 6, S. 228-231
Göbel, J./ Neifer-Dichmann, E. 1989	Gestaltungsformen flexibler Teilzeitarbeit. Ein Leitfaden für die Praxis, Arbeitsrechtliche Schriftenreihe, Nr. 6, Kiel 1989
Gottwald, M.K. 1982	Produktionssteuerung mit Fortschrittszahlen, in: Sonderdruck, Neue PPS-Lösungen, München 1982
Graf, A. 1990	Mitarbeiterorientierte Arbeitszeiten bei der Siemens AG Amberg aus der Sicht des Betriebsrats, in: Wildemann, H.(Hrsg.): Flexible Arbeits- und Betriebszeiten, Gestaltung und Einführung, Tagungsbericht, 23./24. Jan. 1990, München, S. 153-169

Graf, A./   Mitarbeiterorientierte Arbeits- und Be-
Netta, H. 1990   triebszeiten - Fallstudie - in: Wildemann,
                    H.(Hrsg.): Arbeitszeitmanagement und Fer-
                    tigungsorganisation, Gestaltung und Einfüh-
                    rung, Tagungsband zum 4. Fertigungswirt-
                    schaftlichen Kolloquium am 13./ 14. Nov.
                    1990, München, S. 291-319

Grochla, E. 1978   Grundlagen der Materialwirtschaft, 3. Auf-
                    lage, Wiesbaden 1978

Groß, H./   Arbeitszeit '87. Ein Report zu Arbeitszeiten
Pekruhl, U./   und Arbeitszeitwünschen der abhängig Be-
Thoben, G. 1987   schäftigten in der Bundesrepublik Deutsch-
                    land. Arbeitszeitstrukturen im Wandel, Er-
                    gebnisse einer aktuellen Repräsentativum-
                    frage zu den Arbeitszeitstrukturen in der
                    Bundesrepublik Deutschland, hrsg. v. Mini-
                    ster für Arbeit, Gesundheit und Soziales des
                    Landes Nordrhein-Westfalen, Düsseldorf
                    1987

Groß, H./   Arbeitszeit '89. Ein Report zu Arbeitszeiten
Thoben, C./   und Arbeitszeitwünschen der abhängig Be-
Bauer, F. 1989   schäftigten in der Bundesrepublik. Ergeb-
                    nisse einer aktuellen Repräsentativbefra-
                    gung zu den Arbeitszeitstrukturen und Ar-
                    beitswünschen der abhängig Beschäftigten
                    in der Bundesrepublik Deutschland, hrsg. v.
                    Minister für Arbeit, Gesundheit und Sozia-
                    les des Landes Nordrhein-Westfalen, Düs-
                    seldorf 1989

Große-Oetringhaus, Fertigungstypologie unter dem Gesichts-
W.F. 1974   punkt der Fertigungsablaufplanung, Berlin
                    1974

Gruhler, W. 1983   Flexibilisierung der Arbeitszeit - vorteilhaft
                    für Mitarbeiter und Unternehmen, in: Ge-
                    werkschaftsreport, 17. Jg., 1983, Nr. 7,
                    S. 9-18

Günther, H.O. 1989 Produktionsplanung bei flexibler Personal-
                    kapazität, Stuttgart 1989

Gutenberg, E. 1983   Grundlagen der Betriebswirtschaftslehre, 1.
                      Band, Die Produktion, 24. Aufl., Berlin,
                      Heidelberg, New York 1983

Hackh, St. 1973   Gleitende Arbeitszeit-Voraussetzung, Pla-
                      nung, Durchführung und praktische Erfah-
                      rungen, 3. Aufl., München 1973

Hackstein, R. 1989   Produktionsplanung und -steuerung (PPS):
                      ein Handbuch für die Betriebspraxis,
                      2. Aufl. Düsseldorf 1989

Hackstein, R./   Ein Grobplanungssystem im Rahmen der
Petermann, E. 1985   PPS verkürzt Durchlaufzeiten, in: AV,
                      22. Jg., 1985, Nr. 2, S. 48-50

Haller, W. 1975   Gleitzeit, Wie wird der Vorgesetzte damit
                      fertig, in: Bürotechnik, 1975, Nr. 5,
                      S. 520- 521

Haller, W. 1981   Optimale Betriebszeiten - Vorstellung eines
                      Konzepts zur Verlängerung der Betriebszeit
                      bei gleicher oder verkürzter Arbeitszeit, in:
                      Personal, 33. Jg., 1981, Nr. 3, S. 119-122

Hamel, W. 1985   Betriebliche Aspekte einer Flexibilität der
                      Arbeit, in: Wisu, 14. Jg., 1985, Nr. 6,
                      S. 296-300

Hartmann, H. 1986   Materialwirtschaft - Organisation, Planung,
                      Durchführung, Kontrolle 3. Aufl., Gerns-
                      bach 1986

Haupt, R./   Arbeitszeitflexibilisierung in der Metallin-
Hartung, I 1988   dustrie, in: Wisu, 17. Jg., 1988, Nr. 8/9,
                      S. 467-473

Heeg, F.-J./   Organisationsentwicklung; Gruppenorien-
Lichtenberg, I. 1990 tierte Arbeitsorganisation; Organisations-
                      entwicklung in einem stahlverarbeitenden
                      Unternehmen, in: zfo, 59. Jg., 1990, Nr. 2,
                      S. 111-117

Hegner, F. 1987   Flexibles Zeitmanagement im Betrieb: An-
                       satzpunkte für eine weniger starke Kopp-
                       lung von Arbeits- und Betriebszeiten, in:
                       Kador, F.-J./Knevels, P.(Hrsg.): Handbuch
                       der Beschäftigung, T. 3.2, Köln 1987,
                       S. 1-30

Hegner, F. 1989   Bewegliche Zeitgestaltung im Unterneh-
                       men, in: Personalführung, 22. Jg., 1989,
                       Nr. 10, S. 934-940

Hegner, K./   Fachgebiete in Jahresübersichten: Instand-
Sent, B./   haltung, in: VDI-Z, 132. Jg., 1990, Nr. 2,
Syska, A. 1990   S. 65-75

Heinemeyer, W. 1984   Fortschrittszahlen - ein Ansatz zur Steue-
                       rung in der Serienfertigung, in: Statistisch
                       orientierte Fertigungssteuerung, IFA-Ta-
                       gungsband zum IFA-Fachseminar, 16./17.
                       Feb. 1984, Hannover, S. 98-127

Heinrich, D. 1990   Flexibilisierung der Arbeitszeit, in: Der
                       Betriebswirt, 1990, Nr. 3, S. 14-18

Held, L./   Rahmenbedingungen variabler Arbeitszeit-
Karg, P.W. 1984   formen, in: BFuP, 36. Jg., 1984, Nr. 2,
                       S. 173-188

Hentsch, G. 1990   Arbeitszeitflexibilisierung bei Audi unter
                       besonderer Berücksichtigung der Teilzeit-
                       arbeit, in: Wildemann, H.(Hrsg.): Flexible
                       Arbeits- und Betriebszeiten, Gestaltung und
                       Einführung, Tagungsbericht, 23./24. Jan.
                       1990, München, S. 241-258

Hentze, J.1991a   Personalwirtschaftslehre, Bd. 1, u. Mitarb.
                       v. Metzner, J., 5. überarb. Aufl., Bern,
                       Stuttgart 1991

Hentze, J.1991b   Personalwirtschaftslehre, Bd. 2, u. Mitarb.
                       v. Metzner, J., 5. überarb. u. erg. Aufl.,
                       Bern, Stuttgart 1991

Hill, W./   Organisationslehre, Ziele, Instrumente und
Fehlbaum, R./   Bedingungen der Organisation sozialer Sy-
Ulrich, P. 1989   steme, Bd. 1, 4. Aufl., Stuttgart, Bern 1989

Hillert, A. 1971   Gleitende Arbeitszeit - ein Weg mit Zukunft, in: Hotz, E./Knott, C./Mommsen, W. (Hrsg.): Unternehmensführung in der Praxis, Bd. 5, Bad Wörishofen 1971

Hoff, A. 1982   Warum sind die Gewerkschaften gegen Flexible Arbeitszeitregelungen?, in: Offe, C./ Hinrichs, K./Wiesenthal, H.(Hrsg.): Arbeitszeitpolitik, Frankfurt/M., New York 1982, S. 204-218

Hoff, A./ Weidinger, M. 1986   Innovatives Arbeitszeitmanagement, Chance für Unternehmen, in: Wirtschaftsjunioren Deutschland (Hrsg.): Arbeitszeitflexibilisierung, Unternehmensstrategien zur Schaffung und Sicherung von Arbeitsplätzen, Nr. 4, 2. Aufl., 1986, S. 6-24

Holenweger, T. 1989   Arbeitszeitgestaltung als betriebliche Innovation, in: Baillod, J./Holenweger, T./Ley, K./Saxenhofer, P.: Handbuch Arbeitszeit, Perspektiven, Probleme, Praxisbeispiele, Zürich 1989, S. 469-495

Hörning, K.H./ Gerhard, A./ Michailow, M. 1990   Probleme mit individuell flexibilisierten Arbeitszeiten in der Arbeitsorganisation, in: Personal, 42. Jg., 1990, Nr. 9, S. 350-353

Hörning, K.H./ Gerhardt, A./ Michailow, M. 1991   Zeitpioniere: flexible Arbeitszeiten - neuer Lebensstil, Frankfurt/M. 1991

Horváth, P./ Mayer, R. 1986   Produktionswirtschaftliche Flexibilität, in: WiSt., 15. Jg., 1986, Nr. 2, S. 69-76

Hromadka, W. 1992   Rechtliche Rahmenbedingungen flexibler Arbeits- und Betriebszeitgestaltung, in: Wildemann, H.(Hrsg.), Arbeitszeitmanagement, Einführung und Bewertung flexibler Arbeits- und Betriebszeiten, St. Gallen 1992, S. 283-315

Hürlimann, W. 1990   Flexible Arbeitszeit - ein Muss?, in: io Management Zeitschrift, 59. Jg., 1990, Nr. 4, S. 79-83

Ihde, G.-B. 1979	Materialbereitstellung, in: Kern, W.(Hrsg.): HWProd., Stuttgart 1979, Sp. 1210-1216
Industriegewerkschaft Metall (Hrsg.) 1988	Positionspapier Teilzeitarbeit, - Fakten, Forderungen - Regelungsvorschläge, Frankfurt/M. 1988
Jakob, H. 1980	Unternehmungsorganisation, Gestaltung und Entwicklung sozio-technischer Systeme, Stuttgart, Berlin, Köln, Mainz 1980
Josten, F.-A. 1973a	Betriebsorganisation, Personalpolitik und Wirtschaftlichkeit bei gleitender Arbeitszeit im Fertigungsbereich, in: Der Betriebs-Berater, 28. Jg., 1973, Nr. 3, S. 152-155
Josten, F.-A. 1973b	Probleme der Einführung der gleitenden Arbeitszeit im industriellen Produktionsbereich, in: Der Betriebs-Berater, 28. Jg., 1973, Nr. 2, S. 96-99
Kalaitzis, D. 1987	Rationalisierung der Instandhaltung, Köln 1987
Kern, W. 1990	Industrielle Produktionswirtschaft, 4. Aufl., Stuttgart 1990
Kersten, G. 1990	FMEA - eine wirksame Methode zur präventiven Qualitätssicherung, in: VDI-Z, 132. Jg., 1990, Nr. 10, S. 201-207
Kettner, H./ Bechte, W. 1981	Neue Wege der Fertigungssteuerung durch belastungsorientierte Auftragsfreigabe, in: VDI-Z, 123. Jg., 1981, Nr. 11, S. 459-465
Kieser, A./ Kubicek, H. 1983	Organisation, 2. Aufl., Berlin, New York 1983
Kleinhenz, G. 1990a	Flexible Arbeits- und Betriebszeitgestaltung in der Zulieferindustrie, in: Wildemann, H. (Hrsg.): Arbeitszeitmanagement und Fertigungsorganisation, Gestaltung und Einführung, Tagungsband zum 4. Fertigungswirtschaftlichen Kolloquium, 13./14. Nov.1990, München, S. 271-290

Kleinhenz, G. 1990b   Gesamtwirtschaftliche und soziale Aspekte der Arbeits- und Betriebszeitgestaltung, in: Wildemann, H.(Hrsg.): Flexible Arbeits- und Betriebszeiten, Gestaltung und Einführung, Tagungsbericht, 23./24. Jan. 1990, München, S. 445-463

Kleinhenz, G. 1992   Flexible Arbeits- und Betriebszeitgestaltung: Mitarbeiterorientierung und soziale Aspekte, unter Mitw. v. Paulussen, S., in: Wildemann, H.(Hrsg.): Arbeitszeitmanagement, Einführung und Bewertung flexibler Arbeits- und Betriebszeiten, St. Gallen 1992, S. 249-281

Klimecki, R. 1987   Arbeitszeitverteilung als Führungsaufgabe, in: Kieser, A.(Hrsg.): HWFü., Stuttgart 1987, Sp. 61-69

Kohl, W./ Korndörfer, V./ Wanner, C. 1985   Planung und Einführung flexibler Arbeitszeitmodelle, Forschungsbericht, Ministerium für Arbeit, Gesundheit, Familie und Sozialordnung, Baden Württembg.(Hrsg.), Stuttgart 1985

Kosiol, E. 1980   Aufbauorganisation, in: Grochla, E.(Hrsg.): HWO, 2. Aufl., Stuttgart, 1980, Sp.179-187

Kotthoff, H. 1992   Betriebsrat, in: Gaugler, E./Weber, W. (Hrsg.): HWP, 2. Aufl., Stuttgart 1992, Sp. 611-624

Kraljic, P. 1985   Versorgungsmanagement statt Einkauf, in: Harvard Manager, Nr. 1, 7. Jg., 1985, S. 6-14

Kreikebaum, H. 1979   Organisationstypen der Produktion, in: Kern, W.(Hrsg.): HWProd., Stuttgart 1979, Sp. 1392-1402

Krüger, M. 1985   Termin- und Bestandsorientierte Logistik unter besonderer Berücksichtigung japanischer Kanban-Prinzipien, Diss., Passau 1985

Kubicek, H./   Messung der Organisationsstruktur, Eine
Welter, G. 1985   Dokumentation von Instrumenten zur quan-
                      titativen Erfassung von Organisationsstruk-
                      turen, Stuttgart 1985

Küchle, E. 1975   Mitarbeiterführung, in: Gaugler, E.(Hrsg.):
                      HWP, Stuttgart 1975, Sp. 1355-1373

Kupsch, P.U. 1975   Job Enlargement, in: Gaugler, E.(Hrsg.):
                      HWP, Stuttgart 1975, Sp. 1077-1083

Landenberger, M.   Arbeitszeitwünsche - Vergleichende Analy-
1983   se vorliegender Befragungsergebnisse, Ber-
                      lin 1983

Lang, K. 1991   Arbeitszeitpolitik aus der Sicht einer Ge-
                      werkschaft, in: Hromadka, W.(Hrsg.): Per-
                      sonalmanagement: Möglichkeiten und Gren-
                      zen flexibler Vertragsgestaltungen, Stutt-
                      gart 1991, S. 37-48

Lehmann, H./   Probleme einer systemtheoretisch-kyberne-
Fuchs, H.1971   tischen Untersuchung betrieblicher Syste-
                      me, in: zfo, 40. Jg., 1971, Nr. 5., S. 251-
                      262

Ley, K./   Das Bedürfnis nach flexibler Arbeitszeit
Saxenhofer, P. 1987   wächst, in: io Management Zeitschrift,
                      56. Jg., 1987, Nr. 11, S. 521-524

Likert, R. 1967   Human Organization : It's Management and
                      Value, New York 1967

Linnenkohl, K. 1985   Begriff und Bedeutung der Arbeitszeitflexi-
                      bilisierung, in: Der Betriebs-Berater,
                      40. Jg., 1985, Nr. 29, S. 1920-1924

Löwe, C.R. 1989   Flexible Arbeitszeiten in mittelständischen
                      Betrieben. Ein Leitfaden zur Einführung
                      und Gestaltung, hrsg. v. Wuppertaler Kreis,
                      Köln 1989

Luhmann, N. 1980   Komplexität, in: Grochla, E.(Hrsg.): HWO,
                      Stuttgart, 2. Aufl., 1980, Sp. 1064-1070

Mahr, Th. 1986	Überprüfung der Effizienz von Qualitätssicherungssystemen - unter besonderer Berücksichtigung der Fertigungsqualität, Diss., Passau 1986
Maier, K. 1982	Die Flexibilität betrieblicher Leistungsprozesse: Methoden und theoretische Grundlegung der Problemlösung, Frankfurt/M. 1982
Männel, W. 1988	Integrierte Anlagenwirtschaft, in: Männel, W.(Hrsg.): Integrierte Anlagenwirtschaft, Köln 1988, S. 1-51
March, J.G./ Simon, H.A, 1958	Organizations, New York 1958
Marr, R. 1987a	Arbeitszeitflexibilisierung: Perspektiven und Probleme, in: Personalwirtschaft, 14. Jg., 1987, Nr. 6, S. 237-244
Marr, R. 1987b	Arbeitszeitflexibilisierung und Personalentwicklung, in: Marr, R.(Hrsg.): Arbeitszeitmanagement - Grundlagen und Perspektiven der Gestaltung flexibler Arbeitszeitsysteme, Berlin 1987, S. 255-266
Marr, R. 1987c	Arbeitszeitmanagement: Die Nutzung der Ressource Zeit - Zur Legitimation einer bislang vernachlässigten Managementaufgabe, in: Marr, R.(Hrsg.): Arbeitszeitmanagement - Grundlagen und Perspektiven der Gestaltung flexibler Arbeitszeitsysteme, Berlin 1987, S. 15-37
Marr, R. 1990	Schnittstellen des Arbeitszeit- und Betriebszeitmanagements, in: Ackermann, K.-F./ Hofmann, M.(Hrsg.): Innovatives Arbeitszeit- und Betriebszeitmanagement, Frankfurt/M., New York 1990, S. 343-360
Marr, R./ Stitzel, M. 1979	Personalwirtschaft, Ein konfliktorientierter Ansatz, München 1979
May, K./ Mohr, E. 1985	Probleme und Realisierungschancen individueller Arbeitszeitmodelle, München 1985

Meier, H./   Aus- und Fortbildung für Führungskräfte,
Schindler, U. 1992   in: Gaugler, E./Weber, W.(Hrsg.) HWP,
                     2. Aufl., Stuttgart 1992, Sp. 510-524

Mellerowicz, K. 1981 Betriebswirtschaftslehre der Industrie,
                     Bd. 2: Die Funktionen des Industriebetrie-
                     bes, 7. Aufl., Freiburg 1981

Mertens, D. 1983   Befragungen von Arbeitnehmern über For-
                     men der Arbeitszeitverkürzung, in: Kutsch,
                     Th./Vilmar, F.(Hrsg.): Arbeitszeitverkür-
                     zung - ein Weg zur Vollbeschäftigung,
                     Opladen 1983, S. 207-220

Metzger, H. 1989   Arbeitszeitsysteme und Personalentwick-
                     lung, in: ZfA & O, 33. Jg., 1989, S. 49-51

Mönig, H. 1985   Fertigungsorganisation und Wirtschaftlich-
                     keit einer Fertigungsinsel, in: zfbf, 37. Jg.,
                     1985, Nr. 1, S. 83-101

MTV 1990   Manteltarifvertrag der bayerischen Metall-
                     industrie 1990

MTV 1992   Manteltarifvertrag für die gewerblichen
                     Arbeitnehmer der bayerischen Metallindu-
                     strie (Stand 1. Januar 1992)

Nagel, B./   Mitbestimmung entlang der logistischen
Riess, B./   Kette, in: Die Mitbestimmung, 37. Jg.,
Theis, G. 1990   1990, Nr. 6/7, S. 395-401

Neifer, E. 1988   Arbeitszeit im Umbruch, Führt die techni-
                     sche Entwicklung zu neuen Arbeitszeit-
                     strukturen?, in B.d.d.W., Nr. 105, v.
                     03. Jun. 1988, S. 7

Nerb, G. 1986   Mehr Beschäftigung durch Flexibilisierung
                     des Arbeitsmarktes? - Umfrage in der EG,
                     in: ifo-Schnelldienst, Nr. 24, 1986, S. 6-11

Niedenhoff, H.U.   Der Betriebsrat als Partner der Unterneh-
1990   mensleitung, in: Personal, 42. Jg., 1990,
                     Nr. 11, S. 22-25

Pfeiffer, W./   Menschliche Arbeit in der Produktion, Göt-
Dörrie, U./   tingen 1977
Stoll, E. 1977

Rademacher, M. 1990	Arbeitszeitverkürzung und -flexibilisierung, Formen und betriebliche Auswirkungen, Diss., Wiesbaden 1990
Rahn, H.-J. 1990	Betriebliche Führung, Ludwigshafen, Kiel 1990
Reichwald, R. 1979	Arbeitszeitregelung, in: Kern, W.(Hrsg.): HWProd., Stuttgart 1979, Sp. 175-185
Reisch, K. 1992	Zeit- und Pauschallohn, in: Gaugler, E./ Weber, W.(Hrsg.): HWP, 2. Aufl., Stuttgart 1992, Sp. 2359-2369
Reisch, P. 1975	Job Enrichment, in: Gaugler, E.(Hrsg.): HWP, Stuttgart 1975, Sp. 1083-1090
Risse, H. 1984	Dynamische Arbeitszeit in der Fertigung, in: angewandte Arbeitswissenschaft, Bd. 99, 1984, Nr. 99, S. 3-44
Ritter, A. 1985	Neue Arbeitszeitformen und deren Beeinflussung durch neue Technologien, in: Zink, K.J.(Hrsg.): Personalwirtschaftliche Aspekte neuer Technologien, Berlin 1985, S. 81-119
Roschmann, K. 1975	Leitstandsysteme für die Fertigungssteuerung, in: FB/IE, 24. Jg., 1975, Nr. 6, S. 327-342
Rosenstiel, L.v. 1987	Partizipation: Betroffene zu Beteiligten machen, in: Rosenstiel, L.v./Einsiedler, H.E./ Streich, R.K./Rau, S.: Motivation durch Mitwirkung, USW-Schriften für Führungskräfte, Bd. 15, Stuttgart 1987, S. 1-11
Roth, W. 1975	Vor- und Nachteile flexibler Arbeitszeiten. Praxis-Report Gleitzeit, Handbuch der Zeiterfassung, Villingen 1975
Rühli, E. 1992	Koordination, in: Frese, E.(Hrsg.): HWO, 3. Aufl., Stuttgart 1992, Sp. 1164-1175
Schanz, G. 1984	Job Sharing Handbuch, Hannover 1984

Schildknecht, R./   Betriebliche Qualitätspolitik, Stand und Ent-
Zink, K.J. 1990   wicklungstendenzen, in: VDI-Z, 132. Jg.,
                           1990, Nr. 10, S. 167-175

Schomburg, E. 1980   Entwicklung eines betriebstypologischen In-
                           strumentariums zur systematischen Ermitt-
                           lung der Anforderungen an EDV-gestützte
                           Produktionsplanungs- und -steuerungssyste-
                           me im Maschinenbau, Diss., RWTH-Aachen
                           1980

Schott, R. 1970   Arbeitswissenschaftliche Forderungen an
                           eine variable Arbeitszeit, in: FB/IE, 19. Jg.,
                           1970, Nr. 4, S. 103-112

Schubö, W./   SPSS X - Handbuch der Programmversion
Uelinger, H.-M. 1986   2.2, Stuttgart, New York 1986

Schuchardt, W. 1990   Beschleunigungs-Pioniere auf dem Vor-
                           marsch - unsere Lebensqualität, die sie mei-
                           nen?, in: Die Mitbestimmung, 37. Jg., 1990,
                           Nr. 6/7, S. 438-441

Schuh, S./   Alternative Arbeitszeitstrukturen, in: Marr,
Schultes-Jaskolla, G./   R.(Hrsg.): Arbeitszeitmanagement - Grund-
Stitzel, M. 1987   lagen und Perspektiven der Gestaltung fle-
                           xibler Arbeitszeitsysteme, Berlin 1987,
                           S. 91-113

Schultes-Jaskolla, G.   Möglichkeiten und Grenzen der stellenbezo-
1987   genen Arbeitszeitvariation, in: Marr, R.
                           (Hrsg.): Arbeitszeitmanagement - Grundla-
                           gen und Perspektiven der Gestaltung flexib-
                           ler Arbeitszeitsysteme, Berlin 1987, S. 301-
                           316

Schulze, P. 1980   Beschaffung und Verwaltung von Prüfgerä-
                           ten, in: Masing, W.(Hrsg.): Handbuch der
                           Qualitätssicherung, München, Wien 1980,
                           S. 213-223

Schusser, W.H. 1983   Flexibilisierung der Arbeitszeit, Plädoyer
                           für das Machbare, in: Institut der deutschen
                           Wirtschaft (Hrsg.), Beiträge zur Wirt-
                           schafts- und Sozialpolitik, Nr. 117/118,
                           H. 6/7, Köln 1983

Seidenberg, U. 1989   Auslöseinformationen im organisatorischen
                       Gestaltungsprozeß - Voraussetzungen einer
                       flexiblen Organisation, Diss., Frankfurt/M.
                       1989

Seiwert, L.J. 1979a   Moderne Formen der Arbeitsorganisation
                       (I): Job Rotation, Job Enlargement, Job En-
                       richment: in: WiSt, 8. Jg., 1979, Nr. 3,
                       S. 129-131

Seiwert, L.J. 1979b   Moderne Formen der Arbeitsorganisation
                       (II): Autonome Arbeitsgruppen und Beur-
                       teilung der Verfahren, in: WiSt, 8. Jg.,
                       1979, Nr. 4, S. 185-187

Siebke, J./   Einkommen, Beschäftigung, Preisniveau,
Thieme, H.J. 1990   in: Bender, D.(Mitverf.): Vahlens Kom-
                       pendium der Wirtschaftstheorie und Wirt-
                       schaftspolitik, Bd. 1, 4. Aufl., München
                       1990, S. 87-174

Siemens AG (Hrsg.)   Arbeitszeitmanagement. Handlungsempfeh-
1989   lungen für die betriebliche Praxis, München
                       1989

Sigl, H. 1988   Die Auswirkung der Flexibilisierung auf die
                       Führungsaufgabe, in: Personalwirtschaft,
                       15. Jg., 1988, Nr. 6, S. 279-285

Speith, G. 1982   Vorgehensweise zur Beurteilung und Aus-
                       wahl von Produktionsplanungs- und -steue-
                       rungssystemen für Betriebe des Maschinen-
                       baus, Diss., RWTH Aachen 1982

SPSS Inc. (Hrsg.)   SPSS-X Users Guide, 2.Aufl., Chicago
1986   1986

Staehle, W.H. 1990   Management: eine verhaltenswissenschaft-
                       liche Perspektive, 5. Aufl., München 1990

Staudt, E. 1982   Entkopplung in Mensch - Maschine - Syste-
                       men; Flexibilisierung von Arbeitsverhält-
                       nissen durch neue Technologien, in: zfo,
                       51. Jg., 1982, Nr. 4, S. 181-189

Staudt, E./   Innovation durch Qualifikation, Frank-
Rehbein, M. 1988   furt/M. 1988

Steinkühler, F. 1988   Recht auf Arbeit - Gewerkschaftliche Per-
                        spektiven, in: Industriegewerkschaft Metall
                        (Hrsg.): Menschliche Arbeitszeiten - ge-
                        schützte Arbeitsverhältnisse. Sicherung und
                        Ausbau des Normalarbeitsverhältnisses, Do-
                        kumentation zur Arbeitstagung vom 24./25.
                        März 1988, in Bad Homburg, S. 9-18,
                        Frankfurt/M.

Strack, M. 1986   Optimale Produktionssteuerung: Organisa-
                        tion Wirtschaftlichkeit u. Einf. konventio-
                        neller u. EDV-gestützter Leitstände, Köln
                        1986

Straube, F. 1988   Kriterien zur Planung und Realisierung von
                        Instandhaltungskonzepten in logistikorien-
                        tierten Unternehmen, Diss., München 1988

Stubbe, H. 1986   Erwartungen der Mitarbeiter an neue Ar-
                        beitszeitregelungen, in: Knebel, H./Zander,
                        E.(Hrsg.): Arbeitszeit-Flexibilisierung und
                        Entgelt-Differenzierung, Bewertungen und
                        Forderungen der Sozialpartner, Freiburg
                        1986, S. 110-118

Tannenbaum, R./   Führungsstil: demokratisch oder autoritär,
Schmidt, W.H. o.J.   in: Harvard Manager, Führung und Organi-
                        sation, Bd. 1, S. 77-87

Teriet, B. 1978   Zeitökonomie, Zeitsouveränität und Zeitma-
                        nagement in der Bundesrepublik Deutsch-
                        land - eine Zwischenbilanz, in: ZArbwiss.,
                        32. Jg., 1978, Nr. 2, S. 112-118

Teriet, B. 1979a   Der Jahresarbeitszeitvertrag - ein kommen-
                        des Arbeitszeitkonzept?, in: Arbeit und So-
                        zialpolitik, 1979, Nr. 2, S. 46-49

Teriet, B. 1979b   Job Sharing - ein Arbeitskonzept mit Zu-
                        kunft?, in: Arbeit und Sozialpolitik, 33. Jg.,
                        1979, Nr.12, S. 424-428;

Teriet, B. 1982   Flexible Arbeitszeitgestaltung - Zeitsouve-
                        ränität und Zeitökonomie, in: Heymann,
                        H.-H.(Hrsg.)/Seiwert, L.J.: Job Sharing,
                        Flexible Arbeitszeit durch Arbeitsplattei-
                        lung, Grafenau 1982, S. 28-37

Tuchtfeldt, E. 1992   Sozialpartnerschaft, in: Gaugler, E./Weber, W.(Hrsg.): HWP, 2. Aufl., Stuttgart 1992, Sp. 2080-2089

Ulich, E. 1992   Arbeitsstrukturierungsmodelle, in: Gaugler, E./Weber, W.(Hrsg.): HWP, 2. Aufl., Stuttgart 1992, Sp. 374-387

Utsch, J. 1981   Flexible Arbeitszeit-Bedingungen und Ziele der Durchführung flexibler Arbeitszeiten unter besonderer Berücksichtigung ihrer Anwendung bei mechanischer Technologie, Diss., Frankfurt am Main 1981

Volberg, K. 1981   Zur Problematik der Flexibilität menschlicher Arbeit, Diss., Düsseldorf 1981

Wagner ,D 1983   Flexible Arbeitszeit in der betrieblichen Praxis, in: Personal, 35. Jg., 1983, Nr. 8, S. 316-320

Wagner, D. 1985   Arbeitszeit und Organisation. Das Konzept der Arbeitszeitflexibilisierung aus organisatorischer Sicht, in: zfo, 54. Jg., 1985, Nr. 4, S. 257-260

Wagner, D. 1989   Organisation, Führung und Personalmanagement, Neue Perspektiven durch Flexibilisierung und Individualisierung, Freiburg 1989

Warnecke, H.J. 1984   Der Produktionsbetrieb, Eine Industriebetriebslehre für Ingenieure, Berlin, Heidelberg, New York, Tokio 1984

Warnecke, H.J./ Osman, M./ Weber, G. 1980   Gruppentechnologie - Einsatzbreite, Verfahren und Betriebsorganisatorische Anpassung, in: FB/IE, 29. Jg., 1980, Nr. 1, S. 5-12

Weinert, A.B. 1981   Lehrbuch der Organisationspsychologie - Menschliches Verhalten in Organisationen, München, Wien, Baltimore 1981

Weinert, A.B. 1992   Motivation, in: Gaugler, E./Weber, W. (Hrsg.): HWP, 2. Aufl., Stuttgart 1992 Sp. 1429-1442

Welge, M.K. 1987   Unternehmensführung, Bd. 2, Organisation,
                     unter Mitw. v. Kubicek, H., Stuttgart 1987

Wildemann, H. 1982 Zur Anwendbarkeit des japanischen
                     KANBAN-Produktionssteuerungssystems in
                     deutschen Unternehmen, Arbeitsbericht
                     Nr. 5, Passau 1982

Wildemann, H. 1984 Computergestütztes Produktionsmanage-
                     ment, Bd. 2, Flexible Werkstattsteuerung
                     durch Integration von Kanban-Prinzipien,
                     München 1984

Wildemann, H. 1988a Die modulare Fabrik. Kundennahe Pro-
                     duktion durch Fertigungssegmentierung,
                     1. Aufl., München 1988

Wildemann, H. 1988b Methodenintegration in Modularprogram-
                     men zur Realisierung von CIM und JIT,
                     Passau 1988

Wildemann, H. 1988c Produktionssynchrone Beschaffung, Ein-
                     führungsleitfaden, 1. Aufl., München 1988

Wildemann, H. 1989 Wettbewerbs- und mitarbeiterorientiertes
                     Zeitmanagement in Produktion und Logi-
                     stik, in: Wildemann, H.(Hrsg.): Arbeitsun-
                     terlagen zur 3. Arbeitskreissitzung, Ar-
                     beitszeitmanagement zur Gestaltung wettbe-
                     werbs- und mitarbeiterorientierter Be-
                     triebszeiten, Passau 1989, S. 12-72

Wildemann, H. 1990a Wettbewerbs- und mitarbeiterorientierte
                     Arbeits- und Betriebszeiten-Zielsetzungen,
                     Gestaltungsmöglichkeiten und Einsatzberei-
                     che im empirischen Vergleich, in: Wilde-
                     mann, H.(Hrsg.): Flexible Arbeits- und Be-
                     triebszeiten, Gestaltung und Einführung,
                     Tagungsbericht, 23./24. Jan. 1990, Mün-
                     chen, S. 9-140

Wildemann, H. 1990b   Arbeitszeitmanagement und Fertigungsorganisation, in: Wildemann, H.(Hrsg.): Arbeitszeitmanagement und Fertigungsorganisation, Gestaltung und Einführung, Tagungsbericht 4. Fertigungswirtschaftliches Kolloquium, 13./14. Nov. 1990, München 1990, S. 9-169

Wildemann, H. 1990c   Das Just-In-Time Konzept, Produktion und Zulieferung auf Abruf, 2. Aufl., München 1990

Wildemann, H. 1991   Flexible Arbeits- und Betriebszeiten - wettbewerbs- und mitarbeiterorientiert! Leitfaden zur Einführung, München 1991

Wildemann, H. 1992a   Arbeitszeitmanagement, Einführung und Bewertung flexibler Arbeits- und Betriebszeiten, St. Gallen 1992

Wildemann, H. 1992b   Kosten- und Leistungsbeurteilung von Qualitätssicherungssystemen, in: ZfB, 62. Jg., 1992, Nr. 7, S. 761-782

Zäpfel, G. 1977   Fertigungswirtschaftliche Instrumente zur Anpassung der Produktionsmengen bei schwankendem Absatz, in: WiSt, 6. Jg., 1977, Nr. 11, S. 523-529

Ziepke, J. 1981   Schichtarbeit - Begriffe und Abgrenzungen, in: Der Betrieb, 34. Jg., 1981, Nr. 20, S. 1039-1042

Zmarzlik, J. 1989   Gesetzlicher Rahmen für flexible Arbeitszeiten, in: FB/IE, 38. Jg., 1989, Nr. 1, S. 10-16

DUV **DeutscherUniversitätsVerlag**
GABLER·VIEWEG·WESTDEUTSCHER VERLAG

Thomas Meuser
Umweltschutz und Unternehmensführung
Ein Konzept aktiver Integration
1993. XIX, 304 Seiten, 19 Abb.,
Broschur DM 98,-/ ÖS 765,-/ SFr 100,10
ISBN 3-8244-0139-8
Der ganzheitliche Charakter umweltschützender Zusammenhänge erfordert
Neuerungen, die mit ökologischem Flickwerk nicht zu realisieren sind. Für
ein abgestimmtes Konzept umweltschutzorientierter Unternehmensführung
erstellt das Buch einen Orientierungsrahmen.

Wolfgang Noetel
Geschäftsfeldstrategie und Fertigungsorganisation
Eine Analyse der Fertigungsplanung
1993. XXI, 407 Seiten, 94 Abb.,
Broschur DM 118,-/ ÖS 921,-/ SFr 119,-
ISBN 3-8244-0185-1
Dieses Buch setzt sich mit der strategieorientierten organisatorischen Ge-
staltung der Fertigungsplanung auseinander, durch die der Ablauf der ma-
teriellen Leistungserstellung technisch und zeitlich festgelegt wird.

Friedrich Rapp (Hrsg.)
Neue Ethik der Technik?
Philosophische Kontroversen
1993. 234 Seiten,
Broschur DM 45,-/ ÖS 351,-/ SFr 46,30
ISBN 3-8244-2050-3
Das zwiespältige Verhältnis unserer Zeit zur Technik bedarf einer Klärung.
Welches sind die Leitideen, die unseren Umgang mit der Technik bestim-
men bzw. bestimmen sollten?. Die Referate und Diskussionsbeiträge liefern
ein lebendiges Bild der aktuellen Diskussionslage.

Die Bücher erhalten Sie in Ihrer Buchhandlung!
Unser Verlagsverzeichnis können Sie anfordern bei:

Deutscher Universitäts-Verlag
Postfach 30 09 44
51338 Leverkusen

GABLER-Literatur zum Thema „Organisation" (Auswahl)

Horst Albach (Hrsg.)
Organisation
Mikroökonomische Theorie und
ihre Anwendungen
1989, 367 S., Br. DM 89,--
ISBN 3-409-13113-2

Knut Bleicher
Organisation
Strategien – Strukturen – Kulturen
2., vollst. neu bearb. u.erw. Aufl. 1991,
XVIII, 927 S., Geb. DM 298,--
ISBN 3-409-31552-7

Wolfram Braun
**Die Organisation
ökonomischer Aktivitäten**
Eine Einführung in die ökonomische
Theorie der Institutionen
1987, 201 S., Br. DM 88,--
ISBN 3-409-13319-4

Wolfram Braun
Kooperation im Unternehmen
Organisation und Steuerung
von Innovationen
1991, X, 244 S., Br. DM 78,--
ISBN 3-409-13650-9

Rolf Bühner
Strategie und Organisation
Analyse und Planung der Unternehmens-
diversifikation mit Fallbeispielen
2., überarb. u. erw. Auflage 1993,
691 S., Geb. ca. DM 98,--
ISBN 3-409-23102-1

Erich Frese
Organisationstheorie
Stand und Aussagen aus betriebs-
wirtschaftlicher Sicht
2., überarb. u. erw. Auflage 1991
XV, 472 S., Geb. DM 86,--
ISBN 3-409-23134-X

Erich Frese
Grundlagen der Organisation
Konzept – Prinzipien – Strukturen
5., vollst. überarb. Auflage 1993
XXVIII, 578 S., Geb. DM 98,--
ISBN 3-409-31685-X

James G. March
Entscheidung und Organisation
Kritische und konstruktive Beiträge,
Entwicklungen und Perspektiven
1993, 516 S., Geb. DM 198,--
ISBN 3-409-13125-6

Dietmar Schneider / Carmen Zieringer
Make-or-Buy-Strategien für F & E
Transaktionskostenorientierte Überlegungen
1991, XII, 171 S., Br. 78,--
ISBN 3-409-13047-0

Zu beziehen über den Buchhandel oder
den Verlag.
Stand: 1.2.1994
Änderungen vorbehalten

GABLER

BETRIEBSWIRTSCHAFTLICHER VERLAG DR. TH. GABLER, TAUNUSSTR. 54,
65183 WIESBADEN